墨影春秋

——山东博物馆藏全形拓片保护修复与研究

山东博物馆◎编

鲁元良　孔梅仙　张祖伟◎著

齊魯書社

·济南·

图书在版编目（CIP）数据

墨影春秋：山东博物馆藏全形拓片保护修复与研究 / 山东博物馆编；鲁元良，孔梅仙，张祖伟著. -- 济南：齐鲁书社，2022.9
ISBN 978-7-5333-4620-1

Ⅰ.①墨… Ⅱ.①山… ②鲁… ③孔… ④张… Ⅲ.①博物馆－拓片－文物保护－研究－山东②博物馆－拓片－修复－研究－山东 Ⅳ.①G264

中国版本图书馆CIP数据核字(2022)第167000号

责任编辑　贺　伟
责任校对　王其宝　赵自环
装帧设计　刘羽珂

墨影春秋——山东博物馆藏全形拓片保护修复与研究
MOYING CHUNQIU SHANDONG BOWUGUAN CANG QUANXING TAPIAN BAOHU XIUFU YU YANJIU
山东博物馆　编
鲁元良　孔梅仙　张祖伟　著

主管单位　山东出版传媒股份有限公司
出版发行　齊鲁書社
社　　址　济南市市中区舜耕路517号
邮　　编　250003
网　　址　www.qlss.com.cn
电子邮箱　qilupress@126.com
营销中心　（0531）82098521　82098519　82098517
印　　刷　山东星海彩印有限公司
开　　本　889mm × 1194mm　1/16
印　　张　16
插　　页　3
字　　数　315千
版　　次　2022年9月第1版
印　　次　2022年9月第1次印刷
标准书号　ISBN 978-7-5333-4620-1
定　　价　198.00元

·序

全形拓是伴随着金石学研究产生的特殊的拓印方法。采用这种拓印方法，可以立体直观地展现出青铜器、佛造像等多角度的形貌特征。在照相技术成熟之前，这种立体拓印方法是最为可靠的保存和展示青铜器等金石器物形貌的方式，全形拓片也就成为与金石学相生相伴的重要文物，有着独特的艺术价值和史料价值，是现代学者研究 19 世纪初到 20 世纪中国金石学发展的不可多得的珍贵资料。

自清朝中后期起，山东地区就是中国金石学研究重镇，活跃着丁氏家族、陈介祺家族等顶级的收藏家与金石学者。伴随着金石学产生的全形拓在山东地区也有着重要的、成熟的、传承有序的发展。由于历史传承等因素，山东博物馆收藏有百余件全形拓珍品，多数为阮元、陈介祺、王懿荣、王献唐等大家的珍藏。由于年代久远，并受储存条件及重视程度所限，这批文物存在着不同程度的病害，亟待保护修复。

为此，2019 年山东博物馆文物保护部进行了馆藏全形拓片文物统筹调研，为其中需要保护的重要文物编写了保护修复方案，申报《山东博物馆藏全形拓片保护修复项目》。项目得到国家文物局批复后，2020 年山东博物馆文物保护部成立项目组，以保护修复方案为依据，经充分准备后，进行了近两年的保护修复工作。在此过程中，修复与研究人员对这批文物的材质、品式、题跋内容、藏家信息等进行了深入分析，并提出了适用于全形拓片类文物保护修复的独特保护方法。

本书是对山东博物馆藏全形拓片文物保护修复和研究过程的全面梳理，以期将研究成果全面呈现出来。

鲁元良

2022 年 8 月

CONTENTS

目　录

·第一章　馆藏全形拓片文物概况

清代特别是清中后期金石学研究繁荣，山东籍及宦游山东的金石学者名家辈出，在中国金石学史上书写了浓重一笔。因文化传承和地理之便，山东博物馆收藏有 105 件（套）186 轴全形拓片类文物，其原器类型多样，簋、鼎、壶、钟、爵、弩机等不一。山东博物馆收藏的全形拓片类文物有三个显著特点：

其一，所拓器物多是名器，如毛公鼎、阮氏家庙四器、灵山卫三量等；有些原器已经损毁，如虞嗣寇壶；有些已经亡佚，不知所终，如亚父甲卣、且戊觚、弗生甗等；有些现已流失海外，如齐侯四器、者姛方爵、父癸方鼎、师望鼎、且己父乙卣等；有些一向被世间少知，如父已爵、尹臾鼎等；有些甚至为世间所不知，为《殷周金文集成》所失载，如父丁甗、录公钟、季梁父钟。

其二，拓本多系名家藏器并监拓本，如阮元、刘喜海、陈介祺、吴式芬、张允襄、丁麟年等，皆由良工精拓，极具观赏价值；有些出自可考的制拓名家，如释六舟、原君锡、萧子飞、李锦鸿、程谦吉等；部分全形拓上又有名家题跋，如王懿荣、翁大年、张廷济、吴廷康、王献唐、陈介祺、丁彦臣、柯昌泗、吴隐、陈寅生、赵世骏等，题跋涉及学者对原器的个人研究、器物收藏源流、拓本的酬赠等。

其三，就拓本而言，技法类型齐全，既有原器施拓，也有翻刻施拓；既有整纸拓印，也有分纸拓印。这些全形拓片无论是对原器的研究，还是对学者的个人研究、对全形拓技法的研究来说，都是不可多得的珍贵资料。

1.1　馆藏全形拓片文物的价值评估

本项目拟保护修复的全形拓拓片共计 26 件（套）42 轴，其中三级文物 20 件（套）

36轴，一般文物6件（套）6轴。其中的名品有：其一，“周中义父盨拓本”，此器完整全形拓本身就稀少，而此拓本又有高翰生嘱王瓘、王懿荣、陈陶、李椿龄手跋，可惜的是该拓本残缺等病害严重；其二，毛公鼎拓本，簠斋监制本存世量本就不多，此拓本虽然在构图及捶拓上略有不足，但系吴廷康、翁大年手跋本，特别是后者长篇三跋，存世品中非常少见；其三，陈介祺（簠斋）藏陶拓本，陈介祺（簠斋）藏陶片五千余件，完整器可考者不过六十余件，且均下落不明，故而推测完整陶器的全形拓存世量也应不多，因此每一件都非常珍贵，我馆则藏有7件（内有重复）簠斋监制完整陶器全形拓；其四，齐侯四器，此四器清末于河北出土后旋即流失海外，全形拓片保存也屈指可数，馆藏原君锡手拓、王懿荣王献唐手跋本更是珍稀之物。另外，阮元监拓、阮氏及张廷济等跋“虢叔大林钟拓本”，阮元监拓、吴慈题跋“齐侯罍拓本”，六舟手拓、吴慈题跋“寰盘拓本”，张廷济张庆荣父子手拓题跋、刘喜海监拓“者妸方爵拓本”等“青铜器拓本四条屏”，以及簠斋监制“周师酉簋拓本”等也无一不是名品。

这批拓片文物具有鲜明的时代及地方特色，能反映出历史上山东地区乃至全国金石研究水平，以及当时社会名流的社会交流及文化水平、艺术发展状况，是不可多得的研究当地社会发展、历史和文化的珍贵资料，具有极高的历史、艺术和科学价值。

1.2 文物保护修复项目申报来源

山东博物馆具备相关文物保护修复资质（图1-1），根据《中华人民共和国文物保护法》和《中华人民共和国文物保护法实施条例》，并参考《馆藏纸质文物保护修复方案编写规范（WW/T 0025-2010）》《馆藏纸质文物病害分类与图示（WW/T 0026-2010）》，针对该批文物的病害情况，山东博物馆文保部负责编制本方案，以指导该批文物保护修复的实施。

2019年8月16日，山东省文化和旅游厅批准该项目方案，项目批号：鲁文旅博〔2019〕14号（图1-2）。2020年2月，财政拨款50万元到位。

2020年4月8日，山东博物馆组织专家，召开山东博物馆全形拓片保护修复项目实施研讨会，确定最终修复方案，根据每件文物的具体情况，进行必要的、更具针对性的分析检测和试验，制定细化方案（图1-3）。

可移动文物修复资质证书

单位名称：山东博物馆

业务范围：玉、石器，陶器，瓷器，铜器，铁器，金银器，干燥漆木器，壁画，石刻砖瓦，书法绘画，古砚、墨，玺印符牌，钱币，竹木雕，家具，珐琅，织绣，古籍善本，碑帖拓本，邮品，文件、宣传品，档案文书，琉璃类文物及文物保存微环境控制技术保护。

证书编号：370012015

发证机关 山东省文物局

2015年 11月 20日

国家文物局监制

图 1-1

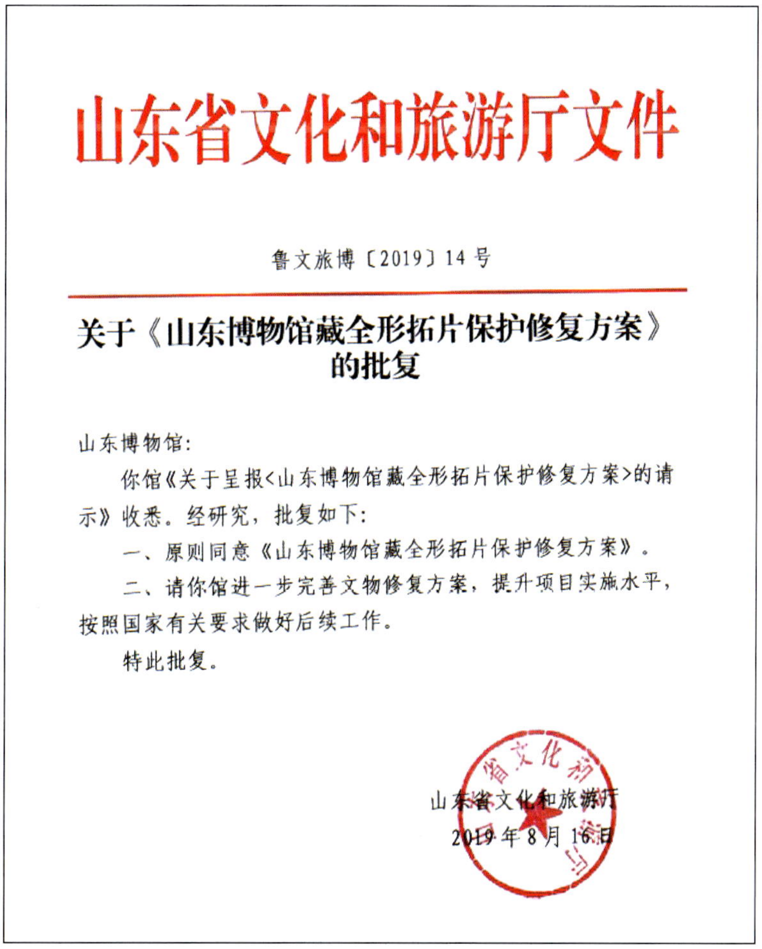

山东省文化和旅游厅文件

鲁文旅博〔2019〕14号

关于《山东博物馆藏全形拓片保护修复方案》的批复

山东博物馆：

你馆《关于呈报<山东博物馆藏全形拓片保护修复方案>的请示》收悉。经研究，批复如下：

一、原则同意《山东博物馆藏全形拓片保护修复方案》。

二、请你馆进一步完善文物修复方案，提升项目实施水平，按照国家有关要求做好后续工作。

特此批复。

山东省文化和旅游厅

2019年8月16日

图 1-2

山东博物馆藏全形拓片保护修复项目实施方案咨询会专家意见

<table>
<tr><td>会议名称</td><td colspan="3">山东博物馆藏全形拓片保护修复项目实施方案专家咨询会</td></tr>
<tr><td>主要议题</td><td colspan="3">山东博物馆藏纸质文物保护修复项目结项</td></tr>
<tr><td>主办单位</td><td>山东博物馆</td><td>时间</td><td>2020.04.08</td></tr>
<tr><td colspan="4">2020 年 4 月 8 日，山东博物馆邀请有关专家召开“山东博物馆藏全形拓片保护修复”项目实施方案专家咨询会，与会专家通过视频查看待保护修复文物，查阅资料，听取项目负责人鲁元良汇报，经质询、讨论形成如下意见：
一、项目组根据山东省文化和旅游厅批复的《山东博物馆藏全形拓片保护修复方案》（鲁文旅博[2019]14 号）及 26 套（42 件）文物保存实际状况，所编制的《实施方案》整体可行。
二、项目组在前期工作的基础上，文物病害评估准确，拟选用的材料适宜，采用的技术路线和操作工艺科学合理。
三、实施方案中保护修复原则准确，技术队伍构成合理，工作进度安排适宜，操作性强。
四、针对该批全形拓文物的特点，实施中加强科学分析，深化价值认知，做好项目管理与科学研究工作，同时做好技术风险评估，并制定合理的防范措施。</td></tr>
<tr><td colspan="4">专家签名：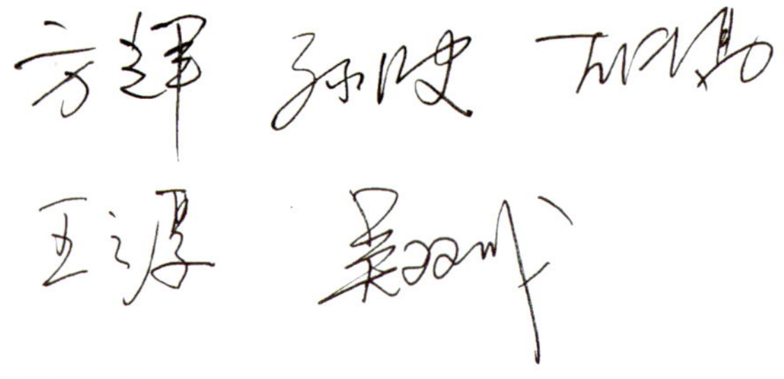</td></tr>
</table>

图 1-3

山东博物馆藏全形拓片保护修复项目中期专家评审表

项目名称（编号）	山东博物馆藏全形拓片保护修复项目					
文物收藏单位	山东博物馆					
方案编制单位	山东博物馆					
方案编制负责人	鲁元良		批文号	鲁文旅博（2019）14号		
项目预算（万元）	54		到位经费（万元）	50		
项目实施单位	山东博物馆					
项目负责人	鲁元良	实施周期	2020年4月至2021年6月			
主要参与人员	鲁元良 孔梅仙 张兴 李晶 吕云 宋朋遥					
文物级别及数量	合计	一级	二级	三级	未定级	重要出土
				12套18件	3套3件	
会议组织单位	山东博物馆			时间	2020.12.12	

总体评价	按照山东省文化和旅游厅《关于〈山东博物馆藏全形拓片保护修复方案〉的批复》（鲁文旅博（2019）14号）要求，山东博物馆于2020年4月开始着手该项目文物的保护修复工作，现整个工作进行到中期。 一、项目组坚持“最小干预”等保护修复的基本原则，针对该批拓片存在不同程度的病害，实施了有效的保护修复工作。 二、项目整体技术路线、操作工艺合理，选用材料适宜，保护效果良好。 建议：进一步规范修复工作中的信息采集记录。
结论	通过

专家签名

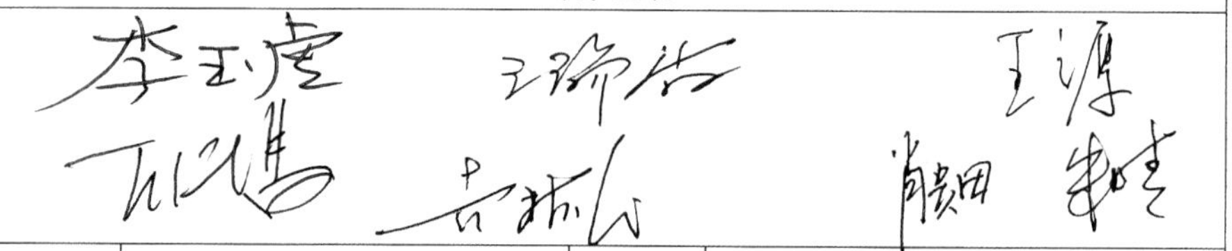

姓　名	单位/职称	姓　名	单位/职称
王之厚	山东博物馆　研究馆员	王传昌	山东省文物保护修复中心研究馆员
吉树春	潍坊市博物馆 研究馆员	王瑞霞	青州市博物馆 研究馆员
朱以青	山东大学 教授	李玉虎	陕西师范大学 教授
肖贵田	山东大学博物馆 研究馆员		

图 1-4

山东博物馆全形拓片保护修复项目 结项 专家评审表

<table>
<tr><td>项目名称（编号）</td><td colspan="6">山东博物馆藏全形拓片保护修复项目（　　　　　　）</td></tr>
<tr><td>文物收藏单位</td><td colspan="6">山东博物馆</td></tr>
<tr><td>方案编制单位</td><td colspan="6">山东博物馆</td></tr>
<tr><td>方案编制负责人</td><td colspan="2">鲁元良</td><td>批文号</td><td colspan="3">鲁文旅博〔2019〕14号</td></tr>
<tr><td>项目预算（万元）</td><td colspan="2">54.00</td><td>到位经费（万元）</td><td colspan="3">50.00</td></tr>
<tr><td>项目实施单位</td><td colspan="6">山东博物馆</td></tr>
<tr><td>项目负责人</td><td>鲁元良</td><td>实施周期</td><td colspan="4">2020年4月至2021年12月</td></tr>
<tr><td>主要参与人员</td><td colspan="6">孔梅仙　张兴　吕云　许刚　张祖伟　宋鹏遥　李晶等</td></tr>
<tr><td rowspan="2">文物级别及数量</td><td>合计</td><td>一级</td><td>二级</td><td>三级</td><td>未定级</td><td>重要出土</td></tr>
<tr><td>26件/套（42件）</td><td></td><td></td><td>20件/套（36件）</td><td>6件/套（6件）</td><td></td></tr>
<tr><td>会议组织单位</td><td colspan="3">山东博物馆</td><td>时间</td><td colspan="2">2021.12.12</td></tr>
<tr><td>总体评价</td><td colspan="6">与会专家考察保护修复后文物，查阅档案资料，听取汇报，经质询、讨论形成如下意见：
1、项目按照山东省文化和旅游厅批复、根据专家意见，完成了26件/套（42件）全形拓片文物保护修复工作，达到预期目标。
2、所采用的技术路线和操作工艺合理，选用材料适宜，保护效果良好。
3、项目针对该批书画存在不同程度的病害，实施了有效的保护修复工作，并开展了全形拓保护修复的相关研究。
4、项目管理规范，档案资料完整、详实。</td></tr>
<tr><td>结论</td><td colspan="6">通过</td></tr>
<tr><td colspan="7">专家签名</td></tr>
<tr><td colspan="7">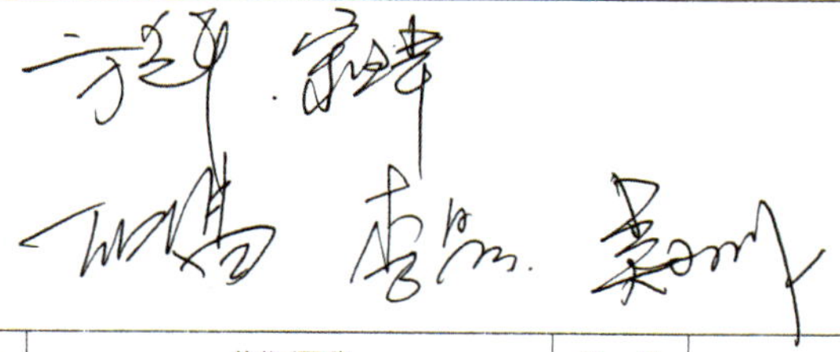</td></tr>
</table>

姓　名	单位/职称	姓　名	单位/职称
宋　玮	山东省文物总店　研究馆员	方　辉	山东大学　教授
王传昌	山东省文物保护修复中心　研究馆员	李　晶	济南市博物馆　研究馆员
吴双成	山东省文物保护修复中心　研究馆员		

图1-5

该项目的实施分为三个阶段：

2020.04.08—2020.10.30，实施项目第一期，保护修复文物 6 件（套）12 轴。

2020.06.16—2021.01.20，实施项目第二期，保护修复文物 9 件（套）9 轴。

2021.02.23—2021.12.01，实施项目第三期，保护修复文物 11 件（套）21 轴。

2020 年 12 月 12 日，山东博物馆组织专家组召开中期评估会，对第一、第二期文物保护工作进行评估。

2021 年 12 月 12 日，山东博物馆组织专家组召开项目结项验收会，对该项目的完成情进行况评估验收（图 1-4、1-5、1-6、1-7）。

最终，本项目顺利通过结项验收，这是一次山东博物馆对全形拓片修复的有益尝试，也为今后的全形拓片等拓本类文物修复工作提供了良好经验。修复人员在修复时，根据每件文物的病害情况选择了有针对性的修复方法，使修复后的全形拓不仅病害得到有效治理，其艺术性也得到高度诠释，满足了收藏和展览的需要，有利于更好地发挥博物馆面向社会大众的宣传教育功能。

图 1-6　结项会汇报情况

图 1-7　结项会专家评审

1.3　文物基本信息

待修复的全形拓片文物，年代从 1800 年至民国时期，时间跨度约 130 年，涵盖了全形拓片制作的各个阶段。26 件（套）待修复全形拓片文物的具体情况见表 1-1。

表 1-1　山东博物馆拟保护修复的全形拓片文物基本信息表

序号	名称	总登记号	具体年代	文物级别	尺寸（cm）	数量	文物类别	质地	收藏单位	收藏时间	病害程度
1	周中义父霝拓本轴	51171	清	三级	144×69	1	拓片	纸本	山东博物馆	1954 年	重度病害
2	周齐侯罍格伯簋拓本轴	51172	清末民国	三级	185×66	1	拓片	纸本	山东博物馆	1954 年	重度病害
3	周驭方鼎拓本轴	51176	清	三级	165×66	1	拓片	纸本	山东博物馆	1954 年	轻度病害
4	周驭方鼎拓本轴	51177	清	三级	153×60	1	拓片	纸本	山东博物馆	1954 年	中度病害
5	清寰盘拓本轴	51188	清	三级	160×60	1	拓片	纸本	山东博物馆	1954 年	中度病害
6	虢叔大林钟拓本轴	51194	清	三级	138×42	1	拓片	纸本	山东博物馆	1954 年	重度病害

（续表）

序号	名称	总登记号	具体年代	文物级别	尺寸（cm）	数量	文物类别	质地	收藏单位	收藏时间	病害程度
7	虢叔大林钟拓本轴	51200	清	三级	183 × 62	1	拓片	纸本	山东博物馆	1954 年	中度病害
8	寰盘拓本轴	51201	清	三级	185 × 62	1	拓片	纸本	山东博物馆	1954 年	中度病害
9	右丞宫鼎拓本轴	51223	清	三级	141 × 48	1	拓片	纸本	山东博物馆	1954 年	中度病害
10	齐侯四器拓本屏	51353	清	三级	146 × 50	4	拓片	纸本	山东博物馆	1954 年	中度病害
11	簠斋藏陶器拓本屏	51356	清	三级	94 × 34	4	拓片	纸本	山东博物馆	1954 年	中度病害
12	虢叔大林钟拓本轴	51435	清	三级	163 × 73	1	拓片	纸本	山东博物馆	1954 年	中度病害
13	齐侯罍拓本轴	51436	清	三级	163 × 73	1	拓片	纸本	山东博物馆	1954 年	重度病害
14	郑伯寰盘拓本轴	51437	清	三级	163 × 73	1	拓片	纸本	山东博物馆	1954 年	中度病害
15	者姛方爵拓本轴	51438	清	三级	163 × 73	1	拓片	纸本	山东博物馆	1954 年	中度病害
16	簠斋藏陶器拓本屏	51498	清	三级	103 × 50	4	拓片	纸本	山东博物馆	1954 年	中度病害
17	毛公鼎拓本轴	51425	清	三级	170 × 81	1	拓片	纸本	山东博物馆	1954 年	重度病害
18	陈簠斋藏陶器拓本屏	51566	清	三级	146 × 38	3	拓片	纸本	山东博物馆	1954 年	重度病害
19	陈簠斋藏西汉铜器拓本屏	51567	清	三级	130 × 36	3	拓片	纸本	山东博物馆	1954 年	重度病害
20	西汉铜器拓本屏	51651	清	三级	121 × 43	4	拓片	纸本	山东博物馆	1954 年	中度病害
21	周师酉簋全形拓片	086226	清	一般	118 × 56	1	拓片	纸本	山东博物馆	1954 年	中度病害
22	汉君宜子孙笔洗拓片	086317	民国	一般	123 × 60	1	拓片	纸本	山东博物馆	1954 年	中度病害
23	周父辛斝全形拓片	086260	清	一般	100 × 34	1	拓片	纸本	山东博物馆	1954 年	中度病害
24	周丰子尊全形拓片	086262	清	一般	150 × 58	1	拓片	纸本	山东博物馆	1954 年	中度病害
25	周鼎全形拓片	086267	民国	一般	190 × 90	1	拓片	纸本	山东博物馆	1954 年	重度病害
26	周钟全形拓片	086268	清	一般	230 × 74	1	拓片	纸本	山东博物馆	1954 年	重度病害

·第二章　馆藏全形拓片文物分析检测

针对该批全形拓片文物的病害现状、纸张材质、劣化程度等状况，项目组运用现代分析检测手段进行了分析检测。检测工作主要分修复前、修复中、修复后三个阶段。保护修复前的检测工作主要分为两部分，一是对拓片脱落样品进行检测，分析纸张类型；二是对实验室常用的 13 种修复用纸进行检测，分析修复纸张特性，从而选取合适的修复用纸。保护修复过程中的检测工作，检测对象是修复前后的拓片表面，目的是通过对比了解文物修复的效果，并通过分析结果确定文物是否需要进行脱酸保护。保护修复后的检测工作，检测对象是修复完成后保留的被裁切纸样或被替换的文物画心、命纸和覆背纸等材料，目的是分析纸张纤维，留存数据，便于今后的研究。

2.1　保护修复前检测

2.1.1 文物样品分析

1. 实验仪器

（1）三维视频显微镜：日本基恩士公司，VHX-2000C 型。

（2）造纸纤维测量仪：珠海华伦造纸科技有限公司，XWY-VI 型。

（3）扫描电子显微镜：日本 HITACHI 公司，TM3000 型。

（4）微型光纤光谱仪：美国海洋光学 Ocean Optics 公司，QE65000 型。

2. 样品采集

所有检测样品均选取自然脱落的残片。在 3 件拓片中，共取得 3 个实验样品（图

2-1、2-2、2-3）。样品未做处理，直接用于后续实验。

图 2-1　ZQ086267 样品外观

图 2-2　ZQ51171 样品外观

图 2-3　ZQ51194 样品外观

3. 检测分析结果

（1）三维视频显微观察

检测目的：对文物样品进行微观观察，确定拓片纤维的状态以及表面颜料的状态。

经检测，ZQ086267 样品可见纤维间有大量颗粒，颜料有脱落现象，纤维较疏松（图 2-4）。

图 2-4　ZQ086267 样品黑色颜料部位显微观察

（2）纤维分析鉴定

取少许纸样置于洁净试管中，加少量蒸馏水，轻轻振荡试管使纤维分散。然后用镊子取纤维试样少许，置于载玻片上，滴两滴碘－氯化锌染色剂，使纤维在染色剂中分散均匀，盖上盖玻片后，使用纤维测量仪观察纤维的形态特征及染色情况。

由图 2-5 可见，ZQ51171 样品的纤维较长，纤维较为僵直，很少有弯曲现象。经碘－氯化锌溶液染色后，纤维呈灰棕色，表皮细胞都平滑无齿痕，导管分子比较粗大，分析为竹纤维。该纤维样品杂质较少，洁净度高，应为质量较高的竹纸。

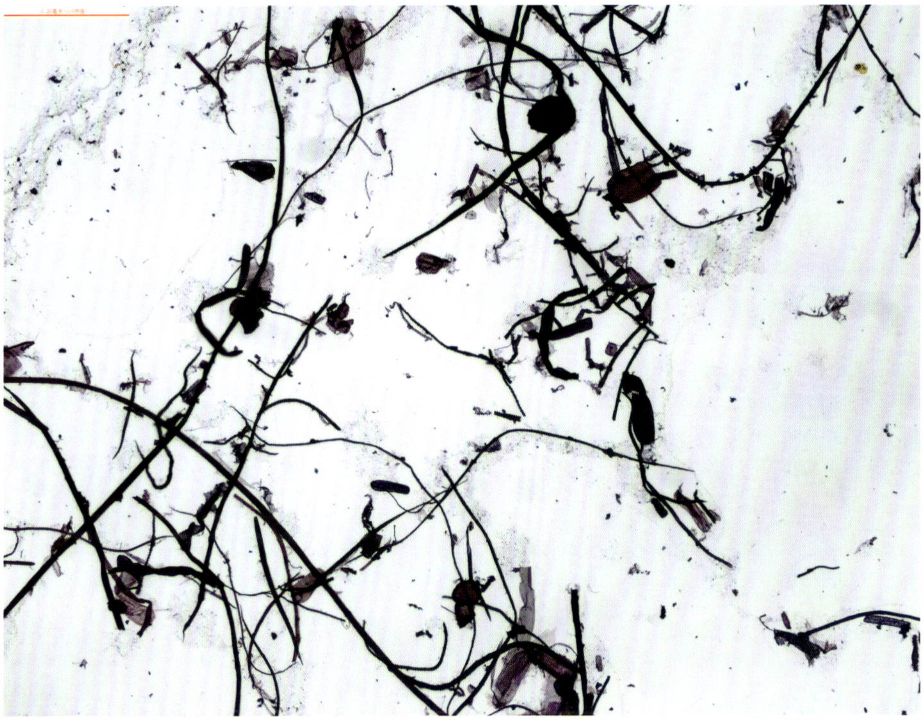

图 2-5　ZQ51171 样品纤维形态图

由图 2-6 可见，ZQ51194 样品的纤维都较短，纤维较为僵直，很少有弯曲现象。经碘－氯化锌溶液染色后，主要纤维呈灰紫色，表皮细胞都平滑无齿痕，导管分子比较粗大，分析为竹纤维。该纤维样品纤维残断，老化程度较高。

图 2-6　ZQ51194 样品纤维形态图

（3）扫描电子显微镜和能谱分析

检测目的：观察拓片纤维的完整程度以及是否感染霉菌等污染物，分析拓片在装潢过程中添加的物质成分以及拓片绘画材料的种类等。

经检测，ZQ086267 样品纤维间可见大量颗粒状物，洁净度较低，可见菌丝，且纤维有断裂（图 2-7）。

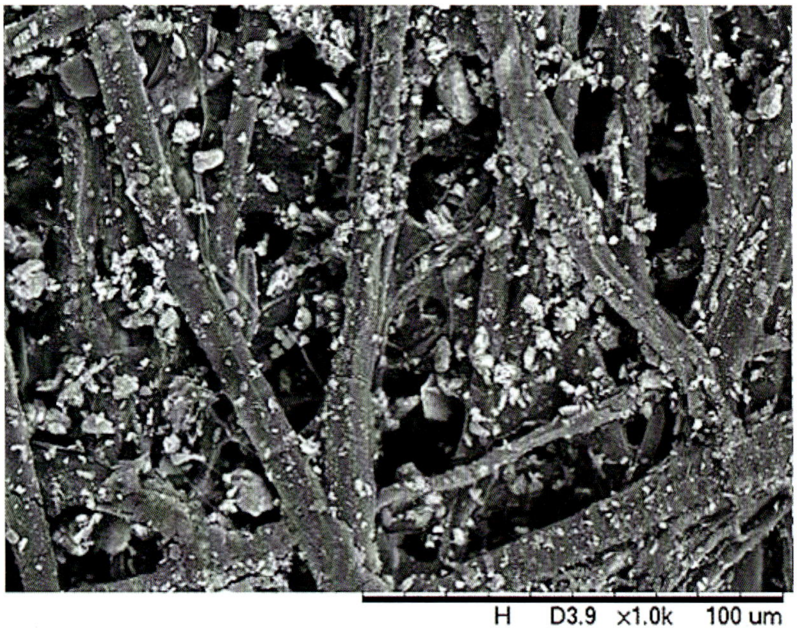

图 2-7　ZQ086267 样品背散射图

4. 检测分析总结

由实验结果可以看出，取样的拓片文物（文物编号 51171、51194、086267）纸质样品纤维为竹纤维，判断材料为竹纸。样品表面洁净度较低，纤维断裂严重，纸张老化程度较高，微生物及结晶盐病害严重，三件拓片文物氧化、酸化病害较为严重，亟须进行保护修复。这些检测结果为选择保护修复材料和方法提供了依据，同时也可以作为文物价值评估的有利证据。

2.1.2 修复用纸检测

1. 实验仪器与条件（表 2-1）

表 2-1　修复用纸检测所用实验仪器与条件

设备型号	实验条件
撕裂度仪（蓝博 SL1000 ）	1.5cm 宽纸样
白度仪（昕瑞 SW-2C）	待测纸张正面
纸张拉力仪（纸邦 ZB-1）	1.5cm 宽纸样
纸张耐折度仪（蓝博 LB-MIT135）	4.9N 拉力，28℃，45%RH
电子天平	10 × 10cm 纸样
测厚仪（JIW）	45%RH
便携 pH 值测定仪（2AA310 型）	10 × 10cm 纸样，加水 20ml 浸泡 2 小时
直尺	100 × 50cm 纸样，100% 吸水

2. 实验样品与检测结果

从修复室内现有修复用纸中选择修复用纸样品，分为皮纸（4 种）和宣纸（9 种）两大类，纸张详细信息和检测结果见表 2-2。

表 2-2　修复用纸检测分析结果

序号	纸样详细信息	撕裂度（mN）	白度	拉力（N）	耐折度（次/耐折度）	重量（g）	厚度（mm）	pH 值	伸缩度（%）
皮纸									
1	日本美浓纸	19523	35.1	45.768	1022/3.099	0.2539	0.048	8.24	横 0.5% 纵 1.5%

（续表）

序号	纸样详细信息	撕裂度（mN）	白度	拉力（N）	耐折度（次/耐折度）	重量（g）	厚度（mm）	pH 值	伸缩度（%）
皮纸									
2	国家古籍修复中心定制皮纸	26818	24.1	---	744/2.872	0.0947	0.051	8.25	横 0.7% 纵 1.5%
3	国家古籍修复中心定制棉纸	9774.6	19.2	---	---	0.0792	0.060	8.34	横 1.9% 纵 3.8%
4	汪六吉四尺皮纸	41364	66.5	13.6284	77/1.886	0.1573	0.068	7.96	横 0.5% 纵 0.8%
宣纸									
5	汪六吉四尺棉连纸	11401	46.1	10.9795	2/0.301	0.1718	0.070	8.28	横 0.2% 纵 0.2%
6	红星四尺棉连纸（2014 年）	24388	63.1	21.351	42/1.623	0.2767	0.081	7.15	横 0.9% 纵 1.1%
7	红星四尺棉连纸（2020 年）	17008	65.4	16.142	80/1.903	0.2436	0.085	8.28	横 0.2% 纵 0.5%
8	汪六吉四尺单宣纸	26008	70.9	10.6347	59/1.771	0.2724	0.089	8.33	横 0.3% 纵 1.0%
9	红星六尺棉连纸	27628	59.2	12.775	45/1.653	0.4018	0.115	7.24	横 0.3% 纵 1.0%
10	汪六吉六尺棉连纸	27628	53.6	6.7605	15/1.176	0.2516	0.081	8.42	横 0.6% 纵 0.7%
11	红星六尺棉连纸（2020 年）	14652	71.4	21.1985	26/1.415	0.3246	0.097	7.64	横 1.0% 纵 1.1%
12	三尺棉连纸	18712	44.1	16.7952	28/1.445	0.2268	0.068	7.67	横 0.2% 纵 0.3%
13	汪同和八尺单宣纸	16276	57.8	7.434	8/0.903	0.2883	0.105	8.18	横 0.7% 纵 0.9%

3. 检测分析总结

以上述数据分析作为基础，全面考虑纸张的各项物理性质，选择厚度较薄、撕裂度及耐折度较好的纸张作为折条用纸；选择伸缩度较低、厚度适中、撕裂度及耐折度适中的纸张作为命纸用纸；选择伸缩度较低、厚度适中（略大于命纸用纸）、撕裂度及耐折度适中的纸张作为覆背纸用纸。

综合分析各项数据，选取各项较为均衡的纸张，最后选择使用日本美浓纸、红星四尺棉连纸（2014 年）作为文物撕裂处的折条用纸；使用红星四尺棉连纸（2014 年）、红星四尺棉连纸（2020 年）作为命纸用纸；使用红星四尺棉连纸（2020 年）、汪六吉四尺单宣纸、红星六尺棉连纸（2020 年）作为覆背纸用纸。

2.2 保护修复中检测

保护修复过程中的检测的参数主要有酸度、白度、色差三项，通过修复前后的测定值对比，了解修复程度、修复效果，并为修复工作提供依据。

2.2.1 文物酸度检测

酸度一般用 pH 值表示，其意义为水溶液中氢离子的浓度。pH 值为 7 表示溶液为中性，pH 值小于 7 为酸性，pH 值大于 7 为碱性。酸度过高会使纸质文物的纤维发生纤维素链断裂，导致纸张变脆，所以应尽量使其 pH 值显碱性，避免纤维酸化。比较修复前后的 pH 值变化，即可直观看出修复工作是否有效改善了文物的酸化病害。

在本次全形拓文物保护修复工作中，使用饱和氢氧化钙溶液作为除酸剂，一般在文物清洗完毕后，使用饱和除酸液进行除酸。

1. 实验仪器

前期第一、第二批次文物修复工作酸度测定中，使用 2AA310 型便携式 pH 值测定仪（表 2-3 中用 A 表示）；后期第三批次文物修复工作酸度测定中，使用 CLEAN PH30 型便携式 pH 值测定仪（表 2-3 中用 C 表示）。

2. 实验对象

酸度测定实验的对象是保护修复过程中的全形拓片文物，主要测定位置为画心表面的各个部位。

3. 实验步骤

2AA310 型便携式 pH 值测定仪，需在文物清洗时留取清洗的浸出液进行酸度测定。CLEAN PH30 型便携式 pH 值测定仪可以在文物清洗时，对潮湿的文物表面进行直接接触测定。由于 2AA310 型便携式 pH 值测定仪检测的是浸出液体，所以在数值上相较于 CLEAN PH30 型便携式 pH 值测定仪的测定值有一定偏差。

4. 酸度检测结果分析

以 7 套 16 轴文物的酸度检测为例，检测结果见表 2-3。

表 2-3　拓片修复前后酸度测定对比

序号	文物名称	编号	测试仪器	修复前酸度	修复后酸度	除酸效果
1	周中义父盨拓本轴	51171	A	6.054	6.743	效果明显达到预期
2	虢叔大林钟拓本轴	51200	A	5.654	6.573	效果明显达到预期
3	簠斋藏陶器拓本屏	51498-1	A	6.045	6.743	效果明显达到预期
4	簠斋藏陶器拓本屏	51498-2	A	6.135	6.895	效果明显达到预期
5	簠斋藏陶器拓本屏	51498-3	A	6.264	6.774	效果明显达到预期
6	簠斋藏陶器拓本屏	51498-4	A	6.214	6.884	效果明显达到预期
7	毛公鼎拓本轴	51425	A	6.450	6.670	效果明显达到预期
8	周父辛斝全形拓片	086260	A	6.040	6.840	效果明显达到预期
9	齐侯四器拓本屏	51353-1	C	下部正中 7.82　左上角 7.57 左下角 7.98　上部正中 7.03 右下角 7.99　右上角 7.04 中部 7.38　印章处 7.66	下部正中 7.81　左上角 7.68 左下角 7.79　上部正中 8.03 右下角 7.97　右上角 7.87 中部 7.63　印章处 7.73	效果明显达到预期
10	齐侯四器拓本屏	51353-2	C	下部正中 6.06　左上角 5.18 左下角 5.72　上部正中 5.30 右下角 5.98　右上角 5.20 中部 5.65　印章处 5.62	下部正中 7.36　左上角 7.21 左下角 7.38　上部正中 7.37 右下角 7.12　右上角 7.51 中部 7.97　印章处 7.49	效果明显达到预期
11	齐侯四器拓本屏	51353-3	C	下部正中 6.23　左上角 5.31 左下角 5.92　上部正中 5.78 右下角 6.32　右上角 5.46 中部 5.67　印章处 5.14	下部正中 7.75　左上角 7.85 左下角 7.77　上部正中 8.22 右下角 7.65　右上角 8.30 中部 7.36　印章处 7.83	效果明显达到预期

（续表）

序号	文物名称	编号	测试仪器	修复前酸度	修复后酸度	除酸效果
12	齐侯四器拓本屏	51353-4	C	下部正中 6.00　左上角 5.21 左下角 5.74　上部正中 5.51 右下角 6.07　右上角 5.32 中部 5.66　印章处 5.36	下部正中 7.43　左上角 7.52 左下角 7.57　上部正中 7.55 右下角 7.34　右上角 7.61 中部 7.61　印章处 7.71	效果明显达到预期
13	西汉铜器拓本屏	51651-1	C	下部正中 6.01　左上角 6.38 左下角 6.51　上部正中 6.39 右下角 7.06　右上角 6.44 中部 6.01　印章处 7.04	下部正中 7.74　左上角 7.76 左下角 7.31　上部正中 7.27 右下角 7.55　右上角 7.34 中部 7.56　印章处 7.40	效果明显达到预期
14	西汉铜器拓本屏	51651-2	C	下部正中 6.61　左上角 5.12 左下角 5.37　上部正中 5.15 右下角 5.18　右上角 5.17 中部 5.10　铭文处 4.99	下部正中 7.90　左上角 7.61 左下角 7.68　上部正中 7.74 右下角 7.67　右上角 7.10 中部 7.68　铭文处 7.81	效果明显达到预期
15	西汉铜器拓本屏	51651-3	C	下部正中 5.22　左上角 5.48 左下角 4.83　上部正中 5.11 右下角 4.87　右上角 5.34 中部 5.13　印章处 5.22	下部正中 7.25　左上角 7.29 左下角 7.18　上部正中 7.26 右下角 7.14　右上角 7.19 中部 7.31　印章处 7.28	效果明显达到预期
16	西汉铜器拓本屏	51651-4	C	下部正中 5.27　左上角 4.94 左下角 5.32　上部正中 5.05 右下角 5.31　右上角 4.99 中部 5.06　铭文处 5.02	下部正中 8.47　左上角 9.07 左下角 8.32　上部正中 8.91 右下角 8.55　右上角 8.73 中部 8.94　铭文处 8.87	效果明显达到预期

2.2.2 文物白度检测

白度是表示物质表面白色的程度，以白色含有量的百分率表示。测定物质的白度通常以氧化镁为标准白度，为 100%，计 100 度，并定它为标准反射率 100%，以蓝光照射氧化镁标准板表面的反射率百分率来表示试样的蓝光白度；用红、绿、蓝三种滤色片或三种光源测出三个数值，平均值为三色光白度。反射率越高，白度越高，反之亦然。测定白度的仪器有多种，主要是光电白度计，标准不完全相同。习惯上把白度的单位“%”作为“度”，如周中义父盨拓本轴的左下角位置修复前测得白度为 44.3%，即表示为 44.3 度。测试文物本体纸张的白度，可以为修复用纸的选择提供依据。同时也可以对比观察文物本体保护修复前后，特别是污染物经过清洗后的明度变化。

1. **实验仪器**

本次全形拓片文物白度测定所使用的仪器为昕瑞 SW-2C 白度仪。

2. **实验对象**

白度测定的对象是保护修复过程中的全形拓片文物表面。测试位置取六个色试点：左下角取距角左右 1 厘米处，右下角取距角左右 1 厘米处，左上角取距角左右 1 厘米处，右上角取距角左右 1 厘米处，中部取整个画心的物理中心，上部正中取上部中央距边 1 厘米处。

3. **实验步骤**

昕瑞 SW-2C 白度仪的操作步骤较为简单，将仪器探头拉起，将待测文物检测面朝上对好探头，然后放下探头即可读数。一般情况下，同一位置测定两次，取平均值即可。在文物修复前后各测一组白度数据，作为对比依据。

4. **白度检测结果分析**

以 7 套 11 轴文物的白度检测结果为例，检测结果见表 2-4。

表 2-4　拓片修复前后白度测定对比

序号	文物名称	编号	修复前白度（度）	修复后白度（度）	清洗效果
1	周中义父盨拓本轴	51171	左下角 44.3	左下角 46.4	清洗效果较明显 达到预期
2	虢叔大林钟拓本轴	51200	左下角 18.3	左下角 20.1	清洗效果较明显 达到预期
3	簠斋藏陶器拓本屏	51498-1	左下角 40.2	左下角 40.8	清洗效果较明显 达到预期
4	毛公鼎拓本轴	51425	左下角 55.9	左下角 56	清洗效果较明显 达到预期
5	周父辛斝全形拓片	086260	左下角 25.9	左下角 28.3	清洗效果较明显 达到预期

（续表）

序号	文物名称	编号	修复前白度（度）	修复后白度（度）	清洗效果
6	齐侯四器拓本屏	51353-1	左下角 17.9 右下角 17.1 左上角 12.1 右上角 12.4 正中 18.6 上部正中 16.2	左下角 29.4 右下角 28.4 左上角 22.8 右上角 21.2 正中 25.9 上部正中 22.9	清洗效果明显 达到预期
7	齐侯四器拓本屏	51353-2	左下角 18.6 右下角 19.7 左上角 12.7 右上角 12.8 正中 19.7 上部正中 16.3	左下角 32.3 右下角 30.0 左上角 23.9 右上角 21.7 正中 26.9 上部正中 22.1	清洗效果明显 达到预期
8	齐侯四器拓本屏	51353-3	左下角 16.9 右下角 17.3 左上角 12.5 右上角 12.1 正中 16.6 上部正中 15.4	左下角 25.7 右下角 27.3 左上角 19.0 右上角 19.3 正中 23.7 上部正中 18.6	清洗效果明显 达到预期
9	齐侯四器拓本屏	51353-4	左下角 19.9 右下角 18.6 左上角 12.5 右上角 12.3 正中 18 上部正中 15.4	左下角 30.8 右下角 32.0 左上角 20.2 右上角 20.3 正中 25.5 上部正中 21.0	清洗效果明显 达到预期
10	西汉铜器拓本屏	51651-1	左下角 9.7 右下角 9.7 左上角 4.7 右上角 3.6 正中 6.6 上部正中 4.8	左下角 21.2 右下角 22.4 左上角 13.1 左上角 12.8 正中 18.1 上部正中 13.6	清洗效果明显 达到预期
11	西汉铜器拓本屏	51651-2	左下角 8.8 右下角 10.3 左上角 4.4 右上角 4.9 正中 6.6 上部正中 4.7	左下角 22.3 右下角 24.8 左上角 13.8 右上角 15.2 正中 16.1 上部正中 15.5	清洗效果明显 达到预期

由这 7 套 11 轴文物的修复前后白度测定对比可以看出，所有文物的白度在经过清洗、脱酸和保护修复后都有所提高。其中周中义父盨拓本轴、虢叔大林钟拓本轴、簠斋藏陶器拓本屏、毛公鼎拓本轴等文物的白度变化较小，修复后白度提高小于 5%，原因可能为文物原纸张设色稳定，受到的污染较小。齐侯四器拓本屏、西汉铜器拓本屏多件文物修复后的白度提升较高，最多提高 210%，清洗效果明显，可能是文物原纸张设色较不稳定以及受到的污染较为严重等原因造成。

2.2.3 文物色差检测

色差即两种颜色的差别。色差值表示颜色的差别大小，用 ΔE 表示。色差值一般用来评价颜色的差别，广泛应用于文物修复中有关色彩对比的领域。

ΔE 的公式为：

$$\Delta E=\sqrt{(\Delta L^2+\Delta a^2+\Delta b^2)}$$

其中的三个参数，L 表示色彩亮暗，+ 表示色彩偏亮，- 表示色彩偏暗；a 表示色彩中红绿程度，+ 表示色彩偏红，- 表示色彩偏绿；b 表示色彩中黄蓝程度，+ 表示色彩偏黄，- 表示色彩偏蓝。通常情况下，主要需要对比 L、a、b 三个参数值。

经过记录和对比分析 L、a、b 三个参数值，即可看出文物清洗、脱酸的效果，为以后的修复工作提供依据。此外，色差的测定还可以作为后期补色的依据，将画心清洗后的色差值测量出后，以此为依据染配补纸，可以大大提升修复画心的效率。

1. 实验仪器

使用 HPG-2132 型便携式色差计，实验条件：设定 x：5、y：5，温度 20℃—25℃。

2. 实验对象

色差测定的对象是保护修复过程中的所有全形拓片文物，每件文物取六个色试点：左下角取距角左右 1 厘米处，右下角取距角左右 1 厘米处，左上角取距角左右 1 厘米处，右上角取距角左右 1 厘米处，中部取整个画心的物理中心，上部正中取上部中央距边 1 厘米处。

3. 实验步骤

HPG-2132 型便携式色差计的操作方法较为方便，其探头处有软橡胶垫，可以直接放置在画心表面进行测定。确定好待测位置后，即可按开始键进行测试，所得数据可以时时记录。在文物修复前和修复后的同一位置各测一次，作为对比。

4. 色差检测结果分析

以 7 套 8 轴文物的色差检测结果为例，检测结果见表 2-5：

表 2-5　拓片修复前后色差测定对比

序号	文物名称	编号	修复前色差	修复后色差	清洗效果
1	周中义父需拓本轴	51171	左下角： L=63.54 a=6.12 b=15.98 右下角： L=70.98 a=7.06 b=16.06	左下角： L=70.29 a=6.19 b=16.91 右下角： L=68.16 a=6.91 b=17.79	清洗后文物提亮明显，未发现明显偏红、黄现象

（续表）

序号	文物名称	编号	修复前色差	修复后色差	清洗效果
2	虢叔大林钟拓本轴	51200	左下角： L=78.84 a=3.24 b=10.26 右下角： L=82.14 a=2.56 b=11.24	左下角： L=81.82 a=3.22 b=11.63 右下角： L=81.69 a=3.40 b=13.01	清洗后文物提亮明显，未发现明显偏红、黄现象
3	簠斋藏陶器拓本屏	51498-1	左下角： L=70.26 a=6.12 b=14.01 右下角： L=71.32 a=5.12 b=14.22	左下角： L=74.54 a=6.67 b=14.90 右下角： L=76.00 a=4.68 b=15.05	清洗后文物提亮明显，未发现明显偏红、黄现象
4	毛公鼎拓本轴	51425	左下角： L=88 a=2.59 b=8.99	左下角： L=86.70 a= 2.36 b= 8.06	清洗后文物提亮不明显，未发现明显偏红、黄现象
5	周父辛斝全形拓片	086260	右下角： L=72.91 a=6.10 b=17.31	右下角： L=74.29 a=5.81 b= 16.67	清洗后文物提亮较明显，未发现明显偏红、黄现象
6	齐侯四器拓本屏	51353-1	上部正中： L=64.05 a=8.57 b=23.09 左上角： L=61.07 a=9.06 b=23.32 中部： L=66.74 a=8.22 b=22.07 右下角： L=65.87 a=8.22 b=21.97 左下角： L=67.58 a=7.86 b=21.45	上部正中： L=71.67 a=6.20 b=17.86 左上角： L=70.11 a=6.73 b=18.86 中部： L=74.21 a=5.61 b=16.99 右下角： L=72.92 a=6.18 b=17.62 左下角： L=75.86 a=5.23 b=15.97	清洗后文物提亮明显，未发现明显偏红、黄现象，稍有偏绿、蓝现象
7	齐侯四器拓本屏	51353-2	上部正中： L=63.43 a=8.36 b=22.15 左上角： L=62.14 a=8.79 b=22.86 中部： L=67.70 a=7.81 b=21.87 右下角： L=68.19 a=7.79 b=21.54 左下角： L=68.95 a=7.29 b=20.65	上部正中： L=72.71 a=5.91 b=17.26 左上角： L=70.00 a=6.92 b=18.86 中部： L=75.22 a=5.48 b=16.44 右下角： L=75.26 a=5.53 b=16.27 左下角： L=76.11 a=5.34 b=15.83	清洗后文物提亮明显，未发现明显偏红、黄现象，稍有偏绿、蓝现象

（续表）

序号	文物名称	编号	修复前色差	修复后色差	清洗效果
8	西汉铜器拓本屏	51651-1	上部正中： L=45.59 a=8.00 b=18.86 左上角： L=44.44 a=8.29 b=19.03 中部： L=47.91 a=7.86 b=19.21 右下角： L=54.21 a=7.39 b=19.75 左下角： L=52.20 a=7.95 b=20.32	上部正中： L=56.81 a=5.15 b=14.18 左上角： L=55.26 a=5.47 b=14.45 中部： L=63.30 a=4.53 b=13.41 右下角： L=67.15 a=4.46 b=13.34 左下角： L=66.55 a=4.56 b=13.69	清洗后文物提亮明显，未发现明显偏红、黄现象，稍有偏绿、蓝现象

由所选择的 7 套 8 轴文物修复前后的色差 L、a、b 值对比可以看出，大部分文物的 L 值在经过清洗、脱酸和保护修复后都有所提高，a、b 值变化不明显。其中周中义父盨拓本轴、虢叔大林钟拓本轴、簠斋藏陶器拓本屏、毛公鼎拓本轴等文物的 L 值变化较小，提高小于 3%，原因可能为文物原纸张设色稳定，受到的污染较小。齐侯四器拓本屏、西汉铜器拓本屏多件文物的 L 值提升较高，最多提高 36.2%，纸张亮度提高，清洗效果明显，a、b 值变化波动较大，纸张有清洗后偏蓝、绿的情况，应为文物原纸张设色不稳定以及受到的污染较为严重所致。

2.3　保护修复后检测

2.3.1 实验仪器与试剂

本次检测使用 XWY-VIII 型华伦智能纤维测量仪，使用的试剂有无水氯化锌、纯净水、碘化钾、碘。

2.3.2 实验样品

检测对象为修复完成后保留的被裁切或被替换的文物画心、命纸和覆背纸，取于 12 组 13 轴全形拓片的纸样作为样品。

2.3.3 实验步骤

1. 配制赫氏染色剂

将 20g 无水氯化锌溶于 10ml 纯净水中，形成饱和氯化锌溶液，称之为 A 溶液；

将 2.1g 碘化钾与 0.1g 碘溶于 5ml 纯净水中，配成 B 溶液；

在不断搅拌下将已冷却的 B 溶液滴入已冷却的 A 溶液中，在暗处放置 24 小时；

将上述混合溶液慢慢倾出，加入一小片碘，置于棕色瓶中，在暗处放置 48 小时，备用。

2. 纤维样品制备

取有代表性的试样总量约相当于绝干 0.1g，置于试管中，加入适量纯净水，充分分散，制成纤维悬浮液备用。用滴管吸取 3—4 滴纤维悬浮液置于载玻片上，将载玻片放在电热板上烘干。烘干试片冷却后，用赫氏染色剂染色 1 分钟，盖上盖玻片，用滤纸吸去多余液体，备用。

2.3.4 检测分析结果

经过显微检测分析，树皮类纤维主要包括构树皮纤维、桑树皮纤维、青檀皮纤维。除此之外，主要还观测到了竹纤维、禾草类纤维、麻类纤维。

构树皮纤维较长，纤维壁上有明显的横节纹，纤维两端尖细，常呈分枝状，有时端头为一小圆球，遇赫氏染色剂显棕红色至红紫色，纸浆中含有大量草酸钙晶体。

桑树皮纤维多呈圆柱形，细胞壁上有横节纹，端部有透明的胶质膜，遇赫氏染色剂熟料桑树皮显紫红色，生料纤维显黄绿色。

青檀皮纤维两端钝尖，亦有分歧或球状的端部，遇赫氏染色剂多呈带红的紫色至带蓝的紫色。

竹纤维细胞壁较厚，纤维细短，细胞端部平齐或略微倾斜，壁上布满网状微孔，杂细胞含量较多，遇赫氏染色剂呈紫蓝色。

禾草类纤维较细、较短，杂细胞含量大，表皮细胞呈锯齿状，不定形的小细胞较多，遇赫氏染色剂呈蓝紫色。

麻类纤维杂细胞较少，形态大小均匀，纤维壁上有横节纹，打浆后，纤维沿纵向条纹分丝帚化，遇赫氏染色剂呈酒红色。

21件样品的检测结果如图2-8至2-28所示。

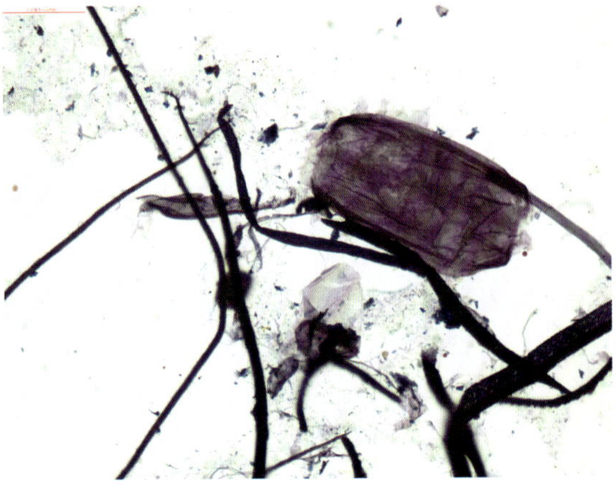

图2-8 #1 51172 覆背纸

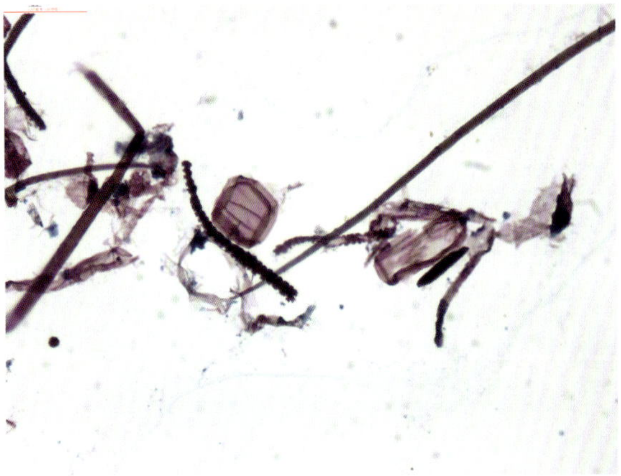

图2-9 #2 51172 命纸

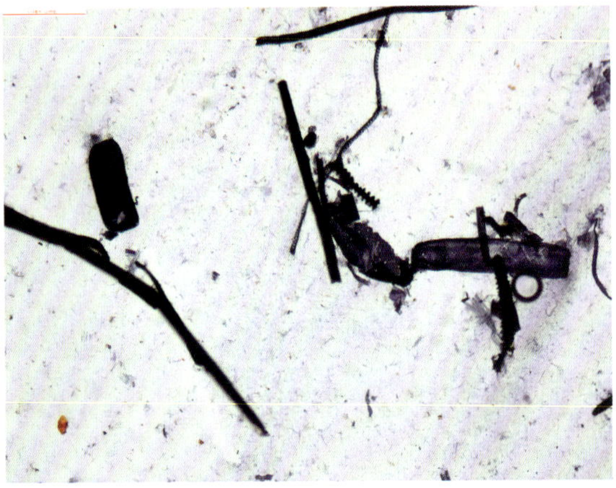

图2-10 #3 51200 天头命纸

图2-11 #4 51200 天头纸

图2-12 #5 51200 画心

图2-13 #6 51210 命纸

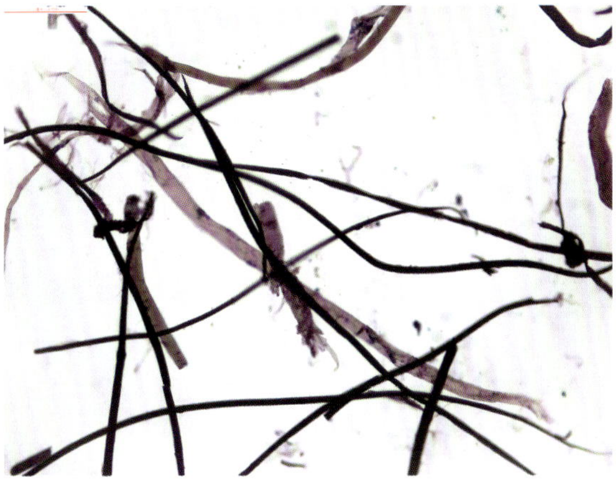
图 2-14　#7　51210　背纸

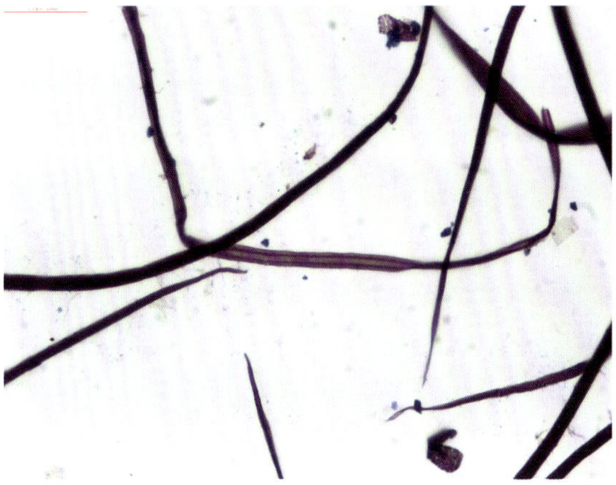
图 2-15　#8　51223　命纸

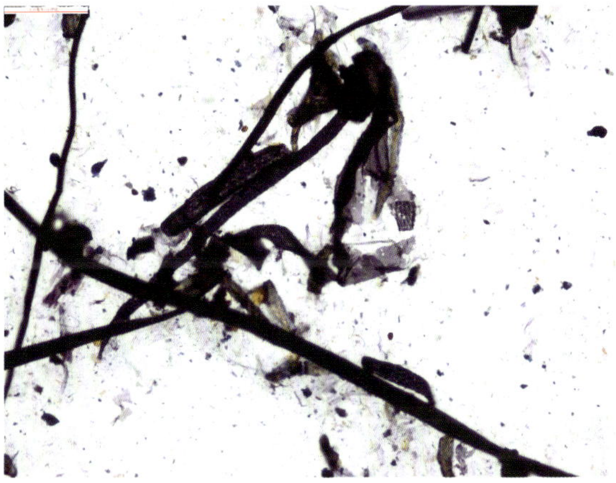
图 2-16　#9　51233　背纸

图 2-17　#10　51233　画心

图 2-18　#11　51425　命纸

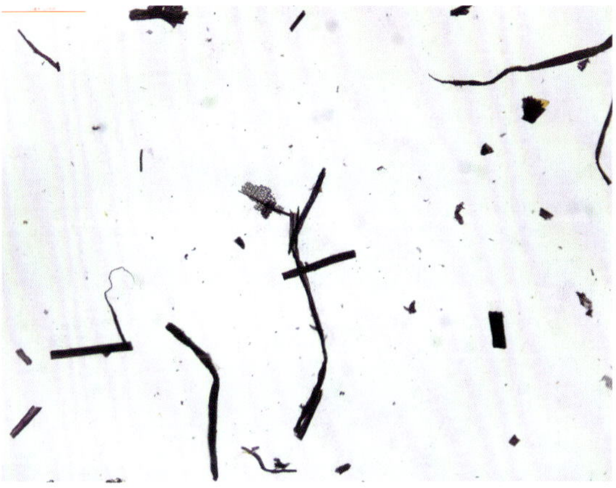
图 2-19　#12　51435　画心

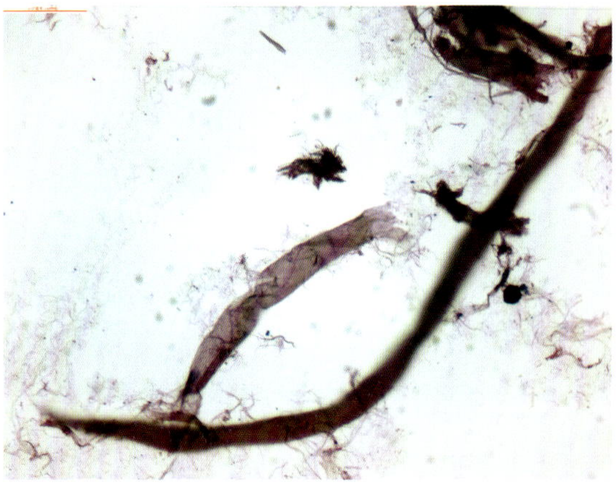

图 2-20　#13　51498　背纸

图 2-21　#14　51566　画心

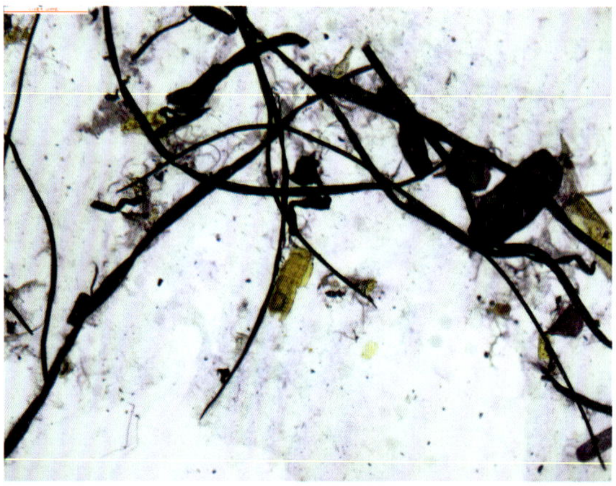

图 2-22　#15　51566　背纸

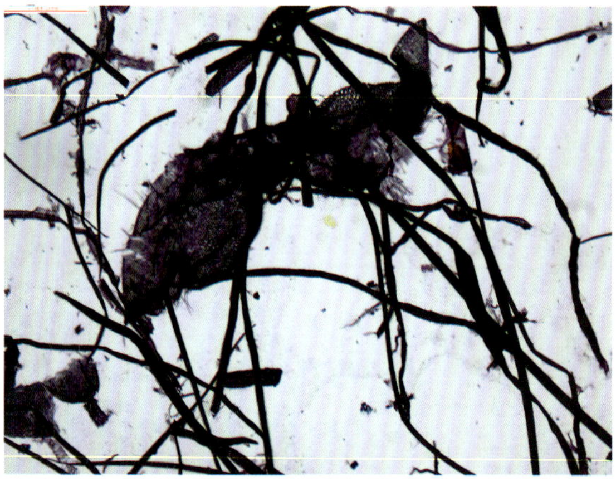

图 2-23　#16　086260　命纸

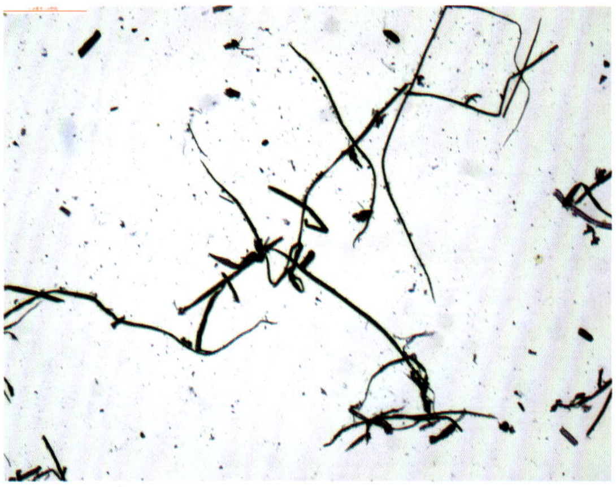

图 2-24　#17　086266　命纸

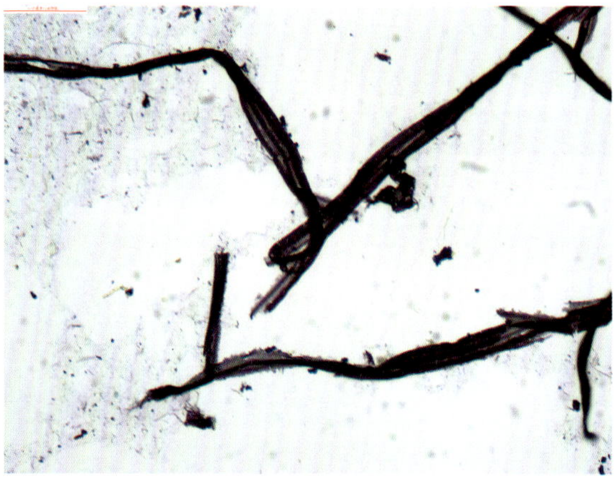

图 2-25　#18　086266　画心

图 2-26 #19 086267 命纸

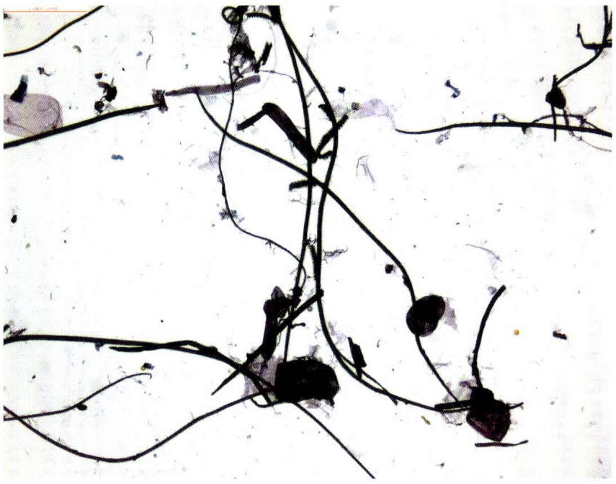

图 2-27 #20 51438 命纸

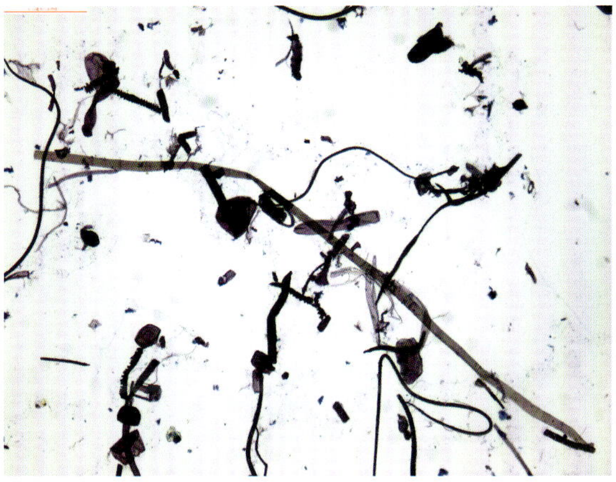

图 2-28 #21 51438 背纸

通过观察分析可得出如下推断：

1. 所有样品纤维保存较完整，破坏很小，分丝帚化不明显。

2. 所分析的 21 种纤维与碘试剂作用不显黄色，说明纸浆均非机械浆、化机浆或生料法纸浆。

3. 由照片可以看出，#15 纤维试样观察到有少量黄色显示，推测为样品所用原料本身含有少量木质素或木质素未去除干净。

4.20 种纤维试样遇赫氏染色剂无黄色显示，说明样品所用原料本身木质素含量很少或去除得较为干净。与赫氏染色剂作用后样品 #1、2、4、5、7、8、11、14、15、19、20、21 呈棕红至红紫色；样品 #6、9、10、12、16、18 呈紫蓝色；样品 #3、17 呈蓝紫色；样品 #13 呈酒红色。

5. 样品 #1、2、4、5、7、11、14、15、19、20、21 同时具有禾草类纤维和树

皮类纤维（构树皮纤维、青檀皮纤维）特征；样品 #6、9、10、12、16、17、18 具有竹纤维特征；样品 #3 同时具有竹纤维和禾草类纤维特征；样品 #13 具有明显麻类纤维特征。

综上所述，推测样品 #3 为竹纤维与禾草类纤维配抄纸，可能为竹纸；样品 #13 为麻类纤维抄纸，可能为麻纸；样品 #1、2、4、5、7、8、11、14、15、19、20、21 为树皮类纤维与禾草类纤维配抄纸，可能为宣纸；样品 #6、9、10、12、16、17、18 为禾草纤维抄纸，可能为草纸。具体分析见表 2-6。

表 2-6　21 件文物样品纤维分析结果

序号	文物号	位置	纤维构成	纸质种类
1	51172	覆背纸	树皮类纤维与禾草类纤维配抄纸	宣纸类
2	51172	命纸	树皮类纤维与禾草类纤维配抄纸	宣纸类
3	51200	天头命纸	竹纤维与禾草类纤维配抄纸	竹纸类
4	51200	天头纸	树皮类纤维与禾草类纤维配抄纸	宣纸类
5	51200	画心	树皮类纤维与禾草类纤维配抄纸	宣纸类
6	51210	命纸	禾草纤维抄纸	草纸类
7	51210	背纸	树皮类纤维与禾草类纤维配抄纸	宣纸类
8	51223	命纸	树皮类纤维与禾草类纤维配抄纸	宣纸类
9	51233	背纸	禾草纤维抄纸	草纸类
10	51233	画心	禾草纤维抄纸	草纸类
11	51425	命纸	树皮类纤维与禾草类纤维配抄纸	宣纸类
12	51435	画心	禾草纤维抄纸	草纸类
13	51498	背纸	麻类纤维抄纸	麻纸类
14	51566	画心	树皮类纤维与禾草类纤维配抄纸	宣纸类
15	51566	背纸	树皮类纤维与禾草类纤维配抄纸	宣纸类
16	086260	命纸	禾草纤维抄纸	草纸类
17	086266	命纸	禾草纤维抄纸	草纸类
18	086266	画心	禾草纤维抄纸	草纸类
19	086267	命纸	树皮类纤维与禾草类纤维配抄纸	宣纸类
20	51438	命纸	树皮类纤维与禾草类纤维配抄纸	宣纸类
21	51438	背纸	树皮类纤维与禾草类纤维配抄纸	宣纸类

2.3.5 检测分析总结

通过使用光学显微镜观察来自 13 轴文物的 21 种纤维样品，发现样品多为混合纤维配抄，微观结构差别较大，表面有一定的粗糙度，纸张主要种类涵盖宣纸、竹纸、麻纸、草纸四大类。

基于书画纸所用原料纤维的特性及传统的抄造工艺特征，书画纸一般呈碱性或中性，纸面柔和，宜于使用毛笔书写和拓印，吸水性较大，但纸的强度较小，质地较软而轻，保存的时间较长。此次所检测的样品，由于部分纸张经过设色处理，在检测中会偏酸性，持续的酸化会使纸张变脆，故而我们在检测分析中可以看到纤维断裂情况。

总体看，全形拓片制作使用的纸张种类比较繁杂，没有约定俗成的用纸品类。拓片装潢使用的纸张相对于同年代名家书画装潢使用的材料质量较差，这与清末民国时期的纸张抄造制作水准下降呈相关性。

·第三章　馆藏全形拓片文物保护修复

按质地分类，全形拓片文物属于纸质文物。在长期保存过程中，这类文物从内部结构强度到外观色泽都会发生一定程度的变化，这种变化一般会造成纸张性质变差，也称为劣化。纸张劣化快慢有所不同，决定其耐久性的因素很多，主要可以总结为内因和外因两个方面。内因主要是纸张本身的纤维组成成分和造纸工艺过程影响，这是纸张变质的根据；外因则是文物所处的保存环境因素，如存放环境的温湿度、光照、粉尘和微生物等，这些因素会对纸质文物的保存产生影响，这是纸张变质的条件。

相应地，对文物的保护修复也需要做两个方面的工作：

一方面是通过对保存环境的调查，了解病害成因，针对性地控制文物保存条件，预防和延缓病害的发生，以延长文物寿命。另一方面就是经过直接的修复干预，根除文物的各种病害，提升文物状态，并防止病害的进一步产生。

3.1　保存环境调查

山东博物馆所在地济南市地处齐鲁腹地，南依泰山，北临黄河，属暖温带季风区大陆性气候，四季分明，雨热同季，春季干旱多风，夏季雨量集中，秋季温和凉爽，冬季少雪干冷。

山东博物馆成立时，其场馆为坐落于济南市上新街的民国建筑“万字会”，1993 年搬迁至千佛山脚下的馆舍，这两所场馆的库房收藏条件较简陋，库房内未配备温湿度检测设备，无空气温湿度调节设备和空气过滤净化设备。库房内照明使用普通日光灯管，文物储藏架为木制柜架，由于柜架数量较少，部分文物叠放在箱中，未做正常存放清理。绝大多数拓片类文物没有独立的包装囊匣，文物裸放且堆放拥挤，存在安全隐患。由于库房建筑墙体较薄，室内环境与大气自然环境接近，万字会库房楼顶甚至出现过漏水现象，导致库房内相对湿度较大（最大值近 90%）。高湿度会破坏纸张结构，使纤维素变潮水解，利于微生物的生长繁殖，致使拓片出现了水渍甚至少量微生物滋生等综合病害现象。

2011 年，山东博物馆新馆建成使用，文物库房位于新馆地下一层。馆藏全形拓片类文物与书画类文物存放条件相同，存放的库房为北 9 库，整体处于密闭的区域内。经过馆藏预防性保护项目的改造后，库房内设置了 24 小时运转的中央空调与除湿机，可有效调控温湿度（图 3-1）。

拓片库房内温度常年控制在 20℃，上下浮动 2℃；相对湿度控制在 42%，上下浮动 3%，符合纸质文物的保存要求。馆藏拓片文物保存条件见表 3-1。

图 3-1　山东博物馆拓片库房内文物保存环境

表 3-1　山东博物馆拓片保存环境情况表

存放场所	拓片库房	地点	户内	光源种类	日光灯
文物陈列展示			□长期■短期 □从未 □不能使用		
湿度控制系统			■有□无 □连续 □不连续 □其他		
温度控制系统			■有□无 □连续 □不连续 □其他		
空气净化装置			■有□无 ■连续 □不连续 □其他		
年平均温度	22.8℃	绝对最高温度	25℃	最低温度	18.5℃
年均相对湿度	42%	最高相对湿度	64%	最低相对湿度	42%
地区污染状况			细颗粒物、污染物、有害气体		

由表 3-2“馆藏文物库房保存环境监测报告（2020 年 5 月上）”可以看出，在项目正式开始的 2020 年 5 月，整体库房环境较为适宜，适合书画、拓本类纸质文物的存放，而预计展出书画类文物的第 12 号展厅的环境波动值较库房为大。库房的问题主要是湿度较大时除湿效率较差。

2020 年 9 月，山东博物馆举办“衣冠大成——明代服饰文化展”，此前通过馆藏预防性保护改造对 12 号展厅的温湿度控制能力做了提升。作为书画拓片文物通用展厅，由表 3-3 的数据可以看出，12 号展厅的温湿度波动范围较 5 月有了大幅缩小，更加适合书画文物存放与展出。

表 3-2　馆藏文物库房保存环境监测报告（2020 年 5 月上）

制表部门	山东博物馆文物保护部环境监测中心						
监测时间段	2020.05.01—2020.05.15						
编号	20200501						
馆藏文物保存环境监测数据分析	湿度方面：展厅及非恒湿展柜内最高湿度较高，部分湿度在 65% 以上，并且波动较大，不利于文物保存。 温度方面：展厅和库房温度基本在 20℃—25℃之间，并且浮动较小，温度环境相对稳定。						
馆藏文物保存环境监测数据							
库房	监测点位置及检测设备编号	湿度（%）			温度（℃）		
		最高值	最低值	浮动范围	最高值	最低值	浮动范围
10 鲁王之宝	天风海涛琴 246 、234	54.5	46.9	7.6	25.2	18.6	6.6
	妆金四团龙纹缎袍 222	60.2	56.4	3.8	24.3	17.8	6.5
	宋秋葵蛱蝶图卷 171	58.2	50.3	7.9	24.8	18.6	6.2

（续表）

库房	监测点位置及检测设备编号	湿度（%）			温度（℃）		
		最高值	最低值	浮动范围	最高值	最低值	浮动范围
11 展厅	棚顶 165	85.9	41.2	44.7	24.2	20.7	3.5
12 展厅	棚顶 290	66.9	36.7	30.2	23.8	21.1	2.7
13 展厅	棚顶 104	44.7	43.1	1.6	24.2	23.4	0.8
北 2 库	19 号柜上 284	43.7	37.3	6.4	20.9	19.9	1.0
北 3 库	门口柜上 230	46.4	34.8	11.6	21.1	20.1	1.0
北 5 库	27 号柜上 285	43.5	36.8	6.7	21.2	20.3	0.9
北 6 库	18 号柜上 213	44.8	38.7	6.1	22.1	20.5	1.6
北 7 库	31 号柜顶 112	42.9	42.3	0.6	21	20.1	0.9
北 8 库	6 号柜内 1—5 VOC266	38.7	35.9	2.8	21.2	20.6	0.6
北 9 库	7 号柜上 209	42.8	39.4	3.4	21.3	20.5	0.8
北 10 库	3 号柜内一级品 VOC-271	36.5	32.9	3.6	21.2	20.6	0.6
北 11 库	35 号柜顶 109	41.5	36.4	5.1	21.4	20.2	1.2
北 12 库	9 号柜顶 115	44.6	35	9.6	21.3	20.3	1.0
北 13 库	10 号柜顶 110	44.3	35.5	8.8	21.8	20.4	1.4
北 14 库	15 号柜顶 119	44.2	35.5	8.7	21.1	20.4	0.7
北 15 库	13 号柜顶 114	39.5	33.9	5.6	21.2	20.6	0.6
北 16 库	20 号柜顶 212	55.7	33.8	21.9	22	20.7	1.3
北 17 库	6 号柜顶 145	63.1	33.4	29.7	21.3	20.6	0.7
北 18 库	11 号柜顶 146	45.6	34.4	11.2	21.5	20.5	1.0

表 3-3　馆藏文物库房保存环境监测报告（2020 年 10 月下）

制表部门	山东博物馆文物保护部环境监测中心
监测时间段	2020.10.15—2020.10.31
编号	20201002
馆藏文物保存环境监测数据分析	湿度方面：展厅及非恒湿展柜内最低湿度较低，最低达到 25.5%，且波动较大，不利于文物保存。部分库房的湿度浮动较大，最高浮动达到 29.2%，不利于文物保存。12 号库房经调整后，湿度波动较小。 温度方面：温度适宜。

（续表）

馆藏文物保存环境监测数据							
库房	监测点位置及检测设备编号	湿度（%）			温度（℃）		
		最高值	最低值	浮动范围	最高值	最低值	浮动范围
10 鲁王之宝	天风海涛琴 246 、234	52.6	48	4.6	23.5	17.2	6.3
	妆金柿蒂窠盘龙纹通袖龙襕缎辫线袍—温湿度 169	55.4	52.5	2.9	23.1	16.1	7.0
	宋秋葵蛱蝶图卷 171	54.8	47.4	7.4	22.4	16.6	5.8
11 展厅	棚顶 165	66.8	32.7	34.1	23.4	18.6	4.8
	林良荷塘光照 237	57.5	50.6	6.9	22.2	18.5	3.7
	董其昌仿倪温湿度 126	56.1	49.5	6.6	22.7	19.2	3.5
12 展厅	棚顶 290	62.5	44.8	17.7	22.8	15.3	7.5
	赤罗朝服上衣光照 312	56.7	53.7	3.0	22.7	16.1	6.6
	秀色麻飞鱼光照 245	56.1	52.6	3.5	23.2	16.3	6.9
北 2 库	19 号柜上 284	53.3	44.7	8.6	22.7	21.4	1.3
北 3 库	门口柜 230	50.8	38.9	11.9	23	21.7	1.3
北 5 库	27 号柜上 285	54.5	50.6	3.9	23.1	22	1.1
北 6 库	18 号柜上 213	54.9	47.9	7.0	23.3	21.9	1.4
北 7 库	31 号柜顶 112	52.9	41.4	11.5	22.8	21.8	1.0
北 8 库	6 号柜内 1—5 VOC266	55.6	51.4	4.2	22.9	22.1	0.8
北 9 库	7 号柜上 209	56.9	53.4	3.5	22.9	22	0.9
北 10 库	3 号柜内一级品 VOC-271	54.4	49.2	5.2	23	22.1	0.9
北 11 库	35 号柜顶 109	54	49.2	4.8	22.9	21.8	1.1
北 12 库	9 号柜顶 115	52	43	9.0	22.8	21.8	1.0
北 13 库	10 号柜顶 110	52.7	44.6	8.1	22.9	21.8	1.1
北 14 库	15 号柜顶 119	52.1	43.4	8.7	22.8	21.8	1.0
北 15 库	13 号柜顶 114	54.2	50.7	3.5	22.9	21.9	1.0
北 16 库	20 号柜顶 212	50.7	32	18.7	23.6	22	1.6
北 17 库	6 号柜顶 145	50.3	21.1	29.2	22.8	21.9	0.9
北 18 库	11 号柜顶 146	50.8	35.7	15.1	21.9	15.1	6.8

由上表监测数据可以看出，存放拓片的北 9 库温度波动较小；湿度波动大于温度波动，并且由于大环境气候原因，5 月整体湿度较低，波动范围较大，还有一定

改造上升空间。从数据分析来看，展厅内温湿度波动比库房要大一些，经改造，12号展厅环境可以达到纸质书画、拓片类文物的展出和存放要求，适宜开展进一步的展陈工作。

展厅和库房的存放环境应当参照监测点的数值时时进行调整，这也是今后预防性保护工作发展的方向。

3.2 文物病害调查

参考《馆藏纸质文物保护修复方案编写规范（WW/T 0025-2010）》《馆藏纸质文物病害分类与图示（WW/T 0026-2010）》，参照书画文物的保护修复病害调查方法，项目组对该项目内所包含的42轴文物病害情况进行调查和分类，发现这批拓片文物存在的主要病害有以下类型：污渍（21轴）、断裂（25轴）、残缺（16轴）、水渍（11轴）、折痕（23轴）、脱色（2轴）、微生物病害（1轴）、开浆（10轴）、褶皱（14轴）。各病害占比权重见表3-4：

表3-4 山东博物馆拟保护修复的全形拓片文物病害统计表

病害种类	污渍	水渍	折痕	断裂	残缺	微生物病害	开浆	脱色	褶皱
该病害文物数目	21	11	23	25	16	1	10	2	14
占比	50.0%	26.2%	54.8%	59.5%	38.1%	2.4%	23.8%	4.8%	33.3%

这批拓片文物保存状况各异，大部分文物上会存在多种病害，其中典型病害主要有以下几种：

3.2.1 污渍

污渍是指拓片受污染而形成的斑迹，大部分是由保管不善或人为因素等造成，包括灰尘、油斑、烟熏、动物粪便等。附着在拓片表面的轻微斑迹，绝大部分可以在清洗时去除，而严重的污渍可能已浸入纸张或绫绢的纤维中，较难清洗，经保护修复处理后仍会残留有污渍，影响文物的外观（图3-2）。

图 3-2　污渍（#086327）

3.2.2 断裂

断裂是指由于折痕的深入以及自身材质老化变脆，拓片从一个整体断为两个甚至多个部分的现象。在这批拓片文物中，有些文物的断裂情况较轻，未伤及背纸，有些文物的断裂情况则较为严重，使画心开裂，甚至断为多片，若不尽早加以处理，很有可能造成画心大面积残缺的严重后果（图 3-3）。

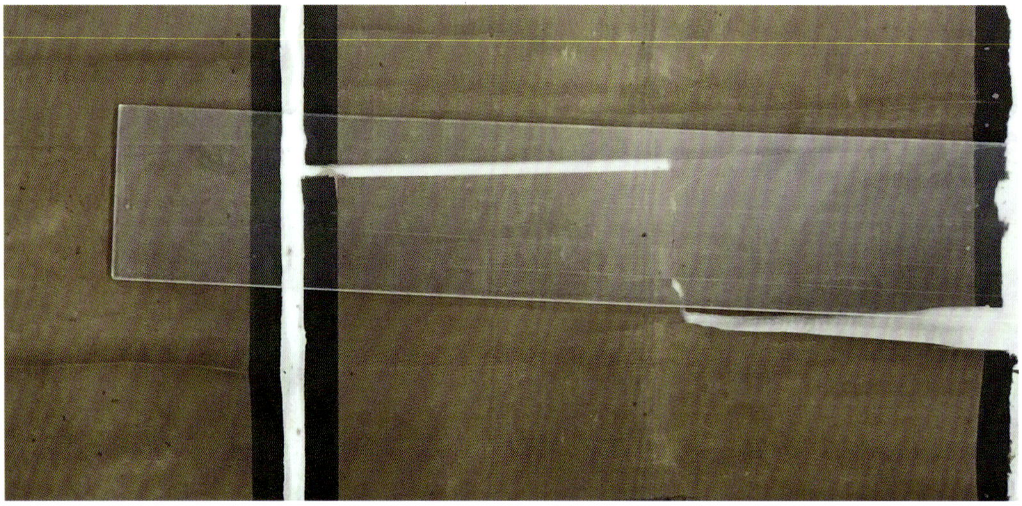

图 3-3　断裂（#51356）

3.2.3 残缺、脱落

残缺是指由于使用或保管不当等原因，导致拓片出现缺失，无法保持其完整性。

脱落是指文物由于断裂或浆糊失效，与周围失去连接，发生脱离裱件的情况。在拟保护修复的这批拓片文物中，残缺、脱落病害以“#51171 周中义父盨”最为典型，该文物可能因为受到水浸或人为因素等影响而造成大面积残缺，修复难度较大，保护修复后的效果可能影响外观（图 3-4）。

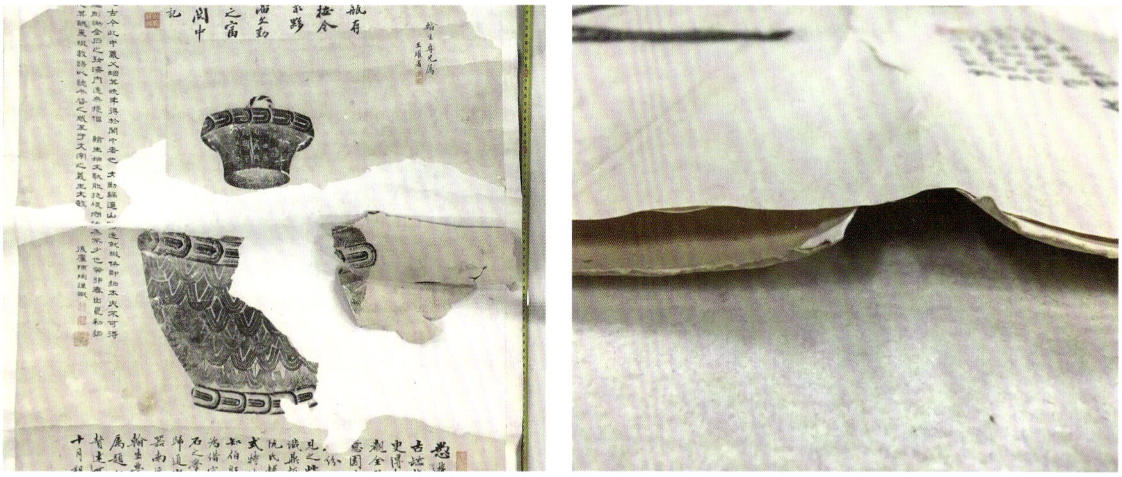

图 3-4　残缺、脱落（#51171）

3.2.4 折痕、褶皱

折痕是指拓片由于折叠或挤压而产生的痕迹。褶皱是指纸张受到各种因素作用在纸张表面形成的凹凸不平的皱纹。折痕和褶皱病害经常伴随出现，并且会相互引发或转化。据调查统计，这批全形拓片文物中普遍存在这两种病害，严重的折痕很可能会进一步恶化，造成画面断裂（图 3-5、3-6）。

图 3-5　折痕（#51188）

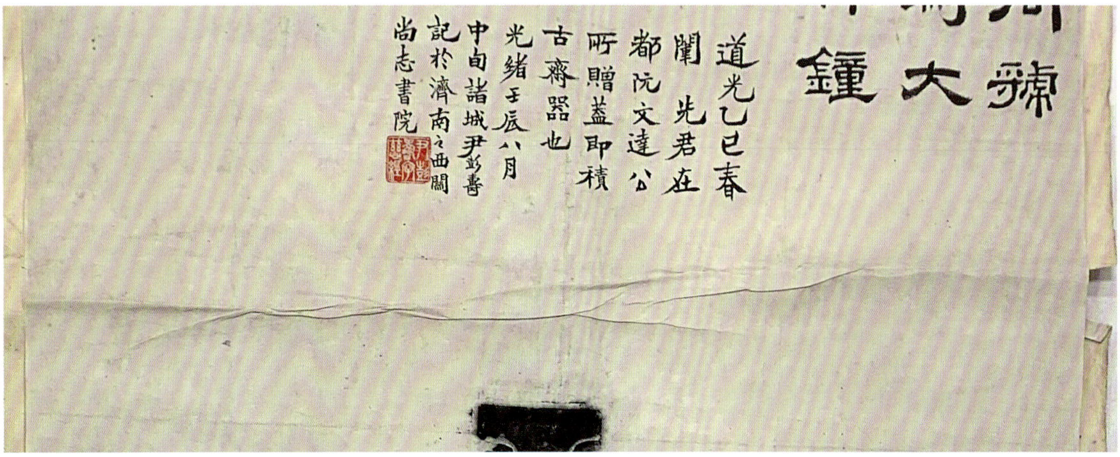

图 3-6　皱褶（#51194）

3.2.5 脱色

脱色是指拓片表面的墨迹或颜料从纸质或绫绢的载体上脱落的现象。这种病害严重影响拓片的外观，若与微生物病害相结合，会造成更加严重的后果（图 3-7）。

图 3-7　脱色（#086327）

3.2.6 水渍

水渍是指拓片受水浸润干燥后留下的痕迹。这批拓本入藏我馆前的保存环境条件较差，曾经出现漏水情况。除此以外，因拓片文物长时间悬挂展示，长期受到空气中湿气的侵蚀，加之保存不善，拓片表面便会留下水渍。水渍不仅会对拓片的外观造成严重影响，而且会使拓片的画心强度减弱，在卷张的过程中更易受到磨损，严重时还会造成画心大面残缺（图 3-8）。

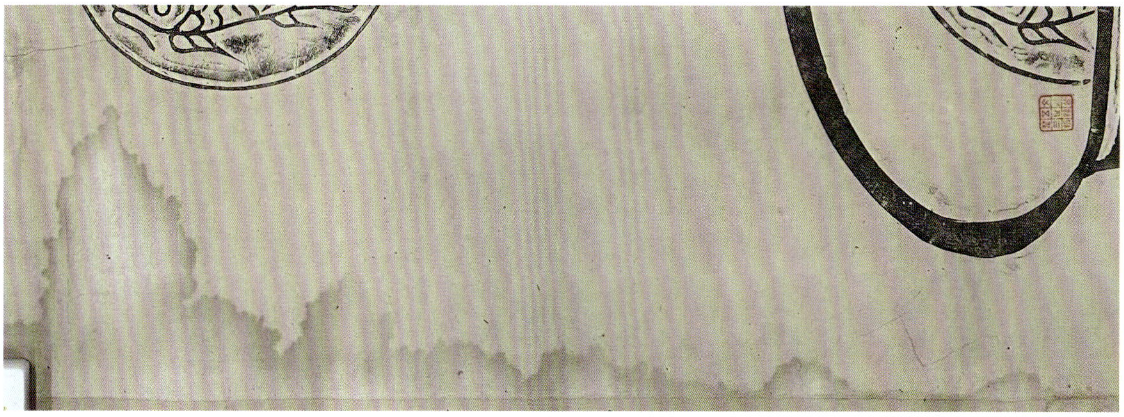

图 3-8　水渍（#086317）

3.2.7 微生物病害

微生物病害是指由于文物所处的环境适宜霉菌生长，霉菌滋生进而生成霉斑，造成纸张外观上的污损和纸张纤维的破损（图 3-9）。

图 3-9　微生物病害（#51498）

3.3　保护修复基本原则

本方案严格按照《中华人民共和国文物保护法》《中华人民共和国文物保护法实施条例》《中国文物古迹保护准则（2002 年）》《馆藏纸质文物保护修复方案编写规范（WW/T 0025-2010）》《馆藏纸质文物病害分类与图示（WW/T 0026-2010）》的要求，确定保护修复目标、技术路线、修复材料和修复效果，使保护修复后的文物达到保管、陈列和研究的要求，并为未来的文物保护修复工作打好基础。

具体保护修复基本原则如下：

（1）不改变文物原状，真实、全面地保存并延续文物的历史信息，使保护修复后的文物可以为陈列、研究服务。

（2）最小干预，采用的保护措施以延续文物寿命为主要目标，对文物的保护尽量以只保护文物的材质为主。

（3）选取的修复材料尽量具有可逆性、与文物原始材料具有兼容性，技术措施不妨碍以后再次对文物进行保护修复处理。

（4）修复部位在视觉效果上尽量与文物其他部位协调统一，同时又具有一定程度的可识别性，做到文物历史价值和美学价值的统一。

根据以上原则，项目组在全面观察分析的基础上，运用现代科学技术分析检测方法来有效地保护文物，最大限度保存拓片文物的原始面貌、历史特征以及科学价值，减少人为干预。

3.4 保护修复工作目标及技术指标

项目组根据以上基本原则和实际工作的需要，对该批拓片文物进行保护修复，确定以下目标：

（1）对文物进行抢救性保护修复，清除拓片表面霉斑、污渍，修复断裂褶皱，恢复文物基本面貌；对部分文物进行重新装潢，满足陈列、展览、研究的需要。

（2）加固脆弱拓片，提高其力学强度，延长文物寿命。

（3）提升文物包装和保存环境质量。

文物保护修复主要技术指标：

（1）强度指标：由于自身材质的劣化，部分拓片文物已严重糟朽，所以加固是本次保护修复的首要目标，加固强度应满足文物的正常搬运工作的需要，如入库、出库、展出的要求，能够承受专业人员的日常操作。

（2）文物安全性指标：在保护修复过程中，保护文物的完整性。

3.5 保护修复技术路线

根据该批拓片文物的基本病害情况，参照书画文物的保护修复方法，项目组对该批文物进行照相记录、检测分析、消毒灭菌、去除旧装潢材料、加固、脱酸、清洗、画心修复等处理。具体技术路线按照文物病害的程度，共分为还旧处理修复(图3-10)和揭裱修复(图3-11)两种。

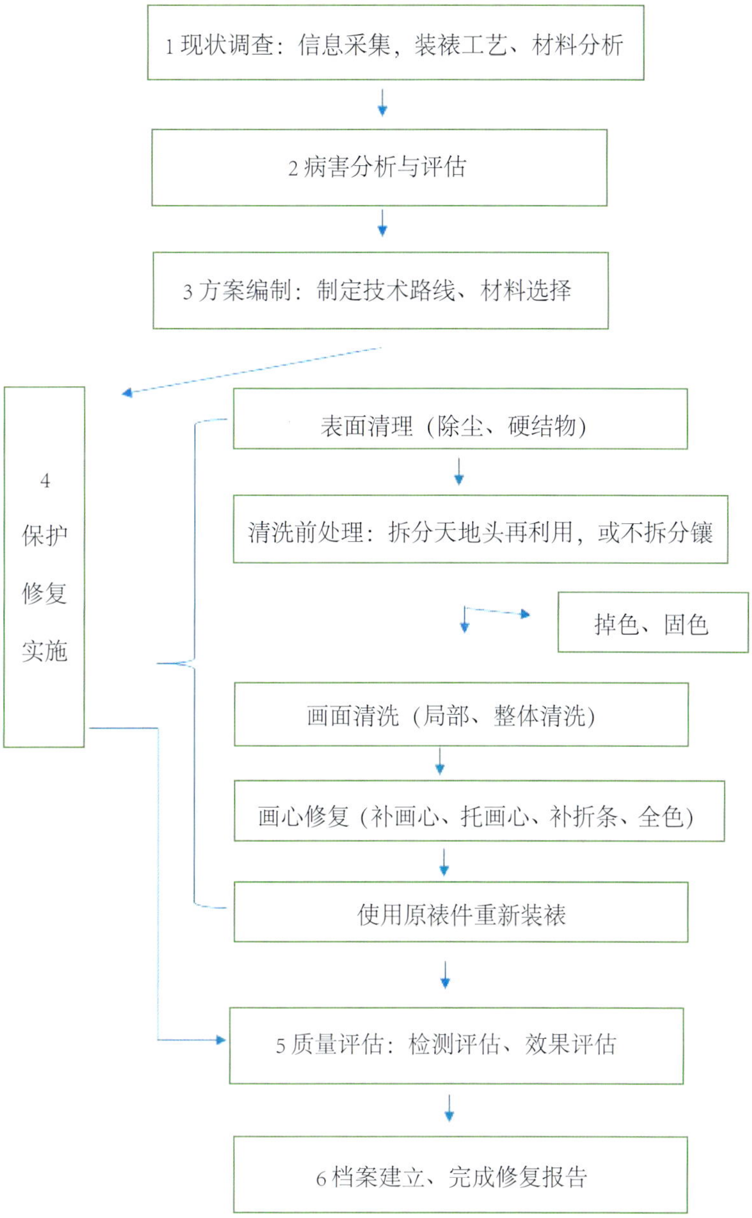

图 3-10 还旧处理修复技术路线图

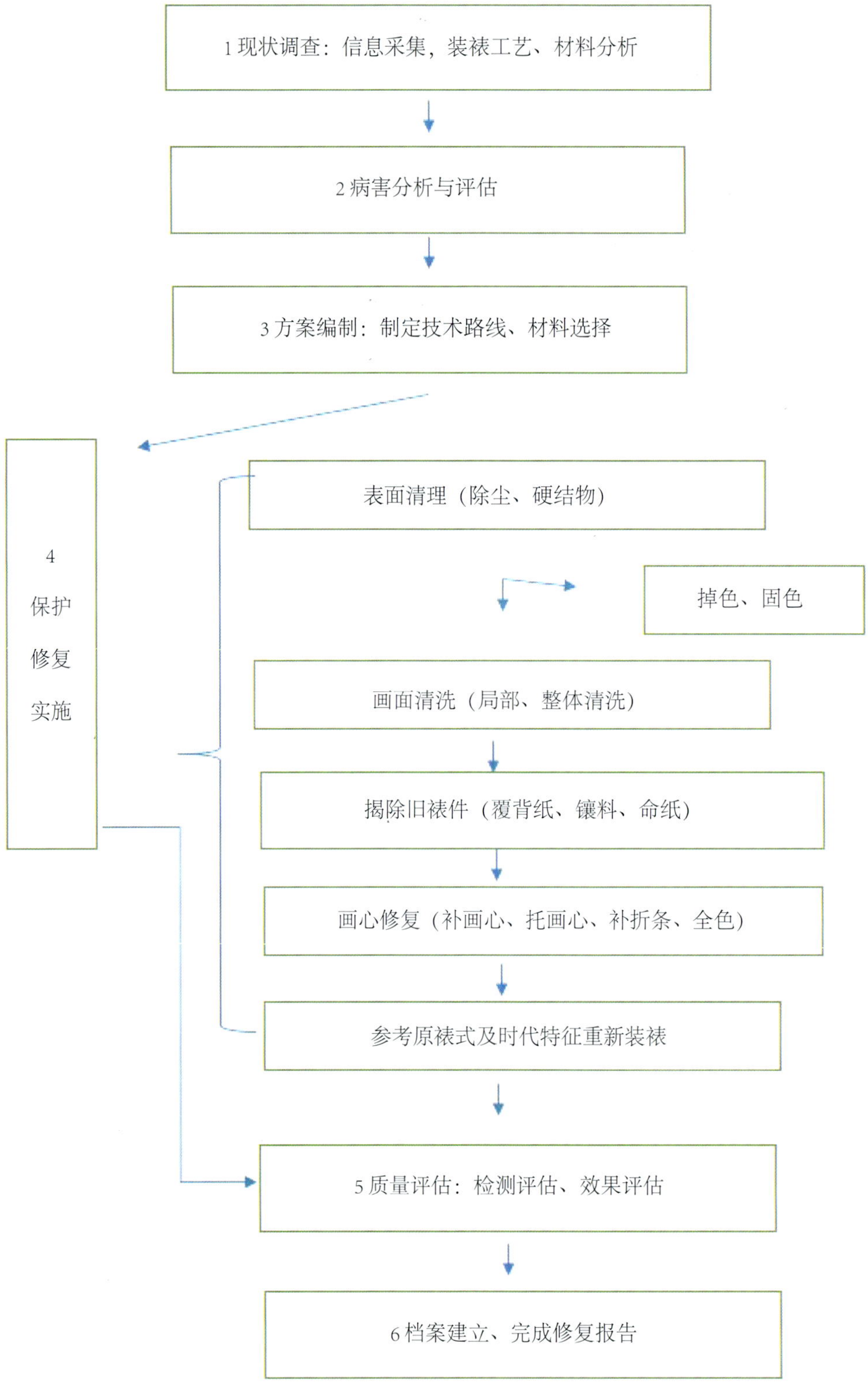

图 3-11　揭裱修复技术路线图

所谓“还旧处理”的保护修复方法，就是指在面对文物画心裱件保存情况基本完好，但是天地杆脱落或者命纸与覆背纸之间发生空鼓病害等情况时，可以在不揭除镶料和命纸的情况下，最大限度地保留文物的整体材料，仅揭除覆背纸并且处理折痕等病害并更换天地杆的一种修复方法。该方法的使用最重要的一点就是判断命纸和镶料的托纸是否发生空鼓现象，如果发生，则不能采取这种修复方法。本修复项目中共有 1 件（套）1 轴文物需进行还旧处理修复。

揭裱修复方法是最传统的修复方法，在修复具有严重病害的书画类文物时，需要将其命纸、覆背纸、镶料一并揭除。画心修复后，再按照传统工艺将文物装潢成新的裱件。这种修复方法较为彻底，但是对文物的影响较大，操作难度也较大。本修复项目中共有 25 件（套）41 轴文物需进行揭裱修复。

3.6 保护修复工具与材料及保护修复术语介绍

为方便了解整个全形拓片类文物保护修复过程，本节主要介绍保护修复项目中所用到的工具、材料及保护修复术语。

表 3-5 介绍了传统修复使用的各种工具及其用途，表 3-6 介绍了修复使用的各种材料及其使用的位置和使用方法，表 3-7 介绍了传统保护修复的各种术语。

表 3-5　保护修复工具

名称	用途说明	照片
马蹄刀	用于裁切纸张以及修补破洞，是传统的裁切刀具 还可用于对画心污渍硬结物的刮挑	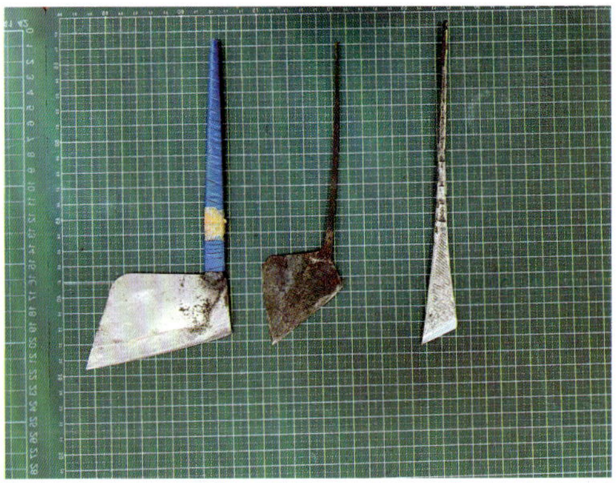

（续表）

名称	用途说明	照片
壁纸刀	用于裁切纸张、绢绫 在裁切方面可以替代传统的马蹄刀	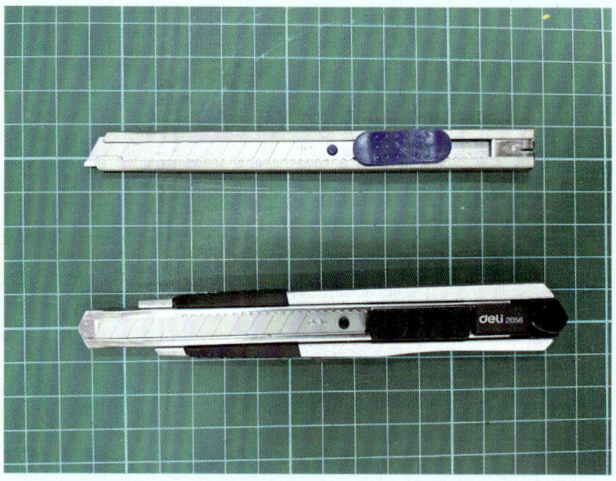
裁尺	是裁切方画心、裱件、镶料的主要辅助工具。传统裁尺使用楠木做芯，毛竹做边	
棕刷	使用棕榈等树的树棕编扎制成，是上纸、排纸等工序中使用的主要工具。南方制作的棕刷小而薄，北方制作的棕刷大而厚	
排笔	也叫排刷，是一种扁形的、由多支羊毛管笔编排成的板刷，主要用于润纸、上浆糊、染纸染绫等工序	

（续表）

名称	用途说明	照片
针锥	用于画线、扎眼	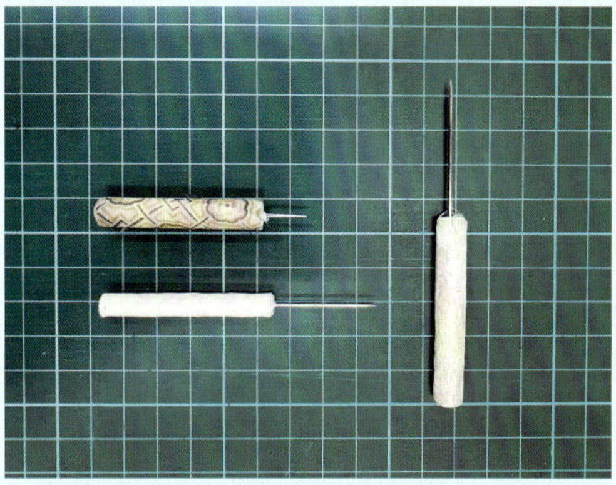
砑石	用于裱件上光，多采用天然细腻的椭圆形石块加工而成，石质越坚固细密越好，最好是玛瑙、水晶类	
蜡块	用于裱件砑光，使裱件背面光滑，不受潮气侵蚀。多使用川蜡（虫蜡）制作而成	
量尺	用于衡量长度、定位，一般可分为卷尺、直尺、三角板等形制	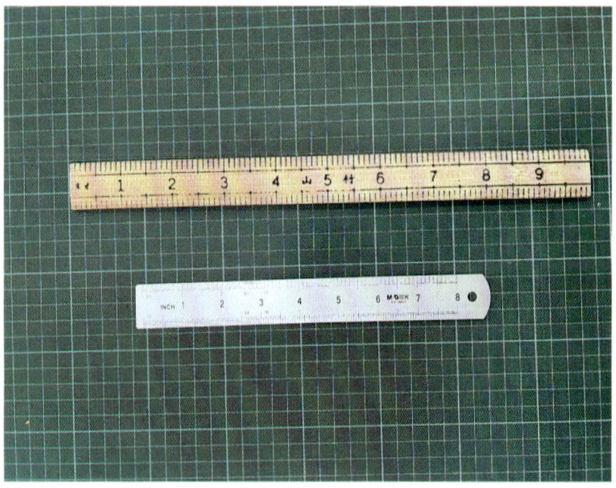

（续表）

名称	用途说明	照片
骨刀	由牛骨制作而成，用于折线、画线等步骤	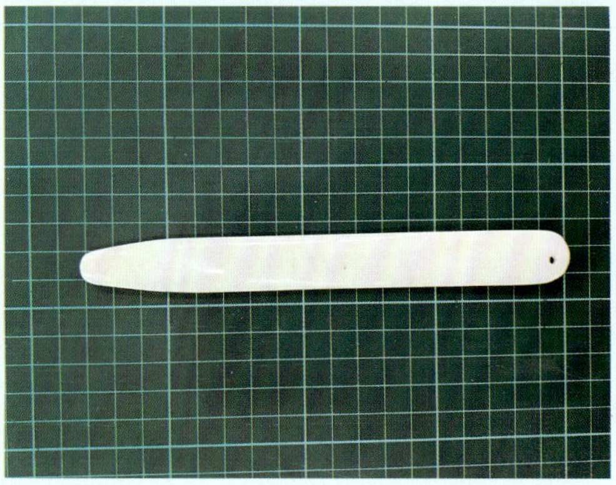

表 3-6　保护修复材料

名称	用途说明	照片
纸	装潢用基础材料，多使用宣纸（上图）、皮纸（下图）	

（续表）

名称	用途说明	照片
绢	丝织品，用于制作镶料和包首，较轻薄，单色无花纹	
花绫	丝织品，用于制作镶料。单色有花纹，较轻薄	
锦	丝织品，用于制作镶料。色彩鲜艳，较厚重	

（续表）

名称	用途说明	照片
丝绳	与铜鼻配合，挂绳使用	
丝带	宽 1 厘米—1.5 厘米的扁状丝带，用于系在丝绳上，捆扎画卷	
轴头	安装在地杆两端，起到保护和装饰作用。轴头一般不被镶料包裹。轴头的材料一般为红木、瓷、景泰蓝、象牙等	
穿鼻	固定在天杆上的铜鼻，用于穿入丝绳，悬挂挂轴。一般由铜丝制作而成	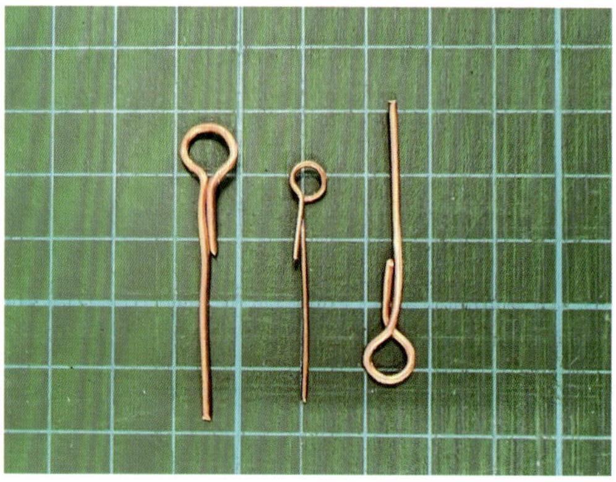

表 3-7　修复术语及释义

名称	修复术语释义
包首	画轴卷收成轴后，包裹于画轴外面的锦或绢，起到保护画轴、防止磨损的作用，还可以使画轴更美观
天头	镶料的一部分，在立轴画心的最上端
地头	镶料的一部分，在立轴画心的最下端
边	镶料的一部分，在立轴画心的左右两侧、横批手卷的上下两侧
圈挡	画心四周的一圈镶料，可以是纸，也可以是绢绫
隔水	两色裱镶料的一部分，分上下两部分，在立轴画心的天头与画心之间称为上隔水，在立轴画心地头与画心之间称为下隔水，起到拉长裱件、装饰画心的作用
诗堂	镶嵌于画心上部的用于题字的纸张部分，与画心同宽。多使用染色宣纸、撒金纸、虎皮宣纸等纸张
局条	也称局线。贴在镶料和画心之间的宣纸条，起到保护和装饰画心的功能
天杆	装配于立轴和卷轴天头部位的木杆，或装配于横批左右两侧的木杆。可起到便于悬挂、捆扎及保护画心的作用
地杆	装在立轴底端的圆杆，起到收卷画轴的作用，也使立轴悬挂时承受一定的重力，从而使立轴平整
夹口（纸）	包裹裱件天地杆的部位，由夹口纸分别与天地头镶料两端粘接而成。夹口纸分为上下两块，上窄下宽，事先粘在裱件上
轴头	安装在地杆两侧榫头处的装饰物，起到保护、装饰、方便收卷裱件的作用
覆背纸	使用 2—3 层宣纸托合而成，作为覆背的纸张一般比裱件尺寸大，方便上墙粘贴。也可以拼合使用
签条	用于题写作品名称等信息的标签，一般贴在天杆内侧。长度是转边到第二个挂鼻的距离，宽度一般是长度的十分之一
搭杆	贴于立轴背纸表层上下夹口两侧或横批背纸夹口两侧的绢、绫条，适用于相应位置相同的镶料，起加固作用，可剪出各种花式
惊燕	一种贴在二色三色装、宣和装等立轴裱件天头部分的绫绢条，一般与隔水颜色相同。有的裱件可以装下惊燕。早期惊燕是活动的，可以随风飘动，惊走燕子，故称惊燕
折条	也叫蛇条，贴于画心托纸背纸折痕、断裂部分的窄纸条，起到加固保护画心的作用

（续表）

名称	修复术语释义
命纸	托贴在画心背面的纸张，也叫托纸
废肩	又称飞肩，裱件上墙时暂时贴在包首位置起到加固作用的绢绫条，下墙后揭除
镶料	镶嵌在画心周围的纸、绢、绫、局条等材料的统称
写印材料	在纸、绢、绫上书写或绘画时使用的材料
覆背	也称为扶活，指在镶完的裱件背面黏合覆背纸的工序
帘纹	宣纸抄造时，使用的竹帘抄纸浆留下的纸纹
贴折条	将折条贴在折痕背面，用于修补画心折痕、断裂
包边	又称套边，多适用于手卷册页。用宽 0.8 毫米的染色纸包粘住手卷册页的边，起到加固美观的作用
转边	将镶嵌好的裱件两边定位扎好通天眼，后用针锥划痕，上浆糊将划好的小边转回粘。主要作用是保护镶料不脱丝
全色	将画心缺失部分的色系色调补全，使之和周围颜色类似，保证画面完整性
接笔	补全画心的一种手段，在画心缺损部位，按照原有的画意笔迹进行补全，使画面完整
镶嵌	也称镶活，是将裁好的画心和局条、边、隔水、天地头等镶料粘接在一起的步骤

3.7 保护修复具体操作步骤

项目组在全方位调查分析的基础上，从每件全形拓片文物的病害分析入手，采用如下保护修复步骤进行保护修复。

3.7.1 修复前信息记录

在实施保护修复前，逐一对拓片文物的现状做记录，包括记录病害情况和拍摄文物照片等，留取原始资料，并为之后修复过程中资料的收集做准备。

3.7.2 杀虫除菌

由于本次进行保护修复的拓片文物在样品检测中未发现存在虫害，保护修复后，可选用技术较为成熟的低氧充氮法包装保存文物。该方法广泛用于纸质文物的保存，效果较好且对文物无危害。

3.7.3 去除旧装潢材料

这批拓片文物中，大多数裱件镶料残缺且破损严重，不宜继续使用，应采取还旧处理和揭裱修复。

在做好详细的档案记录后，需要揭裱的直接拆除旧的装潢材料。档案记录内容应包括：各部分镶料的颜色、材质、尺寸、镶活方法（正镶还是反镶，是否出局条）以及轴头样式等。

揭裱方法是将裱件展平于裱台的裁板上，以尺板压住画心。反镶或出局条的裱件沿画心外口裁齐，正镶的裱件在裁切时留出镶缝的宽度。需要注意的是，不能裁切到画心。拆除下来的天地杆、轴头、扎带等材料，可视保存情况尽可能重新利用，并留作档案供以后研究。

3.7.4 固色

纸质文物在清洗、脱酸及揭裱等过程中不可避免会接触到水等溶剂，因此在进行操作前，必须对字迹、颜料、印章等写印材料的耐水性等进行测试和评估，必要时须对写印材料预先进行加固处理。

用蘸水的滤纸或棉签在墨迹、颜料上轻轻滚拭，检查是否褪色、扩散，如褪色则应加固。对于颜料厚重、易色的拓片，可使用温度在40℃—50℃、浓度为2%的明胶水溶液，均匀涂抹于拓片墨迹表面，待水分挥发后，明胶在颜料表面形成固化膜与纸或绢黏合在一起，可以起到加固墨色的作用。

3.7.5 表面清理去污

1. 机械法去污

机械法适用于纸张表面的浮尘、泥斑、硬结物与霉斑的去除，可先用软毛刷轻轻将画心表面的污物拂去，不能拂去的用干面团蘸除，顽固污渍用马蹄刀轻轻刮除。

2. 化学试剂法去污

化学试剂法去污适用于纸张表面的污斑，主要针对纸张表面油斑、深入纸张内部的霉斑等。应根据不同的污渍选取针对性的试剂，例如清除油渍，可用棉签蘸取浓度为 2%—5% 的小苏打溶液（$NaHCO_3$） 进行擦拭，使油渍逐渐转移到棉签上，反复多次，清除后立即用纯净水将画心冲洗干净。

3.7.6 清洗与脱酸处理

机械法和化学试剂法只能去除画面局部污渍，若要整体提升画面明度，则应对画心进行清洗，清洗和脱酸可同步进行。在清洗前使用酸碱度检测仪测试画心表面的酸碱度，若 pH 值小于 5，则需要在清洗用水中加入饱和氢氧化钙 [$Ca(OH)_2$] 溶液，使酸性得到中和。清洗方法主要有淋洗法和虹吸法两种。

淋洗法需将画案一头垫高以方便泻水，在画案上用水贴附一层聚乙烯薄膜，将拓片置于薄膜上，用 80℃左右的热水淋在排笔上，通过排笔引流至画心，浸泡几分钟，如此既能让污渍充分溶解，又能使画心与命纸之间的浆糊逐渐失效。然后用干净的尼龙毛巾在画面上滚动，挤出脏水。反复进行淋洗操作，直到流出的水变清为止。最后用毛巾按压吸收多余水分。清洗完毕后，将另一张聚乙烯薄膜刷牢在画心正面，提起上下两层薄膜和画心，放在装潢案上准备揭裱工作。这一过程又称起台。

虹吸清洗法是项目组针对全形拓的特点选取的一种针对性的清洗方法，可以在取得良好清洗效果的同时更好地保护画心，在第四章有典型案例介绍，此处不再赘述。

3.7.7 修复

1. 揭画心

揭裱的目的是将画心背面的两层覆背纸和命纸取下，以便下一步修补画心。揭裱时，根据拓片的具体情况，需采用不同的揭法。如果浆糊失效开浆，可以使用干揭的方法，用竹启子慢慢将各层纸张分离；如果浆糊没有失效，则需采用湿揭的方法。揭裱前根据画心材质的不同可以选择衬料的材质，就传统工艺来说，纸质书画用绢做衬，绢本书画用水油纸做衬。现在一般选择聚乙烯薄膜，因其有成本低、尺幅可随意裁剪、不怕烫、不粘连等优点。

清洗过后，将在装潢案上的画心上层薄膜刷平并揭除，再次刷牢画心以防止画心变形错位。将画心大部分用湿毛巾盖好保湿，并在画心四角或覆背纸接缝处寻找易于揭取的地方，然后顺着一个方向循序渐进地进行揭裱，先揭覆背纸，再揭命纸，本着“能揭则揭，不能揭则搓，不能搓则捻”的手法原则，逐层将纸张揭除。

2. 修补

受到人为或动物损害等影响而产生断裂、残缺等病害导致的画面残缺不全的拓片，应在揭完画心后进行修补。

在修补前，应先对纸张进行纤维分析，然后选用与其纤维原料、厚薄、颜色、帘纹等接近的纸张作为修复用纸。断裂处，根据画心质地选择较坚韧的纸张（如棉连、净皮宣纸）作黏合，可借助显微镜观察画心材质结构、残缺状况，并据此选用合适的材料。一般情况下，较薄的纸张画心可以用较薄的宣纸，厚的画心要用稍厚的补纸，补纸与画心原纸张总体厚度要相近，帘纹也要相似。

修补方法有两种，第一种是直补法，即选择合适的补纸，经过配色染色，直接将其手撕成相应的形状或裁成折条粘贴在画心断裂、残缺的位置。残缺处用马蹄刀刀锋沿着破洞边缘轻轻刮出 0.1 毫米— 0.2 毫米的坡度，用毛笔抹上浆糊，把补纸润湿后合上轻轻抹压，补缀完毕即可上浆进行托画心操作。然后用覆托的方法将命纸贴在修好的画心背面，再取下聚乙烯薄膜，晾干。

第二种方法是隐补法，就是在画心揭完后，直接进行托画心操作，然后取下聚乙烯薄膜，待画心完全干燥后，画心向下铺放在拷贝台上，在残缺断裂处贴上一层裁切好或按形状撕好的补纸，补好后将画心再次晾干。

3. 托画心

古旧字画类拓片文物托画心时，一般选择覆托法进行托纸处理。经过修补的画面在托画心时务必谨慎从事。残缺、断裂比较严重，材质柔韧性较差的画心，应先进行加固和修补，然后托画心：先将浆糊涂刷在托纸（糙面）上，然后进行吸水处理，待七成干时将托纸覆盖在画心背面，用棕刷排实，这样做一方面可以有效控制水分与上糊量，另一方面可以避免排笔伤害画心。

只有托制大幅面、材质柔韧性较好的覆背纸时，才适宜采用直托法，即直接将浆糊刷在覆背纸的背面进行托制，这种方法较为简便。

4. 贴折条

画心的断裂、折痕处，需在画面背后加贴宣纸条，以避免断裂、折痕对画心造成进一步损伤。根据画心的厚薄，选择合适的皮纸（薄画心选用薄纸，厚画心则选用厚纸），裁成宽 0.3 厘米—0.7 厘米的折条，薄画心可以用较窄的折条，厚画心需用较宽的折条。将画心反铺于拷贝台上，在折条上刷以稠浆糊，并将其封贴于断裂或折痕处，贴后随即按实。折条长度不够时以毛茬相接，避免叠压。

5. 全色

若画面有不同程度的残缺，甚至伤及拓片内容，或者补纸的色度浅于画心纸的色度，就需要进行全色处理，提升修复后的画面整体性。全色处理的原则是，有据可依的，予以全色；无据可依的，只补底色。全色时，先在与芯子质地、色度相近的纸上试笔，观察其颜色与画心是否适应，如不适应便再行调配。

6. 镶嵌

原裱镶料完整强度足够的文物，可将镶料重新托制后再次使用；而原裱镶料残破无法继续使用的，则应参照原裱的形制、色泽和质地来进行染配和制作，装潢形式需与原裱相同或相近。镶嵌的形式即裱件最终的装潢形式，其具体样式可以参照“附录一 中国书画装潢的历史沿革与形制”。

7. 覆背、贴墙

根据画心的情况，选取合适的纸张制作双层纸的覆背纸。再采用覆托法将覆背纸贴于裱件背面，在合适的位置粘贴搭杆与签条。这一过程也称作“扶活”。覆背后需待裱件完全晾干二次喷水润湿，待其充分舒展后四周上浆糊再贴到壁上自然阴干。贴墙前要对粘贴折条处进行仔细检查，如出现膨胀不平，则扯线取直左右两口，松弛中间部分，避免直接贴墙而发生接缝崩裂（又称为“拨墙”或“走墙”）。

8. 推光（砑光）

推光也称“砑光”，是书画文物装潢修复过程中不可缺少的程序。推光前先在裱件下铺垫干净、细腻的双层托制宣纸，用川蜡（虫蜡）在裱件背面覆背纸上均匀涂擦，涂蜡不宜过厚，然后用砑石推光，使画背平整光滑。推光后可使书画平展、熨帖且背纸光滑一致、易收卷而不磨损画面。砑石一般选用硬度较大的光滑石块制成。

9. **装天地杆**

装杆前先制作志子，以确保夹口纸平正，装杆时不会装偏。天地杆以选用经烘干处理、有韧性、无木油、杆身直、粗细相等匀称、弧面角度相同且表面光滑无棱痕的白松木料为宜，扎带宜选用 2 厘米宽的丝带，同时需准备好自制的铜穿鼻。将天杆打好孔，装好铜穿鼻，然后安装天杆，待其完全干燥后安装地杆。最后将挂绳扎带装好，便可以悬挂并拍照存档了。

3.8 保存条件建议

经保护处理后，根据《博物馆藏品管理办法（文物字〔1986〕第 730 号）》，《博物馆藏品保存环境试行规范》等标准或规范化文件执行即可。注意事项如下：

3.8.1 防光照

构成有机物的碳－碳键（C—C 键）、碳－氧键（C—O 键）断裂所需的能量与可见光中紫外线所散发的能量非常相近，因此紫外线可以破坏碳－碳键和碳－氧键，对有机物会产生强烈的破坏作用，易使有机文物脆化、开裂、褪色。建议保存环境中应使用无紫外线 LED 光源，其照度应控制在 50 勒克斯（lx）以内。

3.8.2 温湿度控制

拓片等纸张类文物，若湿度控制不科学，就非常容易遭受虫害和发生霉变病害。相对湿度过高时易滋生霉菌，相对湿度过低易导致纸张开裂。

温度对拓片的影响不仅包括物理性的热胀冷缩，而且会与相对湿度共同作用于纸张。温差的频繁变化容易引起文物频繁的热胀冷缩，会导致材质物理性能的降低。而在较高的温度和较大相对湿度条件下，霉菌等病害也易滋生。

因此，建议保存拓片文物的温度为 18℃—20℃，24 小时内的温度差应控制在 ±2℃；相对湿度为 50%—55 %，24 小时内的相对湿度差应控制在 ±5% 左右。

3.8.3 防有害气体

臭氧（O_3）、二氧化硫（SO_2）、一氧化碳（CO）等共同作用于纸质文物，可导致纸张酸化、氧化，导致有机纤维素内部链节的断裂以及大分子链的降解，造成文物老化。建议将拓片文物放入有不锈钢加密封圈的储存柜中，并配备专用无酸纸囊匣（内置除氧剂）。

3.8.4 防生物损害

微生物、虫蚁以及尘螨在适当条件下会迅速生长、繁殖，对纸张造成损害。建议定期对书画类文物库房和展厅进行卫生清洁，控制环境中的生物数。文物库房内应随时保持清洁、通风。保存文物的展柜、囊盒，使用前建议高温灭菌或用浓度为10% 的苄氯菊酯（$C_{21}H_{20}Cl_2O_3$）溶液进行喷洒处理。苄氯菊酯为低毒高效杀虫剂，使用时不要与碱性物质混合，如药液溅到皮肤上、眼睛里，可用纯净水多次冲洗，储运时注意防止潮湿、日晒及远离火源。

3.8.5 全形拓片文物保管方法

1. 装匣保存：将拓片文物卷好、扎紧，放置在专门为其制作的囊匣中。

2. 密封除氧法：将拓片文物放在特制薄膜袋或其他密闭容器除氧封存。

3. 以上保存中避免使用易老化或释放有害物质的材料。

库房内应尽量使用空气过滤设备，尽量消除空气中的有害气体和灰尘，展厅、库房、展柜内及文物包装等使用符合标准的建筑、装潢材料，定期用吸尘器清扫房屋，用软布、排笔清除文物表面的灰尘，库房中的固体颗粒物量不超过 75mg/m^3，细菌个数不超过 4000 个 /m^3。

·第四章　全形拓片文物修复的特殊性与方法研究

全形拓片类文物的保护修复方法与一般的书画类纸质文物是有较为显著区别的。同为纸质文物，全形拓片的制作过程与书画有所不同：首先，全形拓片是经过拓包蘸墨多次捶拓而成，墨迹较厚、易结块，没有充分浸入纸张纤维中，且有分纸拓后粘接、分拓铭文和器物后粘于画心等形式；其次，全形拓片与传统书画的写意不同，全形拓片可以说是写实的代表，对修复时的准确度要求要高于传统书画修复。所以在整个项目的修复过程中，项目组针对全形拓片的特殊性，结合拓片形制、所拓原器形制和时代审美，以传统书画修复技法为基础，总结了一套适用于各种全形拓片的保护修复方法。这套方法主要涵盖了微生物病害拓片文物的保护与修复、以虹吸法清洗为代表的特殊清洗方法的应用、还旧处理的修复方法的应用、简易装潢拓片的保护修复，并探讨研究了书画文物修复理念与艺术价值之间的关系。

4.1　微生物病害拓片文物的保护与修复——以《周鼎全形拓片》为例

《周鼎全形拓片》由于原裱不佳、收藏保管不善，产生了严重的微生物病害，霉菌大量滋生。该件文物是本次保护修复项目的42轴文物中霉菌病害最为典型的一件。

严重的霉菌病害会伴生出现浆糊失效、空鼓、开浆等病害，要彻底修复这一文物，不但需要进行揭裱修复，并且要对霉菌病害进行修复及预防。通过对该文物的深入研究，项目组总结出一套针对微生物病害严重的拓片文物的保护与修复方法。

4.1.1 文物的病害情况

《周鼎全形拓片》，无款，推测为清末民国时期作品，其拓片构图有不合理之处，按照纹路看，应为整纸拓印。所拓器物已经不可考。该文物的基本信息见表 4-1。

表 4-1 《周鼎全形拓片》品式规格

文物名称	《周鼎全形拓片》	
装潢方式	一色纸裱，套绫边	
原装潢时间	清	
保护修复情况概述	未曾修复	
天地杆（拟更换）	松木	长 64.4cm，地杆直径 2.7cm
裱件	纸	高 232.0cm，宽 79.8cm
边（绫）	花绫	宽 2.0cm
边（纸）	纸	宽 5.7cm
画心	纸	高 126.8cm，宽 64.4cm
天头	纸	高 65.2cm，宽 79.8cm
地头	纸	高 40.0cm，宽 79.8cm
画心裱件厚度	0.21mm	
轴头	无	
签条	无	

该件文物裱件开浆，纸与纸之间由于浆糊失效而造成一定程度的分离，绫边也有脱落现象。最严重的病害是霉菌，文物正反面都分布着霉菌斑点，严重处已经结块。此外，文物通体有污渍。由于浆糊失效，在修复前，项目组使用干揭的手法将画心完整取下（图 4-1）。

1. 病害分析

《周鼎全形拓片》画心主要的病害有：微生物病害——霉变、污渍、褶皱、油渍、酸化。这里主要叙述解决针对微生物霉变所导致的病害，对于其他病害，按照传统的修复技法即可。

图 4-1 《周鼎全形拓片》及画心取样点

2. 酸度测试

此次检测选取待修复书画中 3 个位置（图 4-1 中 A、B、C 点）进行 pH 值检测。利用 HANNA HI 99171 型便携式酸度测定仪连接 HI 1414D 型电极，对画心的酸度进行无损检测。

将待检测的书画自然平铺在洁净的装潢案上，依次将一滴去离子水滴到画心 A、B、C 三点上，把酸度测定仪的接触式电极与画心表面接触，读数稳定后记录 pH 值。该文物所检测部位 A 点 pH 值为 5.20，B 点 pH 值为 5.36，C 点 pH 值为 4.90，均呈酸性。纸张酸化将导致其宏观上耐久性降低、脆化，此外霉菌最适宜在 pH 值为 4.0—5.8 的偏酸性基质中生长，即酸性的纸张会加速霉菌生长、发育、繁殖。因此需要对偏酸性的纸张进行脱酸等处理。

3. 霉菌分析

凡是生长在营养基质上的绒毛状、蜘蛛网状、絮状的真菌，均可称为霉菌。书画文物上的霉菌的菌丝会以纤维素为养料，不断繁殖产生孢子，并且产生无法洗掉的色斑。一般纸质文物中都存在大量的霉菌孢子，在合适的环境下（即湿度、温度、光线、pH 值适宜）就会繁殖，分解纤维素，对文物造成不可逆的伤害。

针对该件文物的霉菌病害，在画心上选取病害严重的两点 A、B（图 4-2），使用 KH-8700 型超景深显微镜观察 A 点霉菌对纸纤维的侵害（图 4-3）；使用 Leica S8AP0 型纤维测量显微镜对两处典型霉变位置的纤维结构、霉斑侵害等情况进行显微观察，得到了显微照片（图 4-4、4-5）。

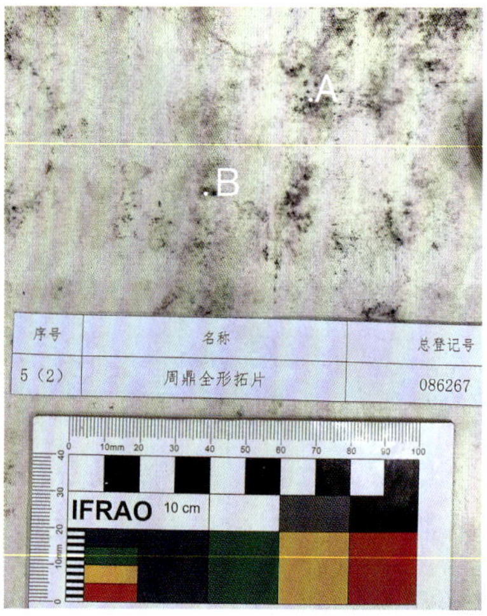

图 4-2　选取测试的纸张霉变处

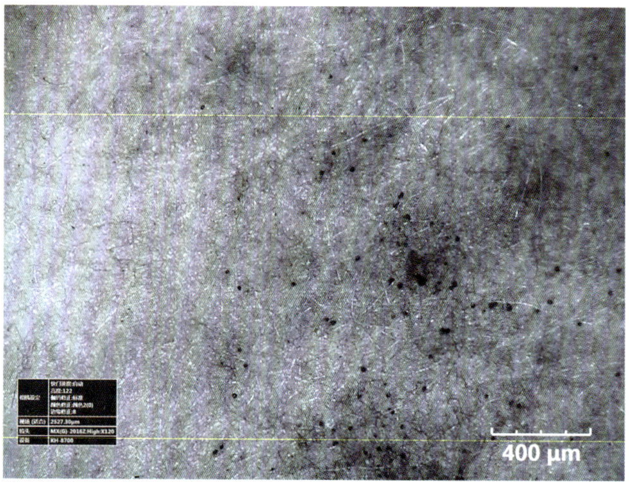

图 4-3　纸张取样 A 处霉斑超景深显微照片

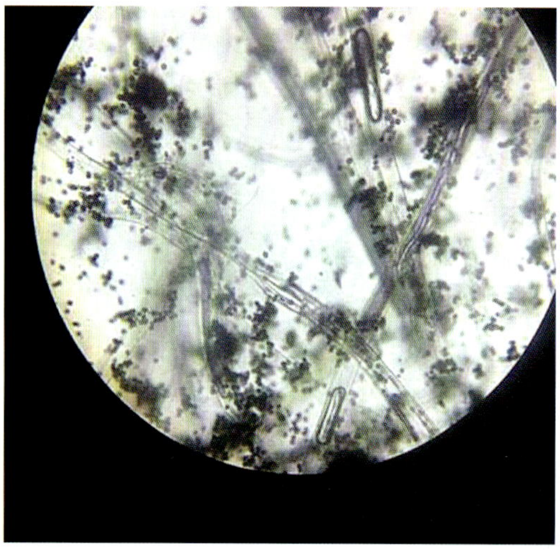

图 4-4　纸张取样 A 处霉斑显微照片（400×）

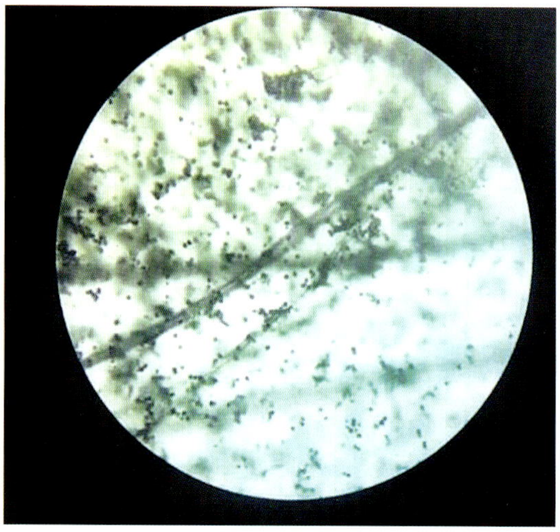

图 4-5　纸张取样 B 处霉斑显微照片（400×）

图 4-4 中，黑色颗粒状的霉菌占大多数，有不明显的菌丝存在。图 4-5 中，左侧上部有颜色浅于黑霉颗粒的黄绿色霉菌颗粒菌丝，但不太明显，可以看出宣纸的青檀皮纤维和稻草纤维结构。图 4-2 中，霉斑对纸张的浸润清晰可见。通过与标准黑霉、曲霉显微照片比对（图 4-6、4-7），可以分析出霉斑处霉菌主要为黑霉和曲霉，还有少量的青霉存在，黑霉为主要菌种。

黑霉属于最严重的霉菌病害，会令纸张产生不可逆的黑色霉斑，并且黑霉在环境适宜时扩展很快，菌丝会分解纤维素，使纸张絮化。

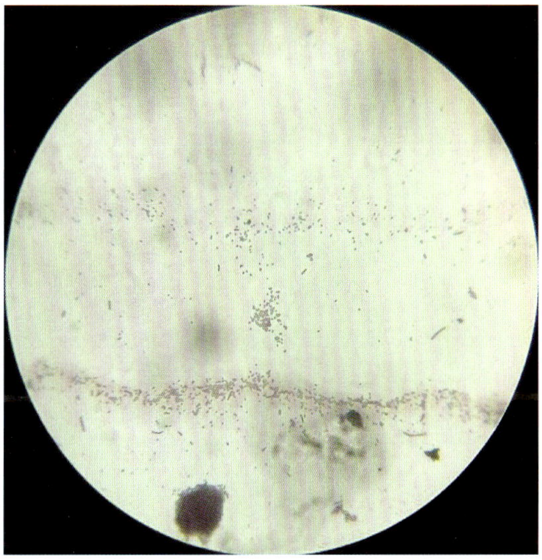

图 4-6　黑霉标准显微照片（1000×）

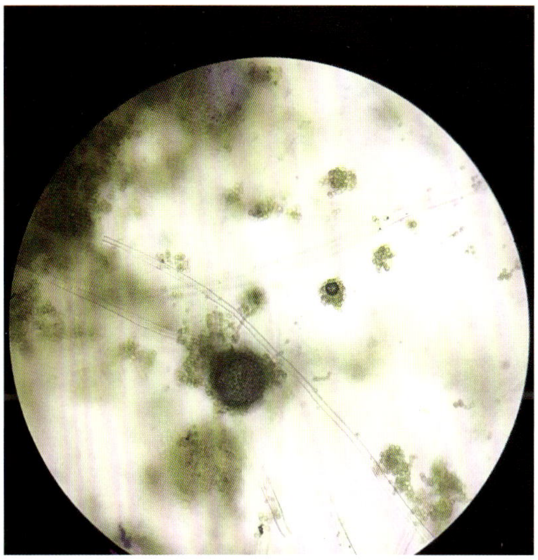

图 4-7　曲霉标准显微照片（1000×）

4.1.2 霉菌病害的防治

1. 防霉剂的选择

由于该件文物上霉菌菌种较丰富，防治时应选择高效、低毒、广谱的防霉剂，并且不能影响纸质文物本体性状。此外，还要考虑防霉剂的最佳加入点、防霉剂的最低安全浓度、防霉剂与微生物接触需要的时间等问题。

本次修复选择北京化工大学研制的“纳米 TiO_2 改性壳聚糖抗菌防霉剂”进行霉菌防治[①]。这种材料是用纳米 TiO_2 对壳聚糖进行改性制备的一种新型抗菌防霉剂。

① 赵艳、苏海佳、谭天伟：《纳米 TiO_2 改性壳聚糖抗菌防霉剂用于纸张防霉》，《北京化工大学学报（自然科学版）》2008 年第 6 期。

壳聚糖属于天然抗菌剂，有良好的生物相容性，无毒副作用，具有良好的抗菌能力。纳米 TiO_2 属于光触媒杀菌材料，无毒无味，热稳定性好，甚至可以用于食品防霉。结合纳米 TiO_2 和壳聚糖的优点制备的 TiO_2 改性壳聚糖，具有良好的纸张防霉效果。

2. 防霉剂的效果测试

为了证明该防霉剂的效果，采用摇瓶法进行测试。将纳米 TiO_2 改性壳聚糖抗菌防霉剂喷涂于红星棉连宣纸表面，对比空白宣纸，考察日常光照环境下其对宣纸的防霉性能的影响。

具体做法是，将宣纸裁切成 5cm × 5cm 大小的纸片，共准备 24 片，分两组，一组 12 片为空白宣纸的杀菌率测试样品，另一组 12 片为防霉剂处理过的宣纸杀菌率测试样品。将所有纸片放入装有稀释的黑曲霉菌菌液的摇瓶中，振荡间隔 0.1、1、4、8、12、24 小时，分 6 次取出。再放入培养基，在 30℃恒温下继续培养 48 小时。然后各自取出，通过显微镜观察，计数，计算两种样品不同时段的杀菌率对比结果（表 4-2）。

计算杀菌率（η）计算方法如下：

$$\eta = (A_0 - A_t) / A_0$$

其中，A_0 为初始菌落数，A_t 为间隔 t 小时后的菌落数。

表 4-2　摇瓶法测试防霉剂杀菌率

杀菌率（η）	0.1h	1h	4h	8h	12h	24h
空白纸张组（%）	1	2	3	27	28	21
处理后纸张组（%）	1	2	3	60	76	98

表 4-2 的实验结果表明：空白纸组，纸张自身的杀菌率在第 12 小时时达到最高，为 28%，随着时间推移，杀菌率持续下降；防霉剂处理后的宣纸组，至 24 小时时对黑曲霉菌的杀菌率高达到 98% 左右，且持续有效。防霉剂处理后的纸张表面几乎无霉斑生长（图 4-8），霉菌得到较好杀灭，证明纳米 TiO_2 改性壳聚糖抗菌防霉剂具有很好的防霉特性。

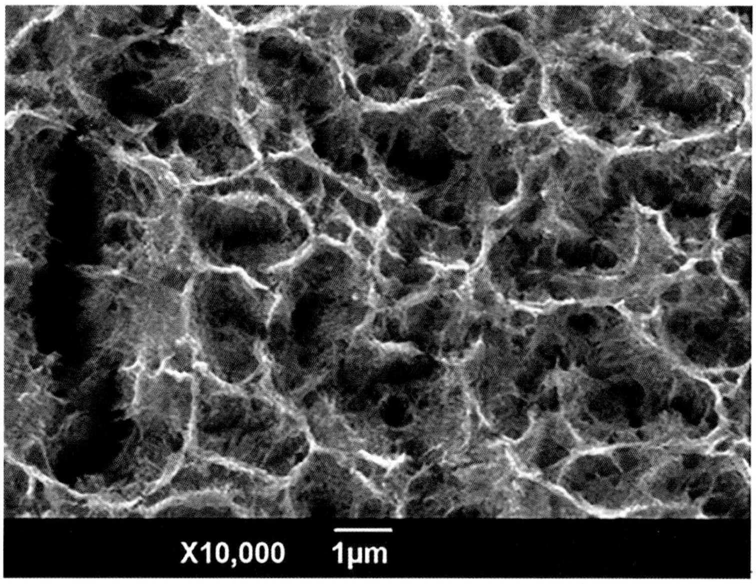

图 4-8 防霉剂处理后的纸张显微照片

3. 防霉剂的制备

准备好壳聚糖（0.1g）于烧瓶中，依次加入 15 ml 去离子水、浓度为 10% 的醋酸 5ml、0.05g 纳米 TiO_2、0.25ml 环氧氯丙烷，然后搅拌均匀，用超声波振荡器振荡 10 分钟，加入 100ml 去离子水稀释制成防霉剂待用。

4.1.3 文物本体的修复

根据该件文物的病害情况，参考《中国书画文物修复导则》[①]，选择揭裱修复的方法进行修复，修复过程严格按照传统的修复方法进行，其间两次喷涂防霉剂除霉后，再进行脱酸处理。

1. 拍照记录与病害调查

对该文物进行修复前，先拍摄其整体照片、局部照片。局部照片中还要包括每一个霉斑、污渍的照片，以及关键部位的照片。同时做好文字记录。对画心的病害调查见前文。

2. 画心的清洗

使用和好的面团，一点点蘸取画心表面的黑霉霉斑进行初步除霉。在蘸取时，

① 南京博物院编：《中国书画文物修复导则》，译林出版社 2017 年版，第 25 页。

需要用面团上下蘸取，不可以像橡皮一样擦动，以防霉菌扩散。使用该方法除霉斑效果明显，如图 4-9 所示。

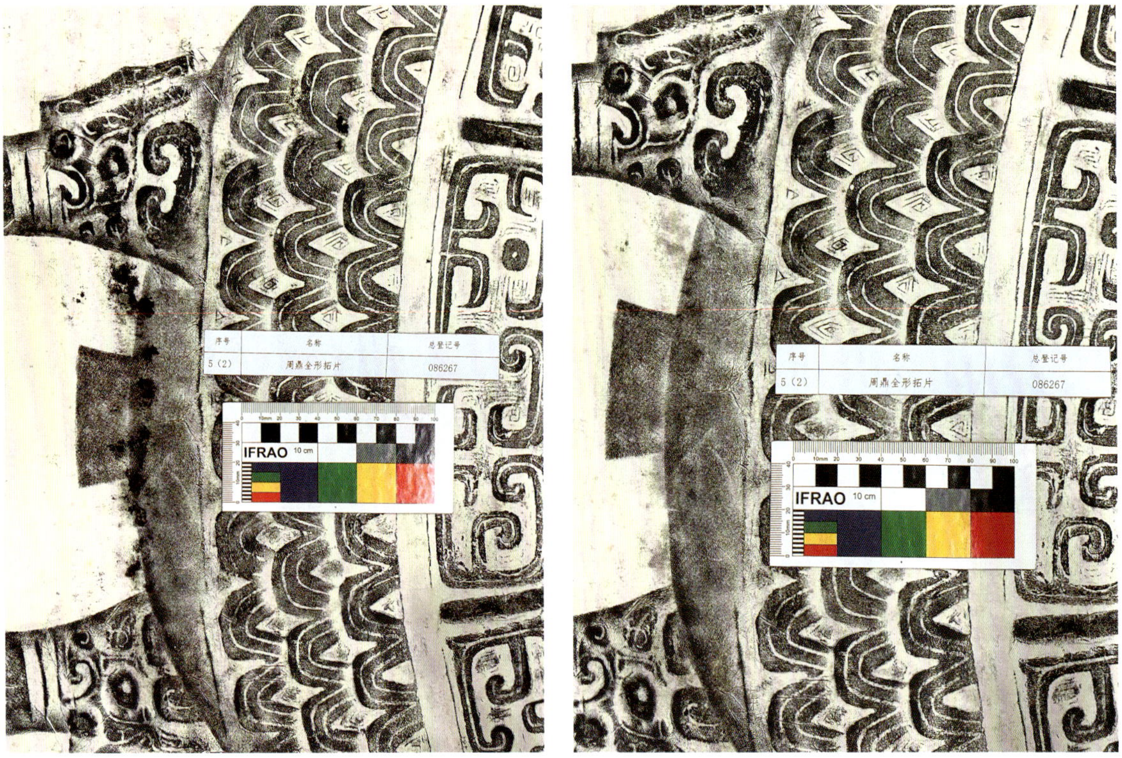

图 4-9　使用面团除霉斑前后效果对比

将聚乙烯薄膜喷水吸在装潢案上，将画心正面朝上置放在薄膜上，用尺子压平，将画心尽量伸展开并摆正。用棉签蘸水，试蘸画心墨拓处，测试可知画心墨色没有发生脱落。由于有菌丝存在，画心对水的浸润性不佳，故使用浓度为 10% 的乙醇水溶液作为展开画心的媒介。具体操作方法是，使用喷壶从画心上部开始，慢慢将画心喷潮，抻平画心，在进行展平时要格外小心，不可以用毛笔直接刷洗画面，而要用笔的侧锋，采取滚动手法进行展平。严禁用手直接触碰画心，否则纸张碎片会粘在手上造成画面缺失。

《周鼎全形拓片》画心除了霉菌病害，基本完好，故选择淋洗法进行清洗。选用尼龙材质的深色毛巾，它具有吸水快、放水快、不与纸纤维粘连的优点。

《装潢志》中记载："洗时，先视纸质松紧，绢素历年远近及画之颜色，霉损受病处，一一加意调护。损，则连托纸洗；不损，则揭净。”[①] 淋水清洗是非常重要的步骤，手握排笔在半空中端平，用70℃—80℃的热水轻轻地淋在排笔上，使热水通过排笔笔锋，缓慢流到毛巾上。可以看到污渍和脏物随淡酱油色脏水朝四周散去。然后用折叠好的干净毛巾滚动按压，除去画心上的脏水。如此反复5次，直至淡酱油色变为基本无色，则水渍污渍基本被清除干净。最后用干净的毛巾按压画心，吸干多余水分。

3. 除霉

使用喷壶将配好的纳米 TiO_2 改性壳聚糖抗菌防霉剂均匀喷在画心正面，待画心稍微干燥后，再喷一次。然后在画心上覆盖聚乙烯薄膜，静置48小时，等待除霉完成。48小时后打开薄膜，静置2小时后，用喷壶喷一层饱和丙酸钙水溶液作为脱酸剂，调节纸张酸碱度。待画心八成干时，准备上命纸。

4. 上命纸、修补、全色

清代周二学在其著作《赏延素心录》中指出，对命纸的选用应“更拣密腻者，不但质韧护画，它日复裱，且易揭起”[②]，意思是要选择合适的命纸。命纸选用红星棉连纸（2014年制），其质量符合使用标准，厚度、帘纹也与画心相近。上命纸时选择覆托法，在命纸上刷浆糊，吸水至八成干，

图 4-10　修复完成后的画心

① （明）周嘉胄著，尚莲霞编著：《装潢志》，中华书局2012年版，第26页。

② （清）周二学：《赏延素心录》，见《装潢志·赏延素心录：外九种》，广陵书社2016年版，第27页。

将命纸倒扣在画心背面，用棕刷刷实排牢。然后将薄膜揭起，使画心正面朝上放在干宣纸上，再揭走薄膜。待画心完全晾干后，再喷潮，上墙挣平。画心挣平后，使用马蹄刀将未洗净的霉斑、污渍刮挑干净。修复完成后的画心如图 4-10 所示。

5. 装潢

在装潢时，项目组选用了单色裱的品式，以灰蓝色为主色调搭配素色拓片。按镶边和天地头、贴夹口纸、上覆背纸、上墙、下墙、砑活和装杆的传统修复步骤对文物进行装潢。装潢部分属于常规操作，在此不做过多赘述。修复后的裱件长 232 厘米，宽 79.8 厘米，如图 4-11。

图 4-11 《周鼎全形拓片》修复完成后

4.1.4 总结

《周鼎全形拓片》是一件由霉菌病害引发其他严重病害的文物，在修复中通过使用纳米 TiO_2 改性壳聚糖抗菌防霉剂，基本杀灭了霉菌，并在一定期限内抑制霉菌的继续生长。除霉完成后配合使用丙酸钙溶液，调节了纸张的 pH 值。然后再以传统技法对画心进行揭裱修复，并最终装潢成轴，取得了良好的修复效果。使用该方法修复霉变书画文物，经证实行之有效，可以在今后修复具有类似病害的文物时推广使用。

4.2 虹吸清洗法在拓片文物修复中的应用——以《簠斋藏铜器拓本屏（甗拓本）》为例

拓片相较于传统书画有两个特点：一是经过拓包多次捶拓，墨迹通常较书画文物为厚，容易结块，制墨时所使用的黏合剂多为动物胶[①]，在长期的保存过程中逐渐老化失效，所以在托制揭裱时容易发生墨迹龟裂或脱墨等情况；二是为了便于上纸，有些拓片是贴在画心纸上，而不是作为画心直接托命纸。由于年代久远以及装潢水平参差不齐，有些拓片文物的画心层会出现局部开浆现象，在清洗时，如果用普遍使用的淋洗法进行清洗，就会因为水的冲击力导致开浆加重，致使墨迹脱落。

为了避免这种现象发生，在拓片文物的修复过程中，项目组经过大量的实验和研究，发现采用虹吸清洗法清洗拓片画心，可以最大程度地稳定墨迹，保证画心黏合强度，达到预期修复效果。现以馆藏《簠斋藏铜器拓本屏（甗拓本）》的保护修复为例，分析虹吸法清洗文物的优劣。

4.2.1 拓片信息记录

1. 文物基本信息

《簠斋藏铜器拓本屏（甗拓本）》为清末山东金石学家陈介祺所藏的全形拓本，

① 王蕙贞编著：《文物保护学》，文物出版社 2009 年版，第 144、145 页。

其所拓器物已不可考。该拓片为整体拓制，后贴于画心层，品式为典型的潍县裱，整体为一色条屏装，无轴头、隔水，有一圈纸质圈挡。具体尺寸见表 4-3。

表 4-3 《簠斋藏铜器拓本屏（甗拓本）》品式规格

文物名称	《簠斋藏铜器拓本屏（甗拓本）》	
装潢方式	条屏	
原装潢时间	清末	
保护修复情况概述	未曾修复	
裱件样式	潍县裱窄绫边，内有纸质圈挡	
裱件尺寸	高 121.5cm，宽 43.2cm	
画心尺寸	高 60.6cm，宽 29.0cm	
天地杆（拟更换）	松木	长 43.2cm，地杆直径 2.9cm
边（绫）	花绫	宽 2.0cm
天头	花绫	高 8.5cm，宽 31.6cm
地头	花绫	高 5.5cm，宽 31.6cm
内圈挡	设色宣纸	上圈挡高 31.6cm，下圈挡高 16.5cm，上圈挡宽 27.7cm，下圈挡宽 27.5cm，边宽 5.15cm
轴头	无	
签条	无	

2. 文物病害

此件文物由于年代久远，保存环境条件有限，导致病害较为严重，主要体现在通体污渍，画心中部有一片严重墨水渍，有少量折痕，画心纸与拓片、绫边连接处开浆，天地杆松动开裂。该文物需进行揭裱修复，项目组于揭裱前进行预试验，发现其墨迹既不溶于水也不溶于乙醇。

3. 文物检测分析

在文物中选取 A、B、C、D、E、F、G、H 八个点位（图 4-12），用于厚度、酸度、白度、色差的测定，测定点在八个点位中选择。

（1）厚度检测

取文物四角的 A、B、E、F 四点，使用测厚仪进行厚度检测，记录结果。画心下墙后检测画心厚度，为修复过程中补纸、覆背纸的选取提供依据，修复完成后在相同点位再次进行检测对比。

（2）pH 值分析

使用 CLEAN PH30 型便携式 pH 值测定仪测试八个点位的 pH 值，修复完成后再次对相同位置进行检测，对比结果。

（3）白度分析

使用昕瑞 SW-2C 白度仪测试 A、B、C、D、E、F 六个点位的白度值，修复完成后再次检测相同位置，对比结果，从而对清洗效果进行判定。

（4）色差分析

使用 HPG-2132 型便携式色差计测试 A、B、H、E、F 五个点位纸张的色度，据此选择颜色相近的修复用纸。同时，测试文物本体保护修复后，特别是污染物得到清洗后的色差变化。

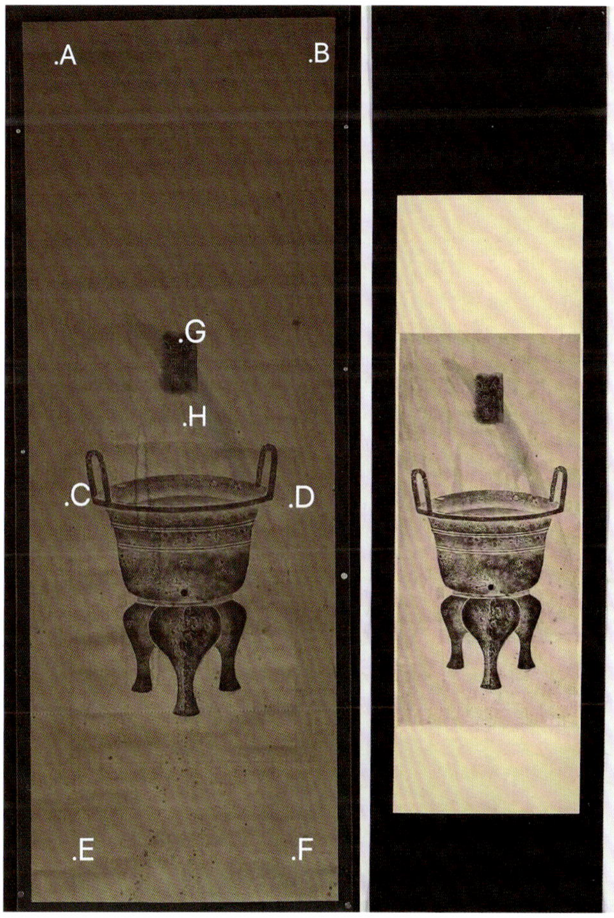

图 4-12 《簠斋藏铜器拓本屏（甗拓本）》修复前

4.2.2 拓片修复

裁去松动的天地头和原镶料、圈挡部分，仅保留原拓片画心部分，待修复。

1. 物理擦拭去污

物理擦拭主要采用橡皮擦、专用海绵或毛刷等工具通过擦拭去除纸张表面的粉尘、污垢和霉菌的孢子等外来物质。机械擦拭只能部分去除纸质文物表面粘附较弱的粉尘或污垢。

（1）材料、工具

软棕毛刷、火山胶海绵、马蹄刀。

（2）使用方法

用不蘸溶剂的火山胶海绵（图 4-13 左）去除不涉及图案的边缘部分表面的顽固灰尘。火山胶海绵在去除污染物微粒的同时，不会在文物表面留下痕迹，主要用于清除文物边缘的灰尘，清洁效果良好。随后用马蹄刀轻轻刮除画心表面硬结物（图 4-13 右），再用软棕毛刷刷净文物正反面。

图 4-13　火山胶海绵与马蹄刀清除表面杂质

2. 虹吸法清洗拓片

（1）材料与试剂

亚克力支撑板、Igortex OL 60® 100% 粘胶纤维、洗画槽、去离子水、10% 酒精水溶液、丙酸钙 2（$C_3H_6O_2$）·Ca。

（2）虹吸法原理

虹吸是利用液面高度差的作用力现象，将液体充满一根倒 U 形的管状结构内后，将开口高的一端置于装满液体的容器中，容器内的液体会持续通过虹吸管向更低的位置流出。

中国人很早就懂得应用虹吸原理。应用虹吸原理制造的虹吸管，在中国古代称“注子”“偏提”“渴乌”“过山龙”。东汉末年出现了灌溉用的渴乌。中国古代还应用虹吸原理制作了唧筒，唧筒是战争中一种守城必备的灭火器。宋代苏轼《东坡志林》卷四中，记载了四川盐井中用唧筒把盐水吸到地面，其书载“以竹之差小者出入井中为桶，无底而窍其上，悬熟皮数寸，出入水中，气自呼吸而启闭之，一筒致水数斗”[①]。明代的《种树书》中也讲到用唧筒汲水来浇灌树苗的方法。

在本次操作中，选择 Igortex OL 60® 100% 粘胶纤维[②]中的毛细管作为虹吸管，使清洁的水流受重力作用源源不断地向下流出，从而将覆于其上的污物清洗干净。这种方法一方面可以避免文物浸泡在被污染的水中，另一方面可以减少水对文物的侵袭力，避免冲洗导致画心开浆，同时又不会因为大量水流将厚重失胶的墨迹溶开冲走导致跑墨。该方法的具体示意图如图 4-14。

（3）操作方法

预备一块大于画心尺寸的亚克力支撑板，在亚克力支撑板表面覆盖一层用浓度为 10% 的酒精溶液预先浸润过的 Igortex OL 60® 100%粘胶纤维，将纤维的粗糙面与亚克力面接触[③]。铺平画心，向画心喷洒浓度为 10% 的酒精溶液，目的是减小水

---

① （宋）苏轼著，刘文忠评注：《东坡志林》，中华书局 2007 年版，第 155 页。

② 徐文娟、王春红：《西方现代保护修复方法在中国纸质文物中的应用》，《文物保护与考古科学》2008 年第 8 期。

③ 何伟俊、张金萍、陈潇俐：《传统书画装潢修复工艺的科学化探讨——以南京博物院为例》，《东南文化》2014 年第 2 期。

的表面张力，减弱干燥文物直接接触水后引起的纸张膨胀、起皱等典型的物理、机械变形。仔细托着画心部分，将其小心地平铺在粘胶纤维的光面上，用火山胶海绵慢慢压平，赶走气泡。再把另外一张无纺布覆在画心之上，喷洒浓度为 10% 的酒精溶液，然后用火山胶海绵蘸水轻拭表面，使文物与下层之间无气泡，紧密相贴，随后撤走无纺布。

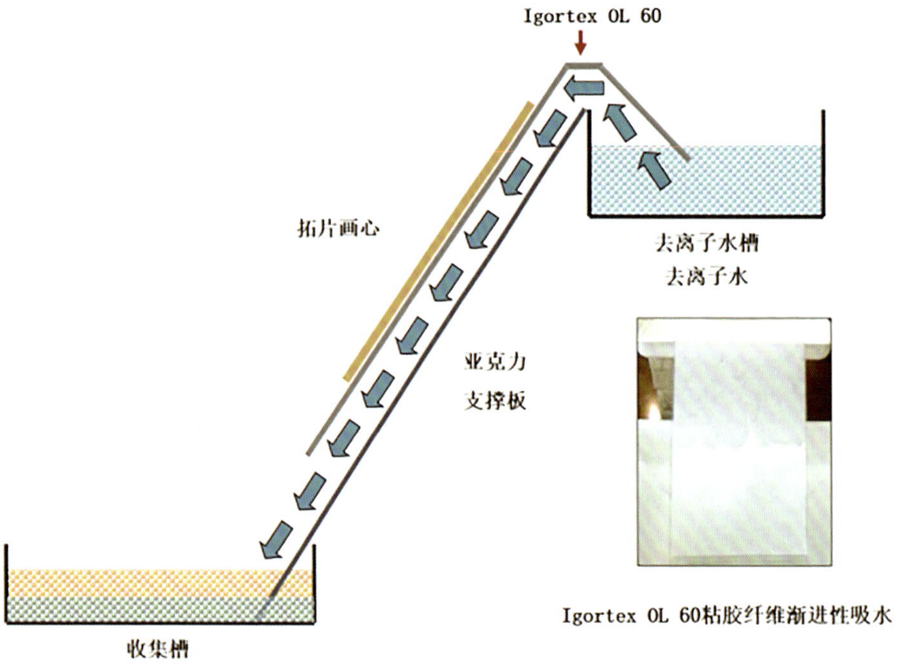

图 4-14　虹吸清洗法示意图

将该粘胶纤维的一端浸在上水槽的水中，上水槽中的去离子水会持续顺着粘胶纤维流向下方。经过画心时会将画心浸湿清洗，清洗后的污水向下流入收集槽（图 4-15）。在此过程中用火山棉轻抚粘胶纤维，使其与支撑板贴紧。

清洗的同时，可以在上端水槽中加入脱酸剂丙酸钙，将清洗用水的 pH 值调节至 8.0，中和纸张的酸化情况。丙酸钙会在纸张中有一定存留，将来可起到缓冲酸化的作用。由于丙酸钙是无毒的防腐剂，也可以起到一定的防霉作用。

清洗过程中要随时观察下方流出的污水颜色，水流清澈后即可停止虹吸清洗操作，整个清洗过程共持续 3 小时。清洗开始后分 5 次取下端流出的液体进行 pH 值测试，以检测画心酸度的改变情况，检测结果见表 4-4。由表中数据可知，污水的酸度逐渐降低，最终达到中性。

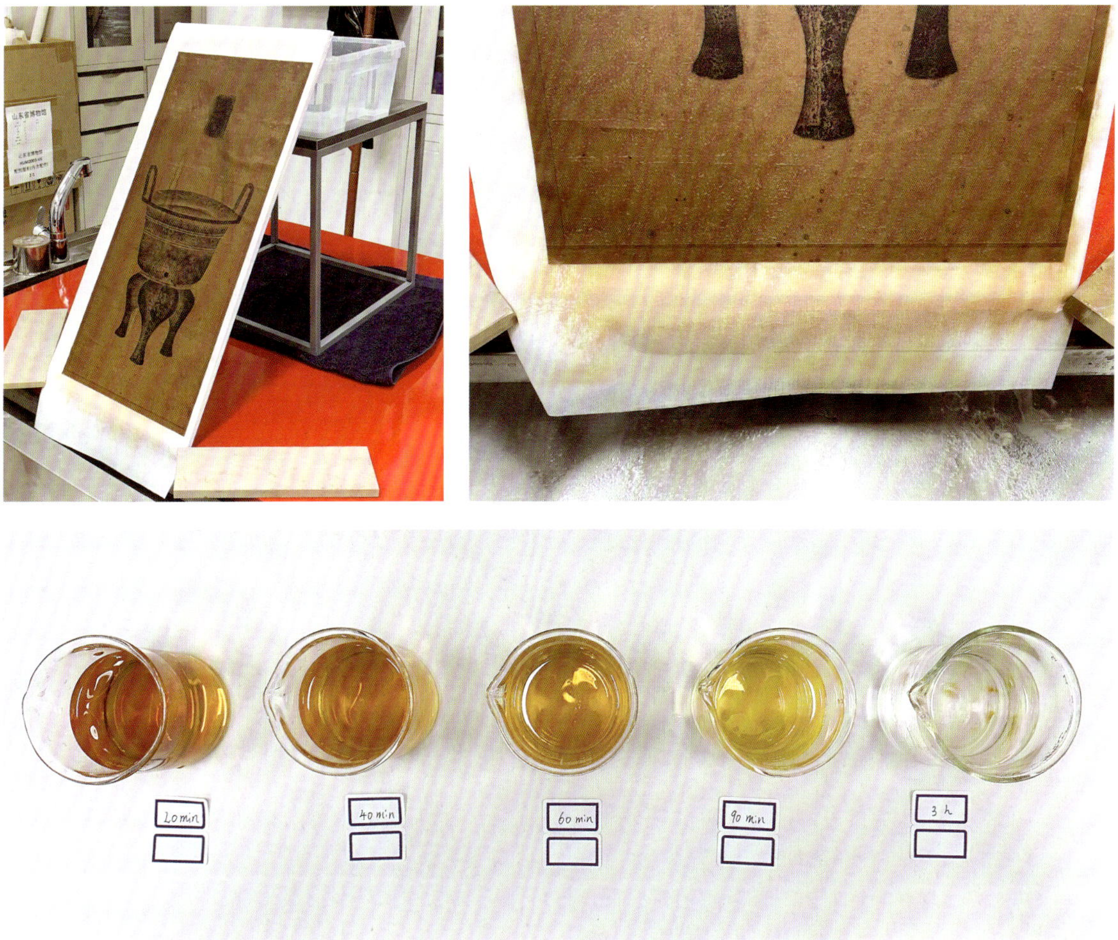

图 4-15　虹吸清洗法实例

表 4-4　5 次留取的污水 pH 值测定

取样时间	20min	40min	60min	90min	120min
pH 值	7.13	7.14	7.56	7.86	7.84

3. 揭裱修复

虹吸法清洗结束后，按照传统的保护修复手段进行揭裱修复。首先在装潢案上喷水，铺设一层聚乙烯薄膜，方便起台。随后将整个粘胶纤维带着拓片提起，小心地倒扣在薄膜上，用毛刷刷平。然后揭取粘胶纤维，只将拓片留在聚乙烯薄膜上，用棕刷将其刷牢固。由于进行了 3—4 小时的清洗，覆背纸此时已经较容易揭除，可以尝试整张揭下，晾干存档。

项目组在尝试揭除命纸时，发现该件文物的命纸粘接牢固且完整，故选择保留命纸，使用封正的方法对画心进行上墙绷平处理（图 4-16）。封正时，将一张大于画心的白绢整体用水喷湿，绢面向下用棕刷刷在画心背面，利用水的氢键力将绢与画心吸在一起。随后提起聚乙烯薄膜，将画心正面朝上放置在工作案上，揭取薄膜，检查画心有无拓片边缘跑墨开浆情况。由于采取了虹吸清洗方法，画心没有这两种现象产生。然后在绢面四周上浆糊，上墙绷平，3 天后用竹启子将画心取下。由于画心是按照原尺寸裁切的，所以不再进行裁方，直接镶嵌即可。

图 4-16　封正法上墙绷平

镶嵌时，考虑到文物的保护和展陈效果，项目组对原有的装潢形式进行了一定的修改。原裱件在画心四周镶嵌有纸质圈挡且尺寸较大，镶料的尺寸较小。现将纸质圈挡的尺寸减小，特别是两边的尺寸缩小，增大藏蓝色绫料的尺寸。在维持原潍县裱风格的同时，提高了文物的安全性，增强了展陈的美学属性。保护修复后的画心尺寸不变，裱件尺寸总长 148.4 厘米，宽 37.5 厘米，修复完成后如图 4-17 所示。

图 4-17 《簠斋藏铜器拓本屏（鬳拓本）》修复完成后

4.2.3 修复结果与讨论

项目组对选取的 8 个检测点进行无损检测分析，对修复前后同一检测点的数值进行对比。无损分析的参数包括厚度、pH 值、白度、色差，分析结果见表 4-5 和表 4-6。

表 4-5　拓片修复前后厚度、pH 值、白度对比表

		A 点	B 点	C 点	D 点	E 点	F 点	G 点	H 点	平均值
厚度	修复前	0.245	0.198			0.239	0.202			0.221
	修复后	0.245	0.236			0.246	0.256			0.246
pH 值	修复前	5.22	5.48	4.87	5.34	4.83	5.11	5.13	5.22	5.15
	修复后	7.25	7.29	7.14	7.19	7.18	7.26	7.31	7.28	7.24
白度	修复前	9.3	9.6	8.3	6.1	6.0	5.8			7.5
	修复后	17.6	21.5	16.0	14.1	15.1	13.2			16.3

表 4-6　拓片修复前后色差对比表

	修复前			修复后		
	L	a	b	L	a	b
A 点	49.18	8.64	21.17	60.01	5.30	15.25
B 点	48.27	8.70	21.03	59.26	5.71	15.90
H 点	53.75	8.03	20.92	63.29	5.25	14.78
E 点	56.84	8.26	21.76	66.38	5.13	14.80
F 点	55.16	8.48	21.60	64.95	5.42	15.46

由表 4-5、4-6 可知，经过修复，文物厚度改变不大，白度平均值由 7.5 上升至 16.3，总体色彩比原来明亮，文物画面上的灰尘、附着物基本被清除干净，文物的色差较修复前有很大改善。通过虹吸法脱酸处理，画心的 pH 值由 5.15 上升至 7.24，纸张达到中性，韧性、柔软度比原来有所提高。褶皱和折痕处经过加固，比原来更为平整、牢固。新的装潢形式在保留潍县品式的基础上，提高了装潢效果，使得文物更利于展陈及研究。通过以上数据分析和观察，可以得出结论，在拓片修复中，虹吸清洗方法可使清洗效果达到预期。

4.2.4 总结

通过此次使用虹吸法清洗修复全形拓片，可以总结出普通淋洗法与虹吸法的几点区别：

（1）淋洗法对文物表面污染物的清洗效果较好，因为淋洗法可以通过毛巾的滚动带走一部分污渍附着物。虹吸清洗法更注重对纸纤维内部的污染物和有害酸性物质的清除。

（2）具体到全形拓片的保护清洗，特别是分体拓制然后拼接的拓片，或者是分别拓铭文和器物后粘贴至画心的拓片，使用毛巾滚动清洗可能会使浆糊失效的拓片移动位置，造成错位，影响拓片文物的整体效果和修复进程。虹吸清洗法则可以很好地避免这种情况。

（3）在脱酸方面，虹吸清洗法能够使脱酸剂分布更均匀，在整体效果上更好。色彩方面，从白度和色差前后对比来看，两种清洗方法都能有效改善画面的色彩，提升整体明度。

（4）受限于虹吸清洗法使用工具的尺寸，此法不适用于大尺幅纸质文物的清洗工作。

综上，虹吸清洗法在应对小尺寸分体拓制的全形拓片文物清洗方面，较传统淋洗法具有一定的优势，进而可以推广应用于画面比较破碎的小尺幅传统书画以及档案等文物的清洗与脱酸工作。

4.3 还旧处理修复方法在修复中的应用与研究——以《周驭方鼎拓本轴》为例

还旧处理修复方法，是基于文物的裱件未出现严重病害、画心的保存基本完整的情况下，尽量保留裱件和画心的完整性，从而最大限度保留文物历史信息的方法。在修复时，可以采取对天地头稍加裁切、更换天地杆及更换覆背纸等手法，不拆除裱件和画心命纸，最大程度保留原材料。

4.3.1 文物基本信息

《周驭方鼎拓本轴》为清晚期全形拓片文物，为陈介祺监拓并装潢，装潢形式为标准的藏蓝色绫边的一色潍县品式。该拓本轴原始状态为立轴装，纸张老化严重，画心表面有大量灰尘污渍、折痕，其中污渍病害存在于画面中部位置，皱褶和折痕位于拓片镶缝处。裱件天杆处断裂，绳带松散脱落，地杆也几乎掉落，加上纸张老化严重，文物无法正常悬挂陈列（图 4-18）。

图 4-18 《周驭方鼎拓本轴》修复前折痕、天地杆断裂

本件文物镶料采用窄绫边的方式，并不利于文物保护，但是镶料保存完好。镶料的强度经检查，未发生严重的脆化，适合使用还旧处理修复方法。该文物的基本装潢信息如表 4-7 所示。

表 4-7 《周驭方鼎拓本轴》品式规格

文物名称	周驭方鼎拓本轴	
装潢方式	立轴	
原装潢时间	清末	
保护修复情况概述	曾有过揭裱修复	
天地杆（拟更换）	松木	长 67.2cm，地杆直径 3.1cm
裱件	纸	高 165.0 cm，宽 66.0 cm
边（绫）	花绫	宽 2.0cm
天头	花绫	高 16.1cm，宽 66.0cm
地头	花绫	高 10.9cm，直径 66.0cm
画心	纸	高 138.4cm，宽 61.6cm
画心裱件厚度	0.22mm	
轴头	无	
签条	染色宣纸长 22.0cm，宽 2.0cm	

4.3.2 病害评估

该文物裱件完整，在拷贝桌对其进行观察，发现裱件背面有少量的折痕以及前次修复存留的折条。画心与纸镶料的结合较为紧密，绫边有脱丝现象。镶料和画心都有污渍和水渍，清洗后应达到比较好的效果，可以完整保留原装潢形制。裱件的天地杆为松木材质，基本没有发生变形，粗细强度等方面也达到继续使用的标准，不必更换。

4.3.3 文物保护修复实施

在具体操作之前，先在工作台上喷水，然后将一张聚乙烯薄膜刷在工作台上，方便以后的起台工作。

1. 表面清理除尘

先用小号的羊毛刷去除文物表面灰尘，再用马蹄刀刮挑部分附着在画面和镶料上的固体污渍。

2. 表面加固

观察裱件的两层纸覆背之间是否开浆、裱件与画心之间是否开浆，仔细检查正面的镶缝是否有开浆和空鼓现象出现。如果有开浆，使用针锥挑开，用毛笔蘸浆糊进行加固。对于着墨的字迹和所钤印的印记，使用棉棒加水试验是否脱色。经试验，该文物未出现脱色问题。

3. 裁切天地头

在天地头使用浆糊粘接的位置，用水慢慢润湿浆糊，打开镶料，取下天地杆。由于天地杆部分镶料破损严重，沿着天杆安装处裁切掉一部分镶料。整体裱件长度损失 1.1 厘米，但不会影响整体美观效果（图 4-19）。

图 4-19　拆解天杆、裁切天头

4. 清洗画心

将画心正面朝上，使用 80℃左右的热水慢慢淋洗画心，将毛巾卷成卷，滚动吸水。重复上述操作，直到水色由黄变清。针对画面的污渍，可在清洗的水中加入浓度为 50% 的酒精溶液，进行局部清洗，直至污渍消失。

5. 加固镶料

本件文物的绫边有脱丝现象，清洗完毕后，使用比较稀的浆糊刷在绫边上，进行加固。待其变干后，进行下一步揭除部分覆背纸的工作。

6. 揭除部分覆背纸

将整个裱件连带下面的聚乙烯薄膜同时抬起，在工作台上重新刷一张聚乙烯薄膜。将裱件倒扣平铺在工作台上，刷紧刷平，撤去背面的薄膜，再用棕刷刷实。然后揭去天地头处需装杆部位的覆背纸，同时将不牢固的折条一并揭去，只保留命纸和镶料（图 4-20）。最后在揭除部位，经准确测量后粘贴新的夹口纸以备重装天地杆（图 4-21）。

图 4-20　揭除部分覆背纸

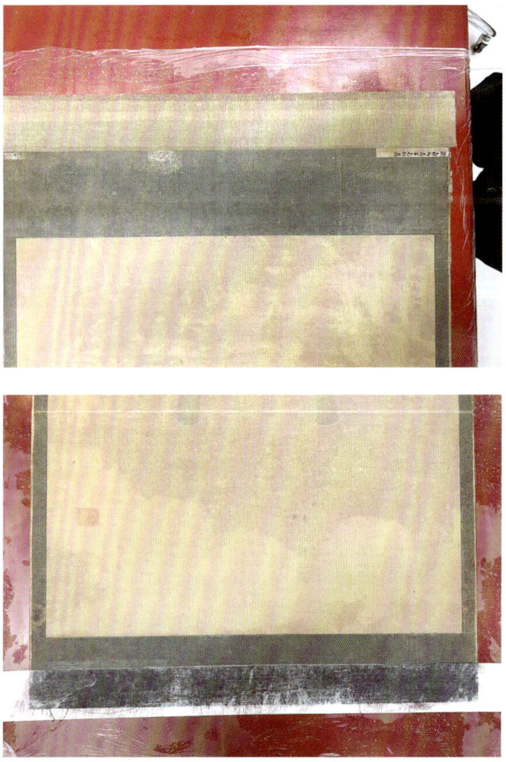

图 4-21　粘贴夹口纸

7. 修补加固

在画心的背面对画心折痕处进行加固。折条纸选择了安徽产皮纸，两层托好待用。使用 5 毫米宽的折条，用毛笔蘸较稠的浆糊刷在折条上，贴在断裂处进行加固，然后使用顿刷进行顿砸二次加固。同时加固天地头破裂处，使用单层汪六吉棉连宣纸，裁成 6 毫米宽的长条，加固在天地头背面。

8. 上覆背纸

由于该作品画心比较厚，在修复中选择使用一层红星牌四尺棉连宣纸加一层红星牌四尺净皮宣纸作为覆背纸，棉连纸在内层，净皮纸在外层，并且进行染色处理。在画心背面刷一层稀浆糊，将文物晾至八成干；同时，将覆背纸刷好浆糊，撤水晾至八成干，将覆背纸刷有浆糊的一面向下，用棕刷刷在文物背面，拍实。使用顿刷将各个镶缝顿实，贴好搭杆，并将原签条回贴。

9. 上墙

将文物裱件从案上抬起，翻转后，画面朝上放在案上，轻轻揭去聚乙烯薄膜，时刻注意检查画面正面有无破损，并完全晾干文物。

将完全晾干后的文物裱件正面朝下放置在案上，用精密喷壶在裱件背面喷水，使其稍稍润湿，用棕刷刷平，使用封正法整平。因整个文物裱件过长，先将其在墙板上刷平，将上下夹口粘在墙板上固定，再用事先喷潮的白绢上墙封正，整平裱件（图 4-22）。

图 4-22　封正法上墙

10. 褙件下墙

使用竹启子将文物启下，正面向下放在装潢案上，下面衬一张纸，均匀打蜡，用研石推压上光。然后将废边剔除，将原来的天地杆装回去，穿好绳子，系好扎带，完成修复（图 4-23）。

图 4-23 修复完成后

4.3.4 总结

项目组在修复此件文物时，针对文物的病害情况，沿用了传统的书画修复工艺，并以科技手段为辅助，采用“对症下药”的方法制定修复方案，同时严格按照方案进行修复操作。项目组重点采用了还旧处理的修复方法，最大限度保留了文物原有的镶料，从而最大限度保存了文物原貌。修复完成后，文物原有病害得到了消除。

此次修复不仅完整保存了文物的原裱形制，而且方便了文物将来的收藏和陈列。此次修复尤为符合现在文物修复“真实性”和“安全性”原则要求。

4.4 文物修复理念与艺术价值重塑的探讨——以《周中义父盨拓本轴》保护修复为例

文物的修复，最重要的工作就是如何把握修复过程中的“度”。修复旨在恢复书画文物的“潜在的统一性”，保持历史真实性和艺术美感的结合。因此，要根据历史证据和文献资料尽可能地体现作品的原始风貌，同时尊重历史变迁在作品上表现出的历史信息，绝不能凭主观想象去臆想或创造。针对文物的修复活动是将文物作者、创作时间、创作地点联系起来，并为三者创立联系性的一种行为，也是一种继续评论的行为，书画文物修复所用的方法和材料最好与原作品相似或一致，而且修复的部位一定要能被识别，做到观赏距离辨认不出修复痕迹，近看却可以辨认出。修复应以重建文物内在的潜在的美学与历史的和谐统一性为目标。传统书画保护修复的步骤主要分为：洗、揭、全、裱。尤其是后两个步骤全和裱，与书画价值的重塑息息相关。

4.4.1 文物现状调查

《周中义父盨拓本轴》，为清末拓本，原始状态为立轴装，此拓本有高翰生嘱王瓘、王懿荣、陈陶、李椿龄手跋，有极高的历史价值。所拓青铜器——周中义父盨现藏于上海博物馆。该拓本破损较为严重，文物信息大量缺失。

经过调查，现存裱件为后世所续裱，经过前代工匠不当揭裱修复后又经受较严重的损害。裱件的天杆处断裂，绳带松散脱落，地杆也几乎掉落，纸张老化严重。画面出现大面积残缺，表面有大量灰尘污渍、折痕。有一处画面脱落已久（1954 年入藏时便已脱离本体），文物品式参数见表 4-8。各位金石学家的题跋均有残缺，以画面上部王懿荣题跋残缺最为严重。裱件形式为民国时期流行的窄边细地杆方式，用料较差，天地头尺寸短小，不利于展陈。（图 4-24）

表 4-8 《周中义父盨拓本轴》品式规格参数

文物名称	周中义父盨拓本轴	
装潢方式	立轴	
原装潢时间	清末	
保护修复情况概述	曾有过揭裱修复	
天地杆（拟更换）	杨木	长 69.2cm，地杆直径 2.3cm
裱件	纸	高 144.0cm，宽 69.0 cm
边（绫）	花绫	宽 2.4cm
天头	花绫	高 18.6cm，宽 66.0cm
地头	花绫	高 12.9cm，直径 66.0cm
画心	纸	高 112.5cm，宽 64.2cm
画心裱件厚度	0.23mm	
轴头	无	
签条	无	

4.4.2 修复方案的探讨与确定

在充分考虑研究原文物的艺术价值与文物价值的基础上，项目组决定在传统修复方法的基础上，融入现代修复理念。

1. 装潢形式的确定

项目组确定该件文物的修复方式为揭裱修复。因为裱件变形、褶皱折痕断裂等病害严重，并且有画面脱落的情况发生，因此只有进行揭裱修复才能从根本上消除病害对文物的影响。结合文物保护修复的各项原则，特别是最小干预原则来看，是否保存原装潢形式和材料，成为确定修复方案的重点。

经过调查可知，现存裱件并不是最初的文物裱件，应为文物损坏后重新装潢时使用的。在上次修复重装时，修复者并未采取高档次的装潢形式，仅仅采用了民国时期最为简朴省工省料的一色纸裱品式。这种装潢形式不仅不利于文物的展陈，还无法体现出文物的艺术性和特殊性。在天地头连接天地杆处有较严重的断裂情况，已无法悬挂。天杆材质为质地较差的杨木，地杆为直径 2.3 厘米的填砂纸筒，无轴头，两端封锦处有裂缝，有漏沙情况。天地杆无重复使用价值，必须更换。

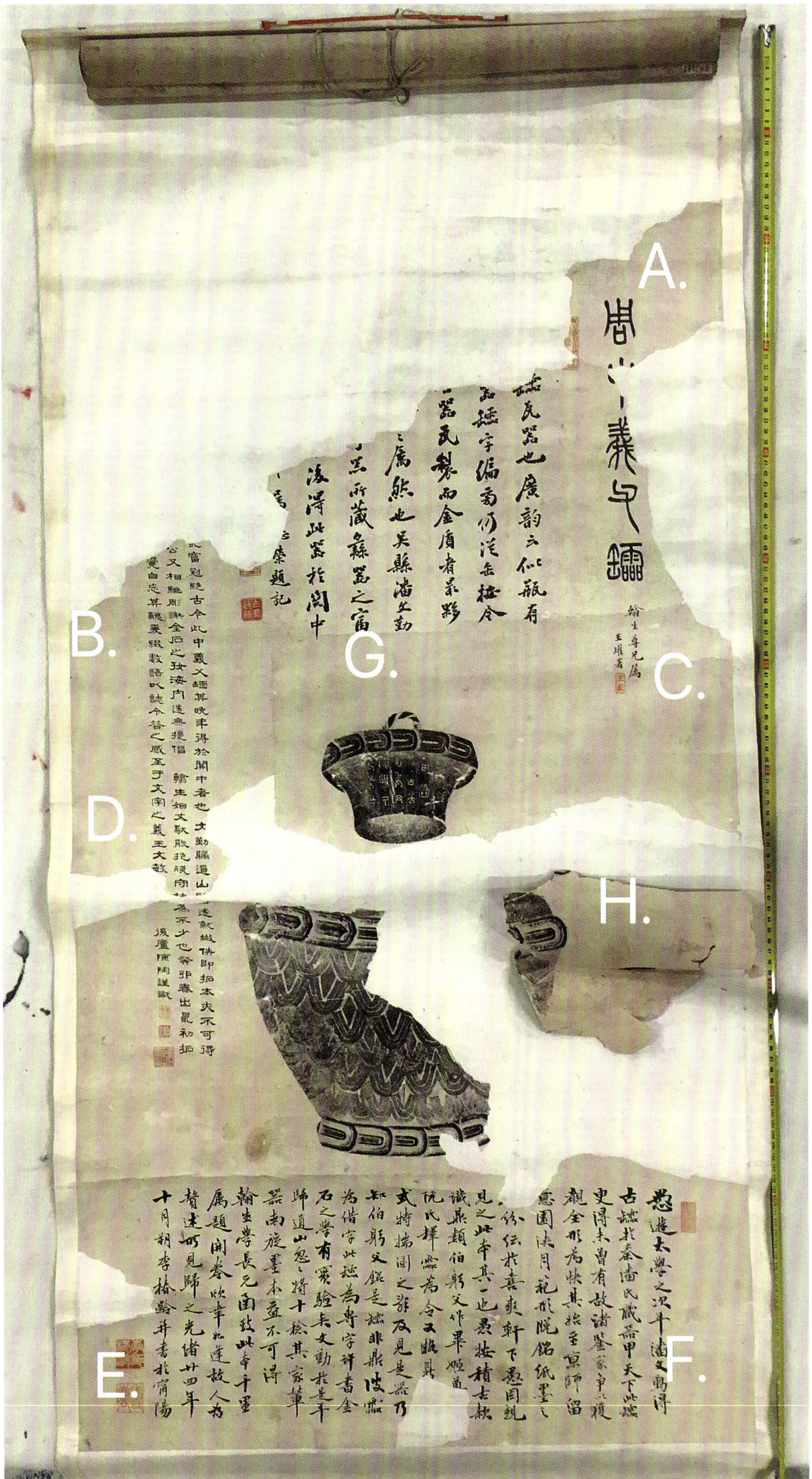

图 4-24 《王懿荣题周中义父盨全形拓本轴》修复前

综上所述，本次修复无需再保留原品式和材料。项目组结合文物的尺寸，选择带惊燕的两色裱作为修复后的装潢形式。一方面，这符合当时的款式风格并可对画心起到良好的保护作用；另一方面，在考虑修复原则与实际保护操作等各方面因素后，选择这种品式既可以体现文物的厚重感，也可以提高文物整体的美观度，方便后期的展览研究。

2. 修复复原程度的确定

修复中“度”的问题是文物保护修复工作中最重要的问题之一。该件文物存在的最严重的病害就是残缺，不仅器物部分有大面积残缺，而且题跋部分残缺更为严重。通过与上海博物馆藏原器物对比，该拓片所拓之罍缺少罍颈部的部分，也就是说，在画面中部断裂处，该拓片在上次修复时被缩短了，左侧的题跋中间有缺失。如何确定拓片的原尺寸、如何对文物进行修复，是该文物修复过程中的最核心问题。

由于没有文物初始状态的照片等图像资料，缺失的文字极难补全，在此不进行接笔。但是缺失的器物部分，可以根据上海博物馆的各种数字资料进行补全，尽可能恢复所拓文物的初始状态，然后重新进行裱褙。

4.4.3 画心的揭裱补全修复与装潢

1. 画心的揭裱

确认文物的基本保护方法之后，开始对文物进行揭裱修复。

首先进行基础性数据测量，包括物理尺寸、白度、色差、酸度等数据。使用棉签分别蘸去离子水和浓度为 90% 的乙醇溶液，测试器物部分和题跋部分是否有墨迹脱落现象。确认墨迹稳定后，裁切天地头和两边，使用洗画槽清洗画心部分。在清洗的同时，特别需要注意画面破损的边缘处，防止水流将边缘掀起重叠无法打开。同时将脱落的部分画面进行精确复位。

用棕刷将聚乙烯薄膜刷在画心表面，将画心和薄膜一起托起，倒扣在装潢案上，再用棕刷刷牢。等待画心部分晾至八成干，开始揭取工作。用针锥在左上角将各层纸挑开，确认覆背纸的层级关系，先揭取覆背纸。将覆背纸取下后可以发现，大部分命纸没有粘接画心，先将这部分命纸取下，然后用针锥挑开边缘，将其余命纸揭下，注意不能移动各个错位的部分（图 4-25）。

图 4-25　揭取命纸

揭除命纸后，需要根据画心的纸质、色泽、帘纹补配补纸。根据之前测定的画心色差和白度，适当调整数据指标，在备选的纸张中挑选补纸。经对比发现，旧藏老螺纹纸符合修补要求。由于旧藏螺纹纸尺幅较小，所以需要进行拼接。在拼接时，预先把补纸放在画心破损处，用针锥大体划出接缝形状，慢慢撕下多余的纸张。两张补纸连接处用针锥刮毛，以增强纸张之间的粘接强度，用喷壶喷潮后待用。在画心破损边缘处刷 4—5 毫米宽的浆糊线，将潮湿的补纸慢慢贴在接缝处，用马蹄刀剔除多余的纸张（图 4-26）。

图 4-26　修补残缺

将补纸都贴好后，使用覆托方法将一张染过色的旧汪六吉四尺棉连纸作为命纸刷在画心背面。刷牢后，提起聚乙烯薄膜，再把画心正面朝上放在装潢案上，揭除聚乙烯薄膜。在画心上垫一张吸水纸，再倒扣在装潢案上，用棕刷刷牢，晾干，准备上墙绷平。

画心晾干后背面朝上放在装潢案上，喷水润湿，四周打浆糊上墙，晾干绷平。绷平过程中保持工作室湿度，并时刻观察画心情况，以防干燥速度过快导致开裂现象。画心完全平整后，就可以进行下一步的补全工作（图 4-27）。

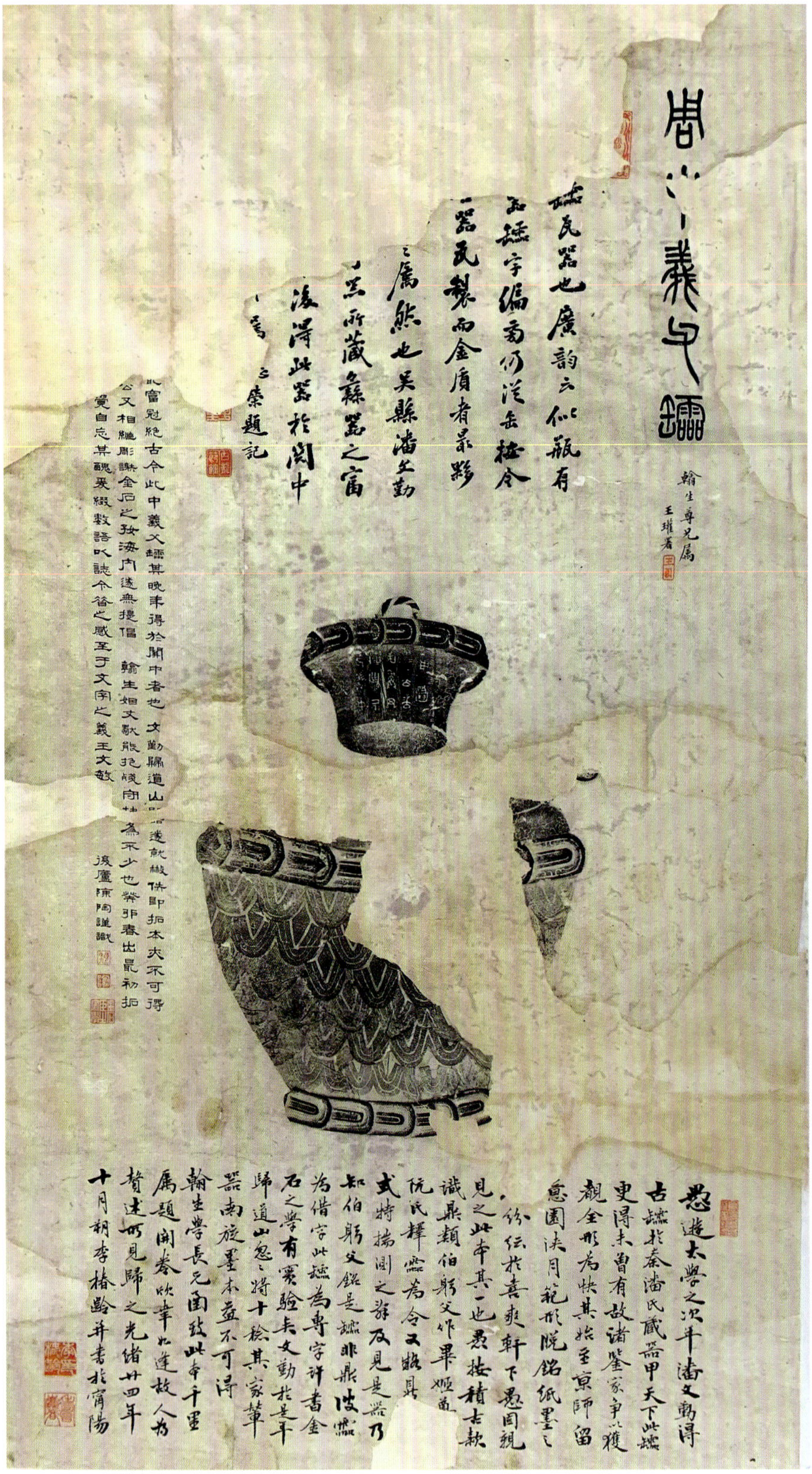

图 4-27　画心揭裱修补完成

2. 画心的补全

周中义父盨拓本，缺损的器身部分主要为垂鳞纹，底部圈足为横向垂鳞纹，或称为重环纹，总体来说较有规律可循。上海博物馆在收藏该件青铜器时，也对其主要纹饰进行了传拓保存。（图 4-28）。

图 4-28　上海博物馆藏周中义父盨原器（左）及拓本（右）

经过与原器物比对，该拓本下部圈足横向垂鳞纹方向有误，应该是分段拓印时操作不当导致，在遵守最小干预原则的前提下，修复时依旧按照馆藏拓本方向进行补全，并不进行方向的调整。

通过对比原拓本，项目组在补纸上用碳棒绘制出纹饰的边缘图形。处理颈部时，对照数字化信息，采用了略去颈部的方法，主要突出器盖和主体部分。在绘制器物耳部时，注意不能随意增添细节。

线图绘好后，进行补色处理，手法主要有毛笔补色、碳棒补色、特殊扑子微拓补色几种选择。几种方法各有优劣：

毛笔补色需要将毛笔尖减平一点，蘸较干的墨在需要的地方轻点，模拟拓印痕迹。

碳棒补色就是削好碳棒，用素描手法模拟出拓印的纹理。

特殊扑子微拓补色需要制作特殊的小扑子，即使用牙签削平尖部，做成直径 3

毫米的小扑子，在缺失的部分用点拓的方法补全画面。

经过多次试验对比，发现特殊扑子微拓补色方法与原有的拓片纹理最相像，故使用该法对缺失部位进行补全。在可识别原则的要求下，所拓补部位的颜色比原拓本较浅，做到整体和谐、细看可分（图 4-29、4-30）。

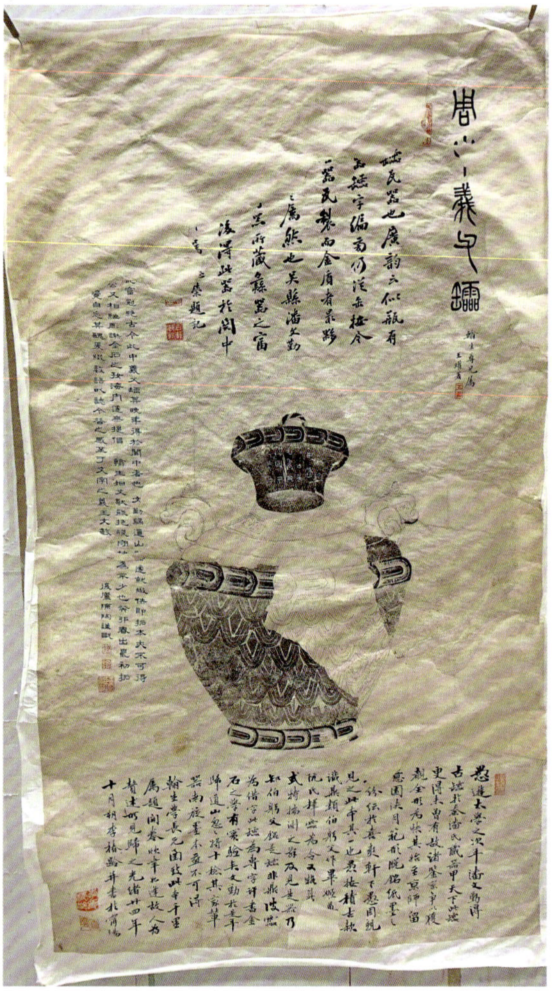

图 4-29　起草器物缺失部分

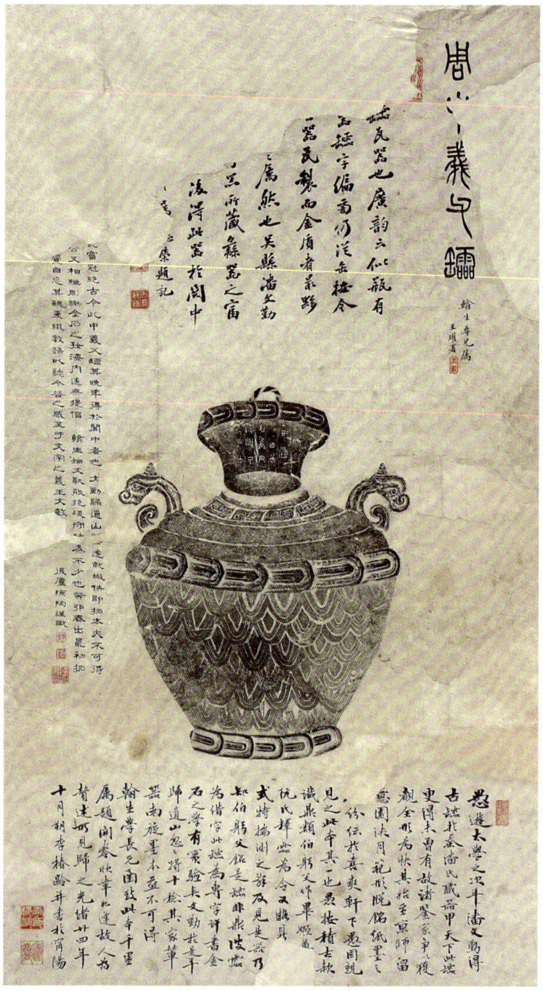

图 4-30　画心全色完成

4.4.4 装潢

经过之前的研究分析，项目组决定选择“带惊燕的两色裱”作为修复后的装潢形式，配色方面选择传统的上下湖蓝色、中部浅米色。裱件尺寸方面，为了适宜展柜展出和整体美学观感，确定天地头高度分别为 60 厘米、40 厘米，上隔水高度为 24 厘米，下隔水高度为 16 厘米，并以此为依据进行镶料的托染工作。

考虑到文物的整体美观，在托染隔水时选择了绢作为原料，方便下一步用挖镶的方法装潢画心。染色时使用普洱茶水作为基色调，在其中加入赭石、焦茶等配色，这样染制的绢料在达到色度要求的同时，还可以呈现出自然的旧色。天地头材料选择花绫，染色以湖蓝色为基色，稍稍调旧即可。染好后上墙挣平待用。

镶料准备好后，将米色绢方裁好，按照挖镶的尺寸挖除中心部分，使用稠浆糊与画心镶嵌紧密。再镶装天地头，裁切多余部分，进行转边。然后贴夹口纸，上覆背纸。待整个裱件完全干燥后，再将裱件喷水潮湿，上墙挣平。整个挣平过程持续 5 个月。下墙后安装天地杆，整个裱件的装潢工作宣告完成（图 4-31、4-32）。

图 4-31　上覆背纸

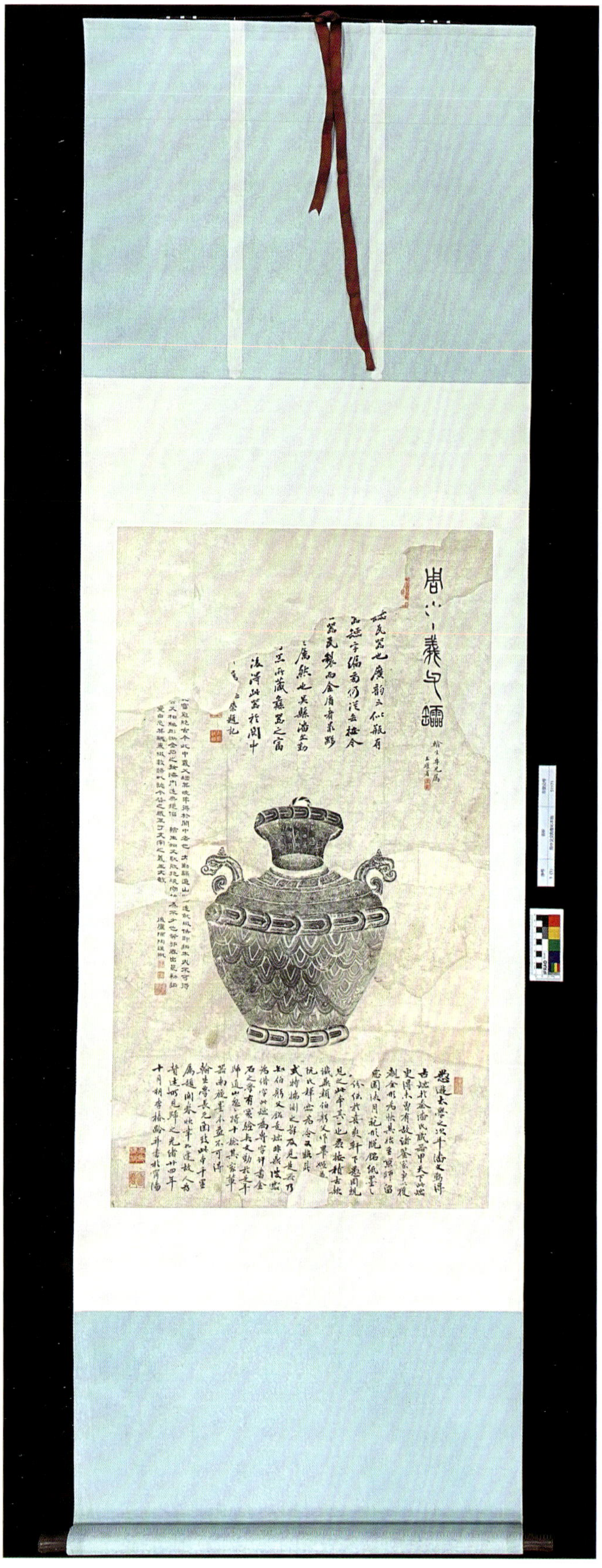

图 4-32　拓片修复完成后

4.4.5 总结

对《周中义父霝全形拓本轴》的保护修复，难点主要在于如何选择修复手法、如何把握修复的程度。

项目组在充分研究修复原则的基础上，结合文物的保存现状和历史背景，选择适当的修复干预程度和干预手段，保留了原画心整体尺幅和风格，并未采取为还原器物原貌而拉长原画心的断裂部分，添加更多的拓本图案的方法，尊重了前人保护修复的成果。

通过比对试验，确定了以特殊扑子微拓补色的方法，结合上海博物馆提供的拓片数字资料，对器物主体部分的垂鳞纹、横垂鳞纹以及耳部进行补全，在颜色用料上使用了与原来拓本相近的墨块，在遵守可辨识原则的基础上，降低了墨色的饱和度，使得新补墨色与原墨色在细看下有较为明显的差别。在装潢形式的选择上，通过对原件的研究，结合当时的审美情况和现在的展陈及研究要求，选择了带惊燕的两色品式来装潢画心，取得了良好的修复效果。

书画文物的修复原则是指导书画文物保护修复工作开展的基本准则。后续进行的保护修复工作要以此为依据，并结合文物的本体病害情况，选择最为适合的保护修复方法和保护修复材料。《周中义父霝全形拓本轴》的保护修复工作在成功修复该文物的同时，有效解决了保护修复工作如何与文物保护原则相结合的问题，同时为今后类似文物的保护修复提供有益的参考与借鉴。

4.5 简易装潢拓片的保护修复——以《毛公鼎拓本轴》为例

毛公鼎拓片，清陈介祺监拓，翁大年、吴廷康题跋，具有重要的研究价值。此拓片是本次报修拓片中唯一一件未裱本，且为分拓后重新整合而成。本次修复通过对毛公鼎拓片的重新修裱，总结出一套适用于此类拓片的保护修复方法。

4.5.1 文物基本信息

该拓片为简易装潢，即将拓片与题跋简单装潢在同一张背纸上，因长时间折叠保存，画面折痕、褶皱严重，还有小面积损坏缺失，画心有灰尘污渍，背面有折条，无保护修复记录，具体尺寸参数见表 4-9。该拓片为拓工分别拓制毛公鼎器形和铭文后，再分别托命纸，按上铭下图的构图方式，贴在单层宣纸上（后文将此单层宣纸称为画心层）制作而成。因浆糊年久失效，贴在画心层上的器形和铭文即将脱落，命纸老化变脆，不利于长久保存（图 4-33、4-34、4-35）。

表 4-9　《毛公鼎拓本轴》品式规格参数

文物名称	毛公鼎拓本轴	
装潢方式	简易装潢	
原装潢时间	清末	
保护修复情况概述	未曾保护修复	
天地杆（拟更换）	无	
褙件	纸	高 172.0cm，宽 79.6cm
边（绫）	无	
天头	无	
地头	无	
画心	高 172.0cm，宽 79.6cm	
画心褙件厚度	0.165mm	
轴头	无	
签条	无	

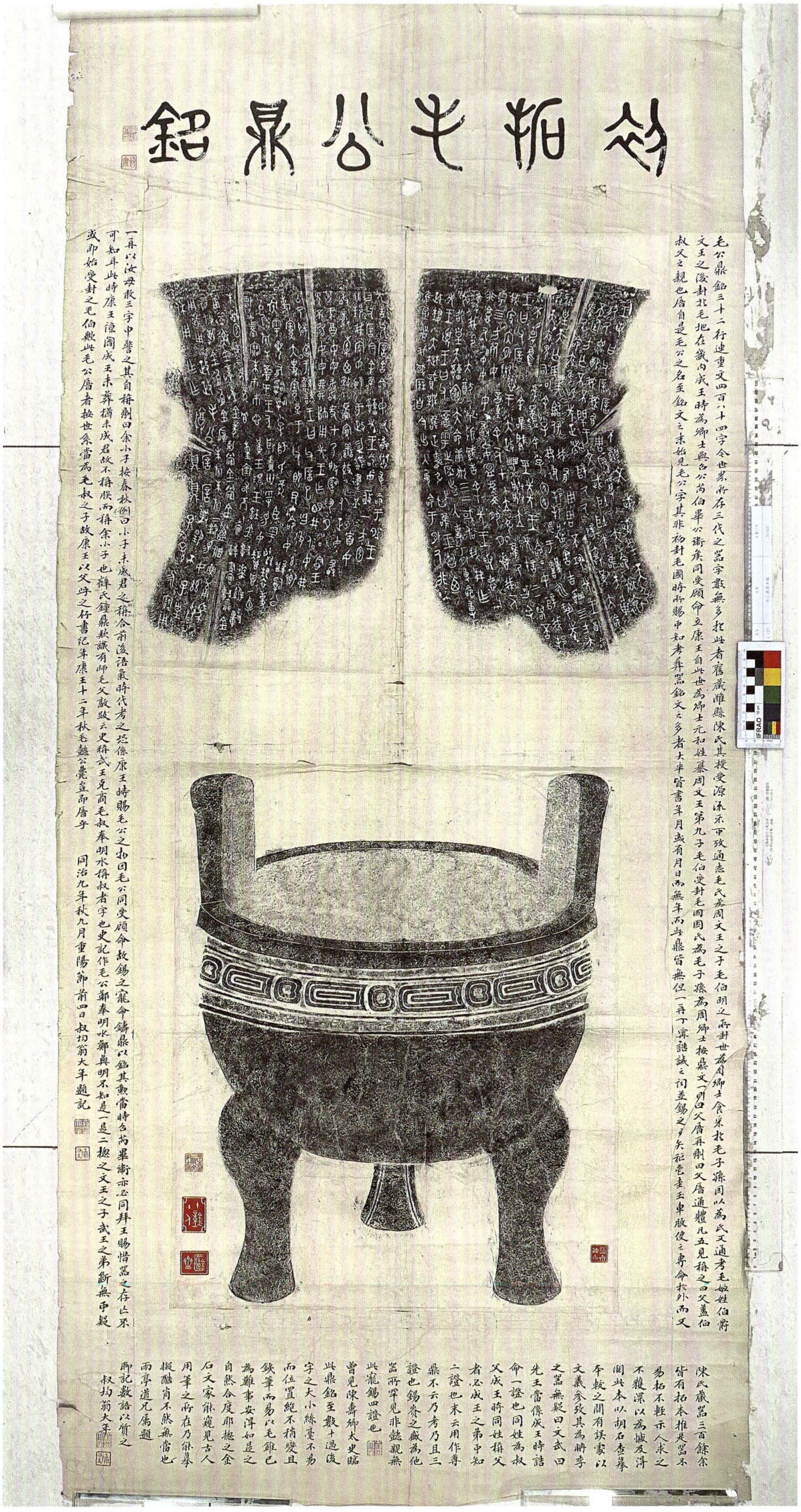

图 4-33 《毛公鼎拓本轴》修复前

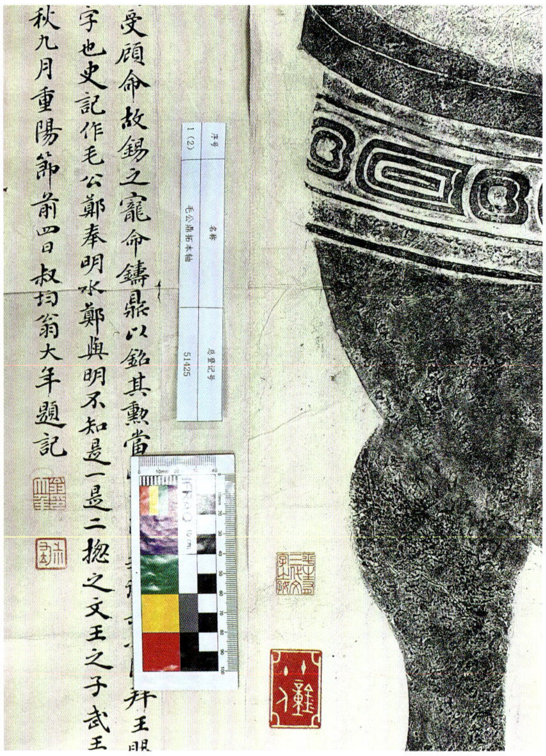

图 4-34　修复前拓片脱壳

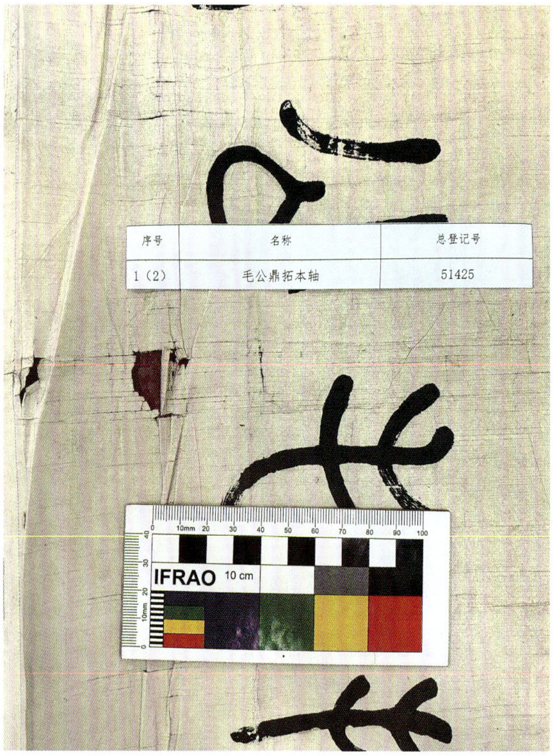

图 4-35　修复前局部折痕、脱落

4.5.2 修复方案的探讨与确定

该拓片未经装潢，无法悬挂展览，故针对此拓片的修复方案为先修复画心再按立轴式进行装潢，同时为了加强画心层强度，画心后需托命纸。这样一来，此毛公鼎拓本画心厚处共四层，若按照卷轴形式进行保存，四层纸张卷曲后所受应力不同，更易产生褶皱，故画心的修复方案为先将器形（铭文）拓片揭去命纸后重托，再给画心层上命纸，按照原位置将器形（铭文）拓片挖镶在画心层上，保证画心整体厚度基本相同。该装潢基本沿用集锦装的手法，分两次镶嵌：第一次镶嵌托裱好的鼎身拓片和铭文拓片部分，形成一个整体的画心，第二次镶嵌整体画心。

4.5.3 修复过程

1. 清洗与脱酸

在洗画池工作台上铺一张聚乙烯薄膜，将画心正面向上放在薄膜上，用温水喷潮展开，采用淋洗法将温开水（约 80℃）缓慢淋在画心上，让污水慢慢流出，要注意防止画心位置出现错位。使用干净的毛巾卷，采用滚洗法把污水赶出。画心洗净后，采用饱和氢氧化钙溶液，对画心进行30分钟的浸泡，调节画心酸度，并对画心酸化做一定程度的缓冲处理。之后用毛巾将多余的除酸液排出，预备揭拓片。

2. 揭取拓片、重上命纸

该件文物的特点是器物拓片和铭文拓片共分为三部分，均为四面贴浆糊中间空鼓，与题跋画心层纸张粘接在一起。如何将器形（铭文）部分完整取下，又不伤及画心层和拓片本体，是比较棘手的问题。项目组在修复过程中选择了在揭取时用宣纸作为过渡材料的方法。

首先，在画心清洗完成后，用毛巾吸水，并将文物画心晾至八成干，用启子和针锥在器物拓片的边缘挑起一个角，轻轻将器物拓片部分揭起，用启子慢慢将糨口挑开，只把边揭开，直到将拓片全部取下。铭文部分的拓片揭取方法同上。揭开的拓片不能直接用手取下，需要使用一张宣纸，将其放在拓片中心一半的地方，将拓片慢慢搭过去，然后带着宣纸将拓片轻轻揭起，再进行下一步处理（图4-36）。

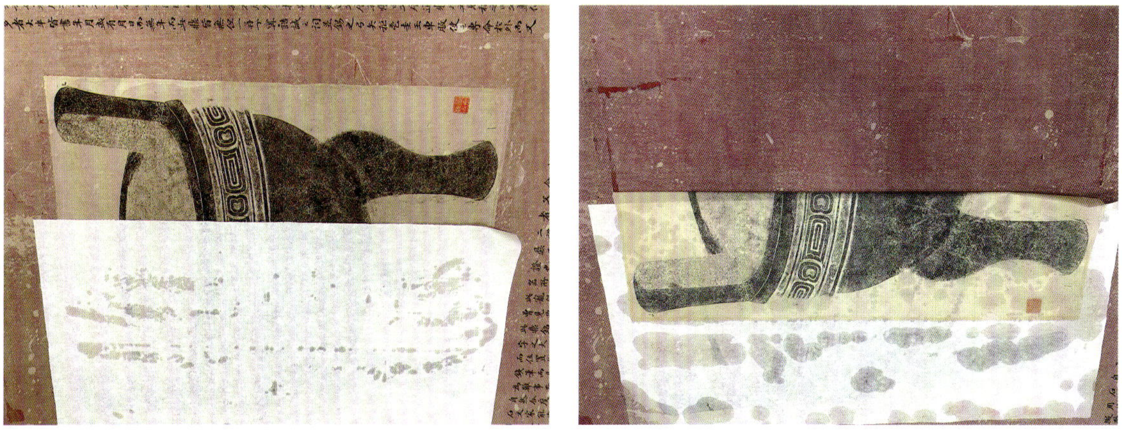

图4-36 揭取器形拓片

取下的拓片和铭文部分，揭去命纸，然后在断裂处采用0.7厘米宽的宣纸条进行加固。用一张聚乙烯薄膜平铺在画心上，刷平刷紧，提起下层薄膜，将画心从工作台上取下，正面朝下平铺在装潢案上刷紧，揭去上层薄膜，去除题跋背面原折条。然后采用覆托的方法，将选配的命纸经过刷浆糊、吸水后，分别覆盖在画心背面和器形、铭文的背面，再用棕刷刷紧，将命纸刷平刷牢。将各部分分别上墙挣平。由于该拓片破损严重，需要随时观察，适时喷水，以防止出现裂缝（图4-37、4-38）。

图 4-37　揭去器形拓片命纸并重托

图 4-38　重托画心命纸，上墙挣平

3. 挖镶画心

对该文物的镶嵌采取两次镶嵌的方式。

首先将器物和铭文拓片镶嵌在题跋画心上。将平整的画心和器物铭文拓片从大墙上取下，在画心上按照拓片原位置大小进行局部挖除，将器物和铭文的拓片镶嵌在画心上。

然后按照一色装的品式选取镶料，裁切下料，下好料后，进行第二次镶嵌。出局条，镶嵌画心，并将预备好的覆背纸托在画心裱件背后，刷牢，贴好签条搭杆，晾干。整个裱件干透后，再喷水润湿，四周上浆糊，上墙挣平。

待裱件完全干燥后，用启子从墙上取下，对废边稍加清理。将裱件平铺在装潢案上，打蜡研活。最后选配天地杆，进行装杆、穿挂绳扎带，完成实体修复工作。修复后的裱件长252厘米，宽94.6厘米，修复完成后的裱件如图4-39所示。

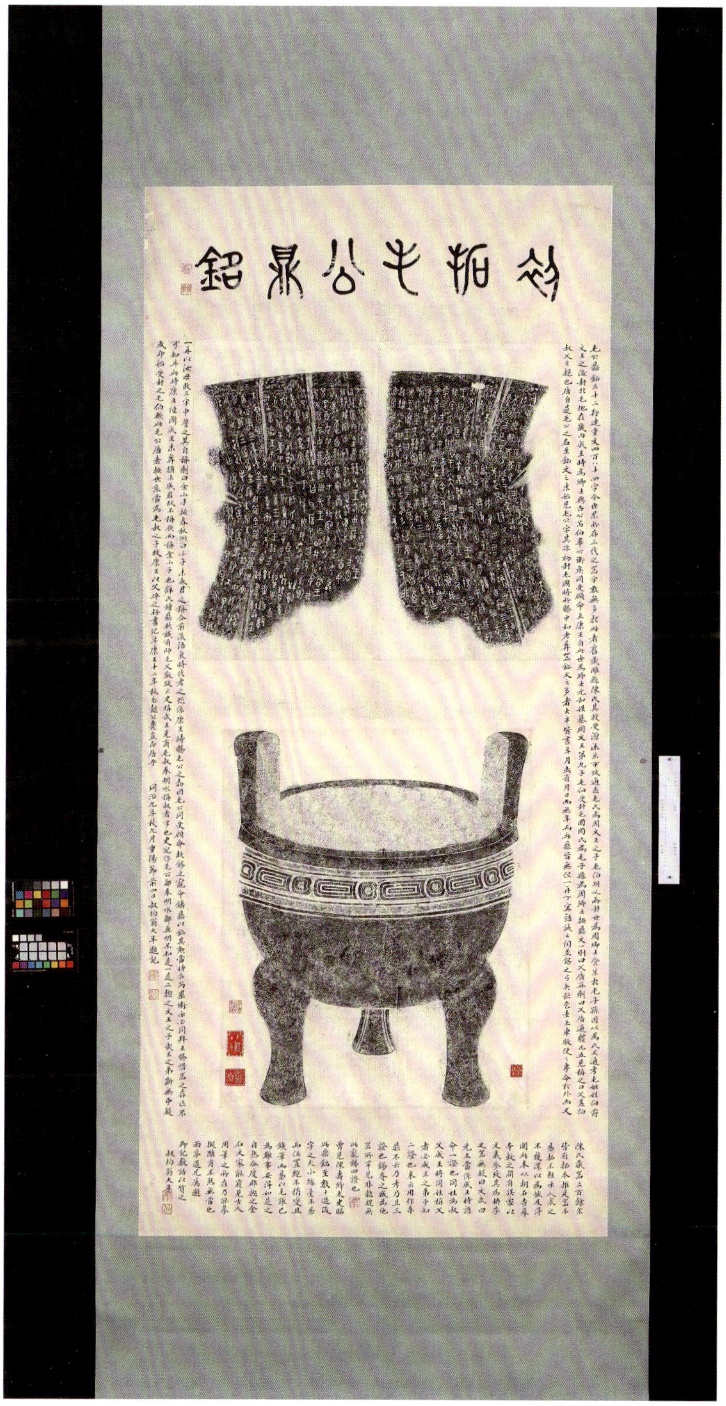

图4-39 《毛公鼎拓本轴》修复完成

4.5.4 总结

该件由陈介祺监拓，翁大年、吴廷康题跋的《毛公鼎拓本轴》有着重要的史料和艺术价值。该拓片入馆收藏时是一件简易装潢的文物，对其进行保护修复也方便了后期的展览及研究。这件文物的修复难点在于其题跋画心没有进行托裱，只是一张单层纸张，但是在上面贴附的器物拓片和铭文拓片是托裱过一层的双层纸，画心整体厚度不均匀，导致文物在卷放时会自然出现折痕和褶皱。所以必须对其进行再次装潢。此次修复工作的主要难点就是如何将器物拓片和铭文拓片安全取下，在此次修复过程中，项目组创造性地采取了宣纸过渡的方法，对器物和铭文的拓片进行了揭取。然后再对整个画心进行挖镶，以两次镶嵌的方法对文物进行装潢，取得了良好的效果。该方法可以在修复类似文物时推广使用。

4.6 全形拓片保护修复与普通书画的区别

总结上述的研究和对文物的保护修复工作，可以得出全形拓片文物的几个特点：

1. 全形拓片大多成片于清嘉庆道光年间至民国时期，距今 200 年以内，与其他书画作品相比，年代不算久远。

2. 全形拓片裱件一般分为三种类型，第一种是整纸拓印按照书画装潢方式装潢的，如“51566 陈簠斋藏陶器拓本屏”，这部分文物也包括翻刻拓制的拓本；第二种是分纸拓印然后进行镶嵌的，如“086226 周师酉簋全形拓片”；第三种是整纸拓印然后贴在背纸上再进行装潢组合的，如“51425 毛公鼎拓本轴”。

3. 全形拓片的用纸厚度非常薄，一般纸质为扎花宣纸或者小螺纹纸，也有竹纸。厚度薄就注定比较脆弱。纸张多经过设色。

4. 全形拓片如果是名家收藏拓印，多有题跋在拓片四周。但是题跋与拓片所组成的画心需要仔细甄别，看题跋与拓片是否在同一张纸上，揭裱时需要特别注意。

5. 由于全形拓在当时不算是高级艺术品，所以装潢待遇并不高。常出现纸裱问题，或者纸裱套绫边问题，病害较绢绫装潢的书画为严重。

综合上述研究可以发现，全形拓片主要的修复方法与技巧，与书画文物的保护修复基本相同，但是基于其自身特有的特点，项目实施后，我们对其保护修复方法的特殊性做了如下总结：

1. 文物清洗方面，预先要判断拓片的拓印方法，如果是分拓粘贴，则清洗时有可能画面会因浆糊失效而脱落，所以如果使用淋洗法，必须垫毛巾进行间接清洗。同时建议针对分拓粘贴的拓片，可以使用虹吸清洗法清洗拓片画心。

2. 脱酸处理方面，由于拓印用纸多有设色，所以大多纸张酸化较严重，必须进行脱酸处理，必要情况下需要将修复用纸进行缓冲脱酸处理。

3. 揭裱修复方面，预先要判断拓片的拓印方法，根据拓印方法预判纸张的层数，不能伤及拓片本体。如果有原始修复，更应当注意。如果文物裱件外观基本完好，准备采用换旧处理的方法，则需要确认镶嵌材料是否出现劣化，如果劣化严重，不建议使用该方法，应当采用揭裱修复的方法。

4. 装潢品式方面，由于全形拓片是一个特殊时期的特殊艺术形式，所以在装潢时，要根据当时的装潢特色进行配色装潢，一般选择条屏装、一色装等比较简洁的装潢形式。

5. 使用仪器辅助修复方面，修复所添加的修补处多为留白处，为了使补纸和原纸色调相同，建议使用色差仪检测，按照数据进行调色补色，染配补纸。

·第五章 全形拓片文物研究

全形拓，又名立体拓、全角拓等，是一种将金石器物的立体形态高度保真地呈现在纸张上的传拓形式，在传拓艺术中表现力最丰富，但技法最复杂，难度最高。它能在平面上展现三维空间视觉效果，故在某种程度上担当了当今摄影的角色。其基本流程大致分为画图、上纸、捶拓三个步骤。画图，即测量各部位数据后，绘制出器物的透视图。上纸，是指将透视图布施于器物表面。捶拓，即运用墨色来表现立体器形。制拓者需要具有素描等美术基础，能绘制出良好的透视图，还需要丰富的传拓经验，能充分利用墨色的浓淡厚重、转化过渡等表现器物的阴阳等。本章从全形拓制作技艺的起源与发展开始，结合所拓青铜器实物对此批拓片进行研究，挖掘其文献性等文化内涵，以期为山东乃至全国的学术界和收藏界提供借鉴。并结合时代特征，重新审视全形拓并评估其价值，充分发挥博物馆的宣传教育功能，使这一珍贵史料获得新的生命。

5.1 全形拓片技术的出现

拓片是金石文物信息的承载体，是金石学研究的重要辅助资料，所以全形拓必然是金石学发展催生的一种拓片技术。金石学在宋代初创后，经过了几百年的平缓发展。清嘉道年间，受高压文化政策的影响，众多学者在相互促动下，以前所未有的热情投身于金石研究中，将金石学推向极盛。学者们开展了频繁且广泛的学术交流，伴之而来的是学者们对器物综合信息的强烈渴望。而之前仅捶拓铭文、花纹而不呈现器形的平面拓，自然达不到金石学家的要求。

宋代发展起来的雕版印刷术耗时耗工，既无法将金石学家新得器物的形制等综合信息进行及时传递，又耗费较高成本，难以长期持续进行。同时，雕版印刷方式呆板的弊病也引起了当时学者的审美疲劳，无法满足他们更高的审美情趣需求。于是，金石学家及优秀拓手希望能够实现传拓技法的突破，在他们的积极探索与研究下，全形拓这一全新技法应运而生。

5.2 全形拓片制作技术发展的流派与阶段

综合各种史料和文物研究来看，全形拓片的制作技术大致经历了三个发展阶段：滥觞期、发展期和繁荣期。

5.2.1 滥觞期

全形拓片制作技术是伴随着金石学研究达到一定程度而产生的，由于没有照相技术，在对透视图像有所需求的情况下，在传统平面拓印的基础上逐渐形成了全形拓片制作技术。

据现有资料可知，全形拓制作技艺大约出现于清嘉道年间（19世纪初），由马起凤、六舟等始创。《前尘梦影录》有载："吴门椎拓金石，向不解作全形，迨道光初年（澍）浙禾马傅岩能之，六舟得其传授……阳湖李锦鸿亦善是技，乃得之六舟者。"[①] 马起凤，字傅岩，浙江嘉兴（嘉兴简称禾城、禾）人，生平不载。令人遗憾的是，除《金石屑》收录一件其制作并题跋的汉洗全形拓外，未见其制作的全形拓实物传世。马起凤弟子释达受（1791—1858），字六舟，以字行。后世多称其为六舟，嘉兴海昌（今浙江海宁）人，主西湖净慈寺。嗜金石，精鉴别，"壮岁行脚所至，穷山邃谷之中，遇有摩崖必躬自拓之，或于鉴赏之家得见钟鼎彝器，亦必拓其全形"[②]，与当时金石名家交游极广，尤与阮元契交，阮元赞之"金石僧"。

这一时期的全形拓制作技艺大致有以下几个特点：

① （清）徐康：《前尘梦影录》卷下，商务印书馆1937年版，第47页。

② （清）释达受：《宝素室金石书画编年录》，见《北京图书馆藏珍本年谱丛刊》第144册，北京图书馆出版社1999年版，第289页。

（1）受技术限制，这一时代所拓印的文物按器形分以小件为主，常见的有钟、洗、灯以及兵器、车马饰等，形制简单，捶拓相对容易。被公认为时代最早的马起凤所拓汉洗全形拓片，从《金石屑》一书所刊图像来看，实际上仅由两素面组成，拓制方法较为简单，图像透视不佳，或者可以说仅仅是展现了两个不同的面。由于这一时期全形拓制作技艺各方面捶拓技术尚不成熟，复杂的器物的拓片制作不仅费时费力，而且也未能逼真。

在这一时期，受到金石学发展影响，拓本馈赠之风盛行，为了应酬之需，藏家往往将文物图形画成图后，用木板锯成器物外形，将纹饰雕刻于木板上，拓其边缘而得器物边缘，拓雕刻出的纹饰而得到带有一定透视的器物全形拓片。此方法不属于真正的全形拓，仅可以看作是全形拓制作技艺的替代分支。如六舟焦山鼎全形拓本（上海朵云轩 1998 年秋季拍卖会拍品），上有阮元题跋：“此图所摹丝毫不差，细审之，盖六舟僧画图刻木而印鼎形，又以此纸口小之以拓其铭，再细审之，并铭亦是木刻。”木刻版拓本与直接拓印原器物所得之拓片比较，缺乏从铜器上拓下来所特有的金石味，相反，木质纹理时有显露，整体气韵上相差甚远。阮元藏器中也常见此类翻刻本。徐珂《清稗类钞》中曾提道：“阮文达家庙藏器，有周虢叔大𬍡钟、格伯簋、寰盘、汉双鱼洗，皆无恙，惟全形椎拓不易，因而真迹甚稀。况夔笙求之经年，仅获一本。复本所见非一。石刻较优于木，然真赝相形，神味霄壤，可意会不可言传，不仅在花纹字画间也。”①

（2）不讲究透视，习惯以拓平面的方法来拓立体。马子云先生曾批评以往的全形拓“名为立体，实如同平面，器上的花纹只拓一半，器耳，提梁，只拓前边一面，所拓的墨色分不出阴阳，中间与边际均成一色，如同木刻印成”。这在早期全形拓本中表现得尤其突出。如彝的早期全形拓（朵云轩 1999 年秋季拍卖会拍品，原注为六舟拓），如果去掉口沿部分，就纯粹只拓了器物的一面。口沿也似乎是为了体现是立体拓而勉强接上去的，与整器感觉极不协调。

（3）捶拓工艺未做到尽善尽美，有些拓本的墨色似有草率之嫌，如徐珂《清稗类钞》评阮元家藏虢叔旅钟全形拓：“真器拓本，悉出阮氏先后群从之手，墨色

① 徐珂编撰：《清稗类钞》，见第九册鉴赏类《阮文达家庙藏器》，中华书局 1986 年版，第 4335 页。

浓淡不匀，字口微漫，不能甚精。”此拓本的情况正可与文献记载相印证。就目前掌握的图像材料来看，这一现象在早期的全形拓本中似乎并不少见。推测其原因，除了技术尚未娴熟外，可能还与器物未经除锈便直接捶拓有关。由于出土青铜器陶器等器物年代久远且埋于地下，往往腐蚀严重或有各种附着物，在进行传拓前一般要先除去表面的锈蚀和钙化物等附着物，否则拓出来的纹饰、字迹不可能清晰。然而，铜器除锈一直是个难题，当时金石藏家之间的往来信函中常有涉及咨询对方“剔字之法”的内容。至于整个器物除锈后再拓全形，在早期应无人去刻意为之。

5.2.2 发展期

同光时期（19 世纪下半叶）为全形拓制作技艺的发展期，代表人物为陈介祺。陈氏（1813—1884）字寿卿，号簠斋等，清代金石学领军人物之一。其收藏宏富，凡有文字之品类皆入藏，且鉴赏力卓越，考释精准。陈氏基于传古思想，极度重视传拓，甚至认为“拓与刻之功与藏器并大，刻精则至极，惟工匠得古意不易耳”[①]。更难得的是他能付诸实践，积极吸收他人长处，形成了一套非常完善的技法，在全形拓制作上取得重要成就，其独有的古韵之风对全形拓技法发展产生了巨大影响，并直接带动潍坊地区成为当时全国全形拓制作的中心地区之一。吴大澂赞之“三代彝器之富，鉴别之精，无过长者；拓本之工，亦从古所未有”[②]。

陈介祺全形拓法有以下几个特点：

（1）绘图之法更趋准确合理。全形拓法和一般平面拓很大的不同在于，传拓前需先绘出一幅器形的原大草图，在图上勾出细部位置及各处的透视关系，确实无误后，再用铅笔将草图过到拓纸上，按所绘出的部分分若干次上纸上墨。陈介祺《陈簠斋笔记附手札》中云：“作图之法，以得其器之中之尺寸为主。以细竹筋丝或铜细丝穿于木片中，使其丝端抵器，则其尺寸可准。然此法却未曾试，理却甚明。他人则以意绘，以纸背剪拟而已。”[③]在此之前，绘图或“以灯取形”，或纯如陈氏

---

① （清）陈介祺著，陈继揆整理：《秦前文字之语》卷一，齐鲁书社 1991 年版，第 4 页。

② （清）谢国桢：《吴愙斋尺牍·光绪元年十二月三日致陈介祺书》，见《近代中国史料丛刊》第 72 辑第 714 册，台湾文海出版社 1992 年版。

③ （清）陈介祺：《陈簠斋笔记附手札》，见王云五主编，韩崇撰：《丛书集成初编》艺术类第 1531 册，商务印书馆 1936 年版，第 6 页。

所言多“意绘”，陈氏在绘图技法上的改进，使得其所拓器物形制整体比例准确，结构合理，与前人相比确实前进了一大步。

（2）多采用分纸拓法。所谓分纸拓，即“以纸褙挖出后，有花文耳足者，拓出补缀，多者去之使合”[①]。具体说来，就是将拓纸按照需要分成若干块，逐一放置到器物的相应部位进行捶拓，最后拼成全图。这种方法上纸较容易，但拼接需要一定的技术。与分纸拓法不同的整纸拓，原则上要求用一张纸完成对整个器物的墨拓。由于拓纸不能做任何裁剪，所以上纸过程中需随器物形体变化分段分次完成拓制，十分费工。而且每次上纸不可贪多，移动部位不宜过大，每移一次都要衔接好花纹线条，始终要在所绘出的线内进行，绝不可延伸到线外，否则会造成器物失真变形。显然，整纸拓的难度远大于分纸拓法。两种拓法孰优孰劣，历来各家看法不一。陈介祺本人认为“整纸拓者，似巧而俗，不入大雅之赏也”[②]。但有人则主张唯有整纸拓才算得上是真正的全形拓法。由于分纸拓法相对简单，易于普及，清末民初此类用分纸拓的全形拓本时有所见，恐与陈介祺拓法的影响不无关系。

（3）所用纸墨特点鲜明。陈氏拓本用纸多为螺纹纸，颜色洁白，质地细薄柔软，据说乃由吴大澂在南方定制。陈氏用墨也有自己的一套原则，他在谈及所拓碑石用墨特点时曾概括为“不拘浓淡，以浓不浸入画里，淡而笔锋逼真为妙，全在视纸干湿之候及调墨轻重也。纸干则墨燥而粘，纸湿则墨走而模糊；以干湿得中，通幅一色，字之精彩，全现为上”[③]。陈氏所拓北魏曹望憘造像精拓本，往往用浓淡不同的墨色拓出，人面用蝉翼拓，面部的细条纹清晰可见，服饰及车马部分则用乌金拓，很有层次感，堪称佳作。

5.2.3 繁荣期

全形拓制作技艺的繁荣期大致在清末至民国时期（19 世纪末 20 世纪初）。这一时期主要有两个特点：一是由于制作技艺融汇了西方传入的透视、素描等理论，构图趋向科学，并且利用墨色表现光线明暗变化，使所拓器物立体感大大增强，整

---

① （清）陈介祺：《传古别录》，清光绪五年刻本，第 3 页。

② （清）陈介祺：《传古别录》，清光绪五年刻本，第 4 页。

③ （清）陈介祺：《访碑拓碑笔札》，《潍县文献丛刊》第 2 辑，潍县和记印刷局，1933 年。

体风格由古朴形象趋向逼真写实。二是全形拓片制作的技术开始扩散，很多不知名的藏家也开始自行摸索全形拓片技术，并有不少作品存世。

这一时期的主要代表人物有周希丁、马子云等。

周希丁（1891—1961），本名康元，字希丁，清末江西临川人。民国时期在北京琉璃厂开设“古光阁”古玩店，新中国成立后在首都博物馆等单位任职，负责摹拓古器物和文物鉴定工作。周希丁先生可谓20世纪全形拓的第一大家。古文字学家陈邦怀评周希丁的拓印手法“审其向背，辨其阴阳，以定墨气之浅深；观其远近，准其尺度，以符算理之吻合”①。可见其艺术成就之高。周希丁的拓本也称“周拓本”，其后期作品金石味道浓郁，色彩明暗得当，加之用纸用墨讲究，往往给人一种匀净苍润之感。

马子云（1903—1986），陕西合阳人。1919年进入北京琉璃厂碑帖铺庆云堂当店员，1947年受聘于故宫博物院，曾任故宫博物院研究馆员、国家文物鉴定委员会委员，负责传拓铜器，并从事金石鉴定和研究。马子云曾这样回忆早年摸索全形拓片制作技艺的经历：“欲学传拓铜器之立体器形，即在各处求教，皆一一碰壁。无法，只好自己努力钻研，经过二年苦研，始能拓简单之器形。予仍继续努力掌握钻研，终于拓成一比较合理之虢季子白盘立体器形。”现藏故宫博物院的虢季子白盘全形拓片正是其代表作。

这一时期的全形拓片作品还呈现出一个特点，工匠开始用墨色浓淡来表现光线的明暗变化，这是中国传统传拓技术吸收了西方绘画透视法之后的又一大创新。但是过多受到透视学的影响，器物拓片整体会呈现出呆板的气质，给人以工业复制品的感觉，失去了一些中国金石学和传统文化的传神韵味。

民国时期是全形拓片制作技艺的顶点，同时也是这一技艺没落的开始。受摄影、印刷等快捷批量图形复制技术的冲击，全形拓保存文物器形图形资料的实用功能大为减弱，逐渐走到了金石研究中的边缘境地。新中国成立后，文物展览大量举办，观众可以直接观看之前接触不到的精美文物，同时照相图形复制技术更加发达，使大众获取相关文物资料更加便捷，最终导致全形拓几乎绝迹于世，除了民国的老工匠，掌握这门技艺的人越来越少。

---

① 《石言馆印存》序，1916年钤印本。

到了近几年，非物质文化遗产的概念逐渐兴起，全形拓片制作技艺也被越来越多的人所关注，并随着各种形式的推广重新为大众所熟知。越来越多的博物馆、收藏单位的研究人员如中国农业展览馆贾文忠、山东博物馆宋朋遥等人，开始重新研究这项技艺，并将其发扬光大，全形拓片制作技艺重新走入大众的视野。

5.3 馆藏全形拓片研究

5.3.1 齐侯罍拓本轴（齐洹子孟姜壶拓本）

齐侯罍，亦称齐洹子孟姜壶、齐侯壶等，春秋晚期器，共2件，形制、大小相同，铭文相近。记录了齐侯女儿洹子孟姜家有丧事，齐侯欲服丧，但这与礼制不合，所以他向周天子请示并得到许可之事，对研究春秋礼制有着重要的史料价值。

此拓本为阮元监制，嘉庆十八年（1813）阮元自安邑宋葆淳处得到其中一件齐侯罍（《殷周金文集成》编号09729），阮元非常重视这件齐侯罍，得之后玩之最久，绘图刻石一再考释，继以歌咏，珍为大宝。将此器物与“虢叔大林钟（虢叔旅钟）”“寰盘”“汉双鱼洗”并列置于家庙中祭祀祖先，故统称“阮氏家庙四器”。四器现藏于国家博物馆。

苏州贝氏（《筠清馆金石录》载）、曹载奎递藏另一件。两件齐侯罍后都归于吴云，吴氏欣喜不已，易其斋名“两罍轩”。现阮氏旧藏之罍归中国国家博物馆，曹氏旧藏之罍归上海博物馆。

此次报修的拓本为“阮氏监拓”所藏件，钤印“阮元伯元父印”“禄膺钟鼎羹和盐梅”“惕勤审定”“慈园所藏金石文字”。拓本整体布局上为铭文拓片下为齐侯罍拓本，俯视构图，比例协调，壶口、器身过渡自然。用墨浓淡、虚实结合，多层次的立体空间感强，特别是两侧的衔环兽首，于简洁明了的虚实间栩栩如生，表明该拓工非同一般。但在铭文墨蜕的制作上略有瑕疵，每纵栏底部有若干字不甚清晰。这一方面是因为150余字铭文全部密布在空间极小的束颈内，越往下部越不方便捶拓，制拓难度极大，连陈介祺也感叹“器之难拓，莫过于两齐侯罍”[①]；另一方面，

① （清）陈介祺：《传古别录》，清光绪五年刻本，第3页。

束颈也使得制拓者不太容易判断拓纸下半段的干湿度，此铭文墨蜕上墨即略微急躁，底部墨色略有洇染且不均。

阮元自跋其端，曰：“此真孔子适齐闻《韶》时所铸器，《说苑》全合闽陈庆镛通释。”（钤“阮元伯元父印”）吴氏亦有跋，曰：“右案此器盖齐侯朝于王，王为立乐。因报聘于齐陈氏为作《韶乐》，祭于庙以迎天子之宾而行飨礼之事也。颐性老人得此罍于纂刻《积古斋钟鼎彝器款识》之后，故书中所未载。释详《齐陈氏韶舞乐罍上篇》。丙午初冬，因贺重宴鹿鸣，来甥馆贻予一器一铭拓本，藏之诚厚幸矣。壬子春二月花朝。吴慈谨识。”（钤“臣慈”印）“重宴鹿鸣”，即“重新赴鹿鸣宴”，是清代科举中对乡试中举者满60周年的一种庆祝仪式。此拓即道光二十六年（1846）吴氏祝贺自己岳父阮氏获此项殊荣时得到的赠品。阮氏、吴氏对此器的定性，源自陈庆镛《齐陈氏韶舞乐罍通释》。因对有些铭文的释读出现错误，陈氏的定性整体出现偏差。洹子孟姜壶二器声名远播，阮元、许翰、龚自珍、吴式芬、朱椒堂、张廷济、何绍基等先后释文。当时考释最详博、影响较大的即陈氏。吴云《两罍轩彝器图释》、吴荣光《筠清馆金文》等无不采用其说（图5-1、5-2、5-3、5-4）。

5.3.2 周齐侯罍格伯簋拓本轴（齐侯罍、师酉簋、叔朕簠三器合拓本）

师酉簋，西周中期器，共4件，铭文104字，一为阮元、吴云、金香圃递藏；一为端方、顾寿康、冯恕递藏；一为朱筱沤、徐乃昌递藏；一为阮元、吴云、陈受笙、朱筱沤递藏，除此器后调拨中国国家博物馆，其他均现藏北京故宫博物院。叔朕簠，春秋早期器，共2件，一有铭文36字，阮元、周季木递藏，现藏上海博物馆；一铭文存28字，现藏北京故宫博物院。

比照各器，此次报修拓本中的齐侯罍为阮元旧藏，师酉簋为阮氏、吴氏旧藏，叔朕簠为阮氏、周氏递藏。从各器流传经历来看，唯有阮氏方能三器同拓一纸，故此拓亦有可能为阮氏监拓（图5-5）。三器皆为俯视构图，总体而言，齐侯罍、师酉簋构图比较协调，器口过渡自然，各部位比例合理；叔朕簠构图次之，方形器口透视构图失调，这是普遍存在的通病，盖器物多圆口而少方口，早期制拓者接触少而普遍尚未总结出应对经验。该拓本用墨中度且较均匀，阴阳面浓淡用墨

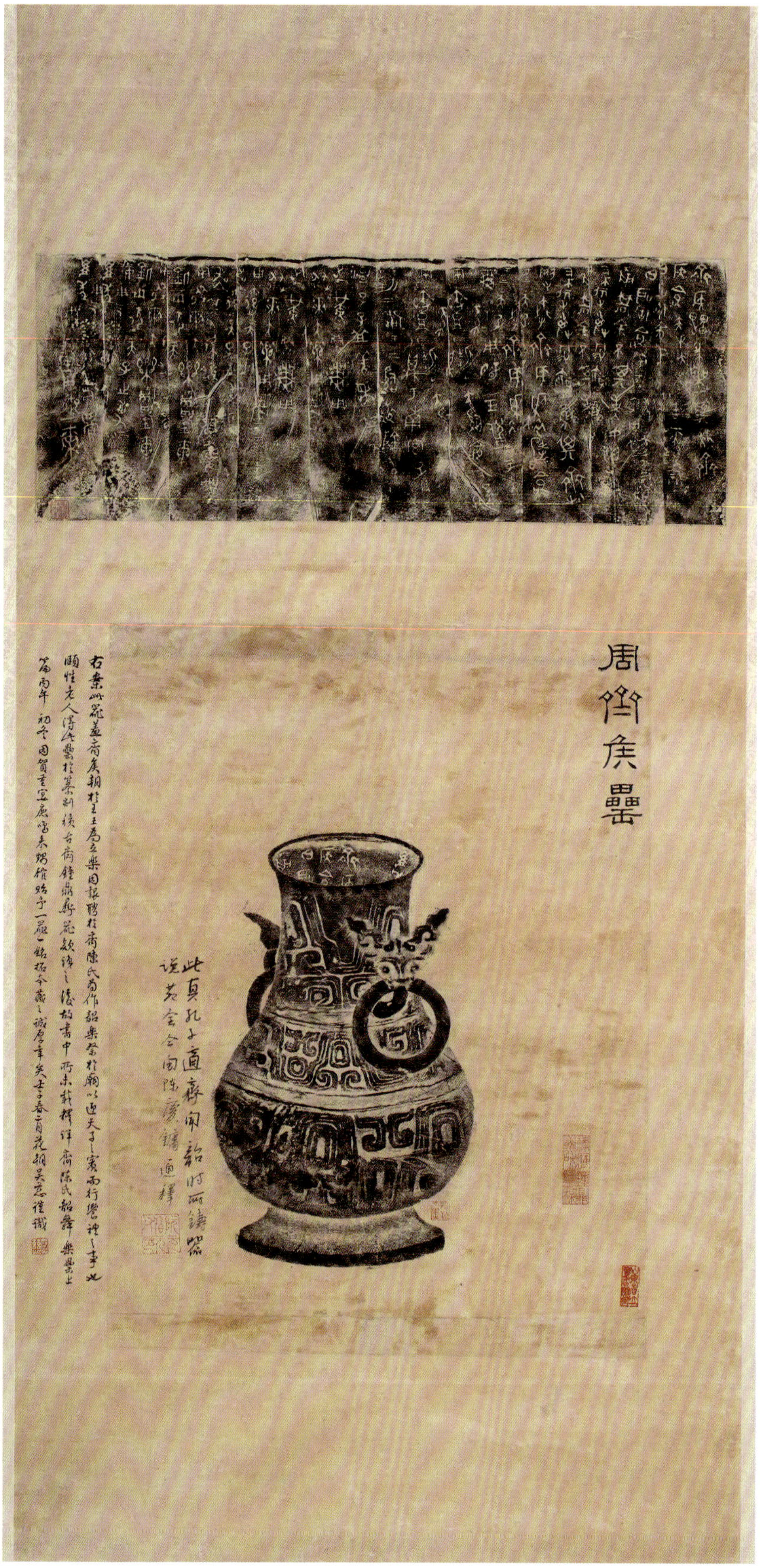

图 5-1　齐侯罍拓本（阮元监制）

图 5-2　吴慈铃印“慈园所藏金石文字”“臣慈”“惕勤审定”

图 5-3　阮元铃印“阮元伯元父印”

图 5-4　铃印“禄膺钟鼎羹和盐梅”“山东省立图书馆藏”

虽不明显，但壶兽首衔环、簋盖、簋足等处基本能表现出立体感。该拓本虽非精品，但也算合格，并钤“奠盦所藏吉金”印（图 5-6）。“奠盦”疑似徐荫田（？—1951）之号，其字少山，号奠盦，又号周遗，山东黄县（今龙口）人，喜书画金石，所藏颇丰。

5.3.3 清寰盘拓本轴

寰盘，西周晚期器，有铭文 103 字，现藏北京故宫博物院。

铭文为：

隹廿又八年，五月既望，庚寅。王在周康穆宫。旦，王各大室。即位。宰頵右寰入门，立中庭，北向。史□受王命书，王呼史減册。赐寰玄衣、黹纯、赤市、朱黄、䜌旂、攸勒、戈琱、䧹□必、彤沙。寰拜稽首。敢对扬天子丕显段休命。用作朕皇考郑伯、郑姬宝盘。寰其万年子子孙孙永宝用。

图 5-5　齐侯罍、师酉簋、叔朕簠合拓本

图 5-6　钤印“奠盦所藏吉金

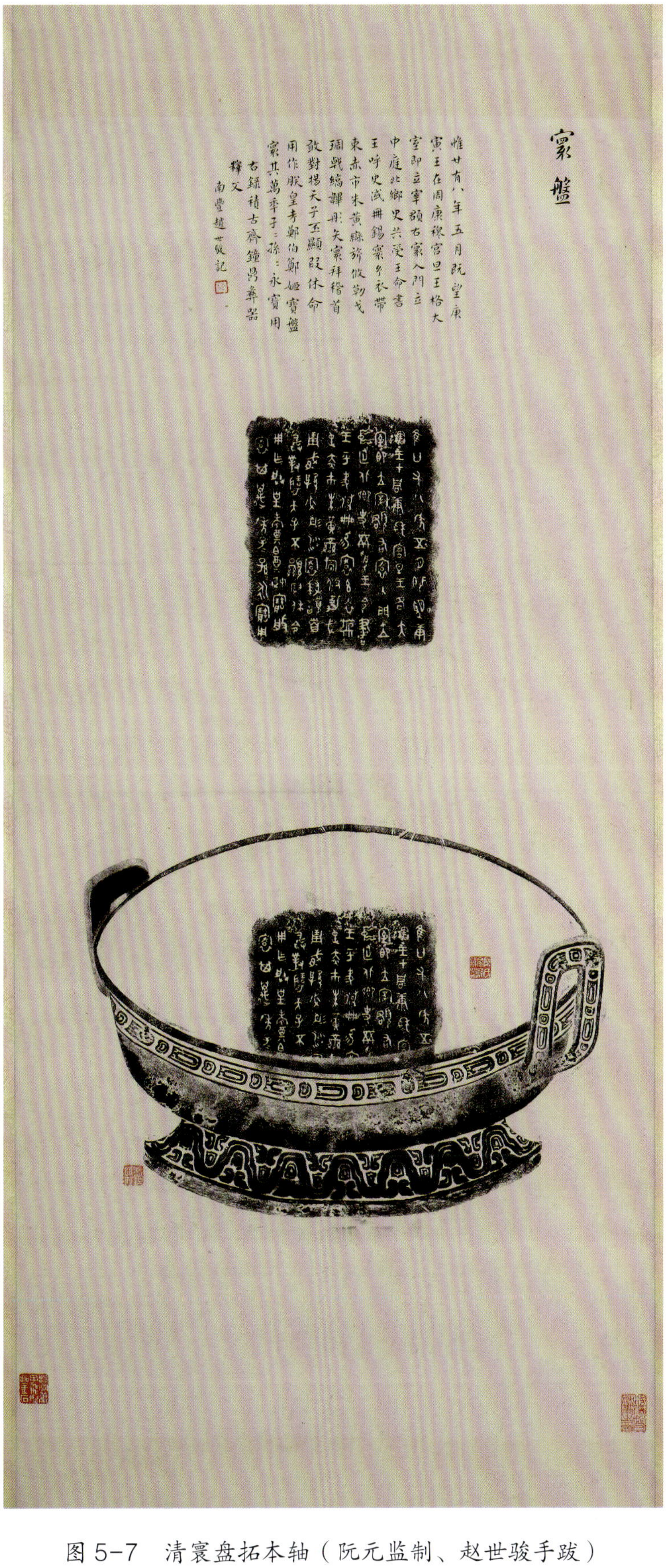

图 5-7　清寰盘拓本轴（阮元监制、赵世骏手跋）

此次报修的共有三件阮元监制寰盘拓本轴，其中一件钤有“阮氏家庙藏器”，为阮氏监拓本（文物号 51188），跋文为赵世骏手书阮氏《钟鼎彝器款识》寰盘铭文释文，钤“声伯审定”“浚仪赵氏秘笈之印”（图 5-7、5-8、5-9）。赵世骏（？—1927），字声伯，号山木，江西南丰人，官内阁中书，喜金石，擅书法。得于项氏时当是整套拓本，惜馆藏仅半璧。其上铭下图，俯视构图，图中再含铭，器口比例协调，其他部分合理，用墨浓淡结合，花纹清晰，锈迹感明显，立体感较强。又钤印“扬州萧子飞所拓金石”（图 5-10），拓工为萧子飞，其事迹失载不可考。

图 5-8　赵世骏钤印三枚

图 5-9　阮元钤印“阮氏家庙藏器”

图 5-10　拓工钤印“扬州萧子飞所拓金石”

第二件寰盘（文物号 51201）拓本构图、拓工水平与第一件相同，纹饰更加清晰，钤有“阮氏家庙藏器”，也为阮氏监拓本。又钤“丽生所拓”，丽生亦失载，据传世拓本来看当与亦佚传的萧子飞等同为阮氏常用良工（图 5-11、5-12、5-13）。

图 5-11　寰盘拓本轴（阮元监制、丽生拓）

图 5-12 阮元钤印“阮氏家庙藏器”

图 5-13 拓工钤印“丽生所拓”

第三件寰盘拓本轴（文物号 51437）左下方钤印“髯僧所摹吉金全像印”，说明施拓者正是“金石僧”达受。拓本轴上铭下图，图又含铭，为轻微俯视构图。六舟僧用其所擅长的淡墨施拓，纹饰清晰，器口规整，技艺精湛，十分珍贵。拓片右侧钤印“颐性延龄”“扬州阮氏家祠藏器”，监拓者为阮元。上部所拓铭文处钤印“吴慈”“慈园所藏金石文字”，即此拓片为吴慈所藏，又有吴慈手跋：“嘉庆九年先外舅文达公抚浙时得此器，铭凡一百三字，与虢叔大林钟并宝。其实正造家庙，分嵌于东西壁中，墙内凿孔两耳，穿以铜索系之，四周砌以石板护之，珍重极矣。余于丁未之春计偕北上，道出广陵遇诗僧六舟于梅花岭下，嘱为余拓全形藏之行箧，每一展对，犹忆昔馆庙东时雅结金石缘也。亲朋凋谢，古道寥落，述此以志追慕。壬子三月望后五日慈记。”下方钤印“吴慈”“臣慈”“小天籁阁印”（图 5-14 至图 5-18）。

吴慈，也作吴修梅，名公瑾，字惕勤，浙江钱塘人，廪生，协办大学士吴璥之子，阮氏之婿，知郁林、平度州、南宁府等。因收藏一张晋著名隐士孙登所有“天籁”款隋代铁琴而自号铁琴先生。吴慈娶阮元三女阮正（慈），与阮氏身边金石家多相熟，嗜好古物，擅拓金石。跋文证实阮元于嘉庆九年（1804）得寰盘并藏于家庙中，道光二十七年（1847）吴慈北上赴京，请六舟即僧人达受拓此器，并印吴慈鉴藏章“惕勤审定”。

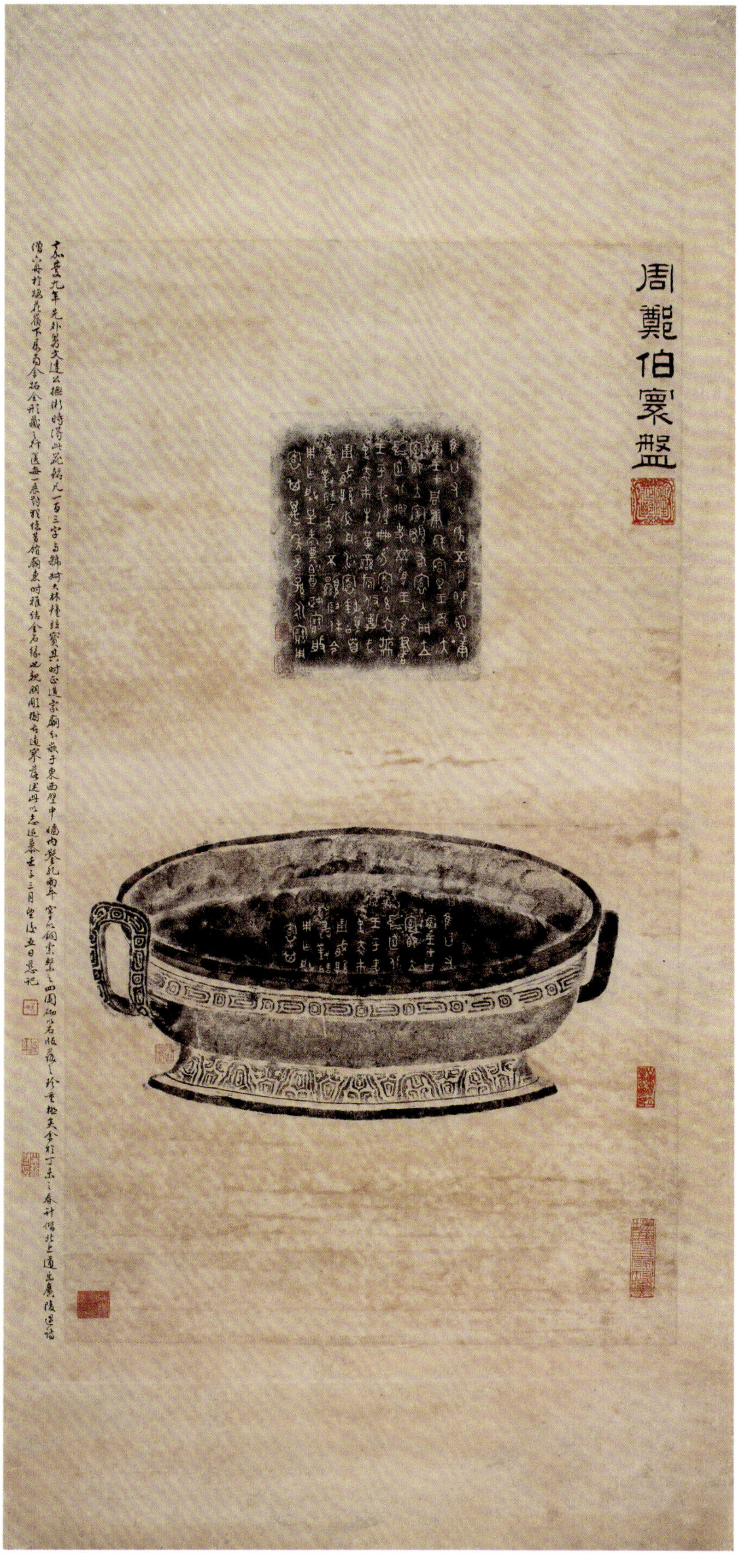

图 5-14　寰盘拓本轴（阮元监制、吴慈手跋）

图 5-15　吴慈钤印

a.“吴慈”　b.“慈园所藏金石文字”　c.“吴慈”　d.“臣慈”　e.“惕勤审定”　f.“小天籁阁印”

图 5-16　达受钤印“髯僧所摹吉金全像印”

图 5-17　阮元钤印“颐性延龄”“扬州阮氏家祠藏器”

图 5-18　钤印“山东省立图书馆藏”

5.3.4 虢叔大林钟拓本轴

虢叔大林钟，也称虢叔旅钟，西周晚期重器，为成套编钟，共 7 件，皆有铭，记录虢国国君旅为宣扬周王赏赐及祭奠父亲惠叔而制器的经过。相传于长安出土，先后为阮元、刘喜海、张廷济、陈介祺、孙星衍、潘祖荫、端方、曹秋舫、李宗岱等人所收藏。阮氏得其一，并将其作为家庙四器之一，现藏于北京故宫博物院。

本次保护修复项目中共有 2 件此器拓本。其一是尹彭寿跋、阮氏监制的虢叔大林钟拓本（文物号 51200），该拓本采用清代最常见的青铜钟制拓法：平视构图，舞部表现为线形，鼓部表现为轮廓，枚部以墨点代替，立体感的塑造完全依赖于甬部，整体古朴协调。用墨均匀厚重、浓淡适宜，虽器、铭合一，但花纹、铭文字口清晰，不失为良品。尹氏光绪十八年（1892）款跋曰：“周虢叔大林钟。道光乙巳春闱，先君在都，阮文达公所赠，盖积古斋器也。光绪壬辰八月中旬，诸城尹彭寿记于济南之西关尚志书院。”（钤“尹彭寿字慈经”印）由此可见，拓本系道光二十五年（1845）尹氏之父京城会试时受于阮氏的赠品（图 5-19、5-20）。尹氏，

图 5-19　虢叔大林钟拓本（阮元监制、尹彭寿跋）

字慈经，号竹年，山东诸城人。光绪十四年（1888）副贡，官沂州府署教授、沂州琅邪书院山长等。嗜金石，精小学。著有《汉隶辨体》《益都金石志》等。尚志书院，清季山东巡抚丁宝桢在李清照旧居创办的著名书院。书跋时，尹氏正就读于此。

图 5-20　尹氏钤印“尹彭寿字慈经”

其二是张廷济跋阮氏监制拓本（文物号 51435）。该拓本采用清代最常见的青铜钟制拓法：平视构图，虽图、铭合一，字口却非常清晰，胜过诸多传世拓本。更珍贵的是，拓本上有阮氏、张廷济手跋（图 5-21、5-22、5-23）：“虢叔大林钟海内有三，元所藏者铸工最精，审当家庙。初造时于后东壁留空留石板于版内，凿二孔用铜索穿钟系于石上，工毕加砖楣。凡多器皆如此，不可挪移一寸。精于拓者始能拓，或撞之，其声铿锵可听，不多撞之也。女婿吴修梅昔馆庙□时拓此本，今多年矣。道光丙午秋，颐性老人八十三。”（钤印“太傅”“阮元私印”）“嘉庆八年癸亥，淮南公得此钟，招廷济观于浙江节署，维时正纂《积古斋钟鼎彝器款识》。盖研究吉金文字时为最盛。吴铁琴州守为公之婿，丙戌之春，甥馆时拓得，属为记之。道光丙午六月六日。嘉兴七十九岁老者张廷济。”（钤“张廷济印”“眉寿老人”）张氏（1768—1848），即张廷济，字顺安，号叔未等，浙江嘉兴人，精金石考据之学，著有《清仪阁所藏古器物文》等。阮氏任职浙江时，二人交往密切。鉴赏印“筱麓眼福”印主丁彦臣（1829—1873），浙江归安人，宦游山东十余年。精鉴赏，富收藏。此拓本或即其任职时携来山东。

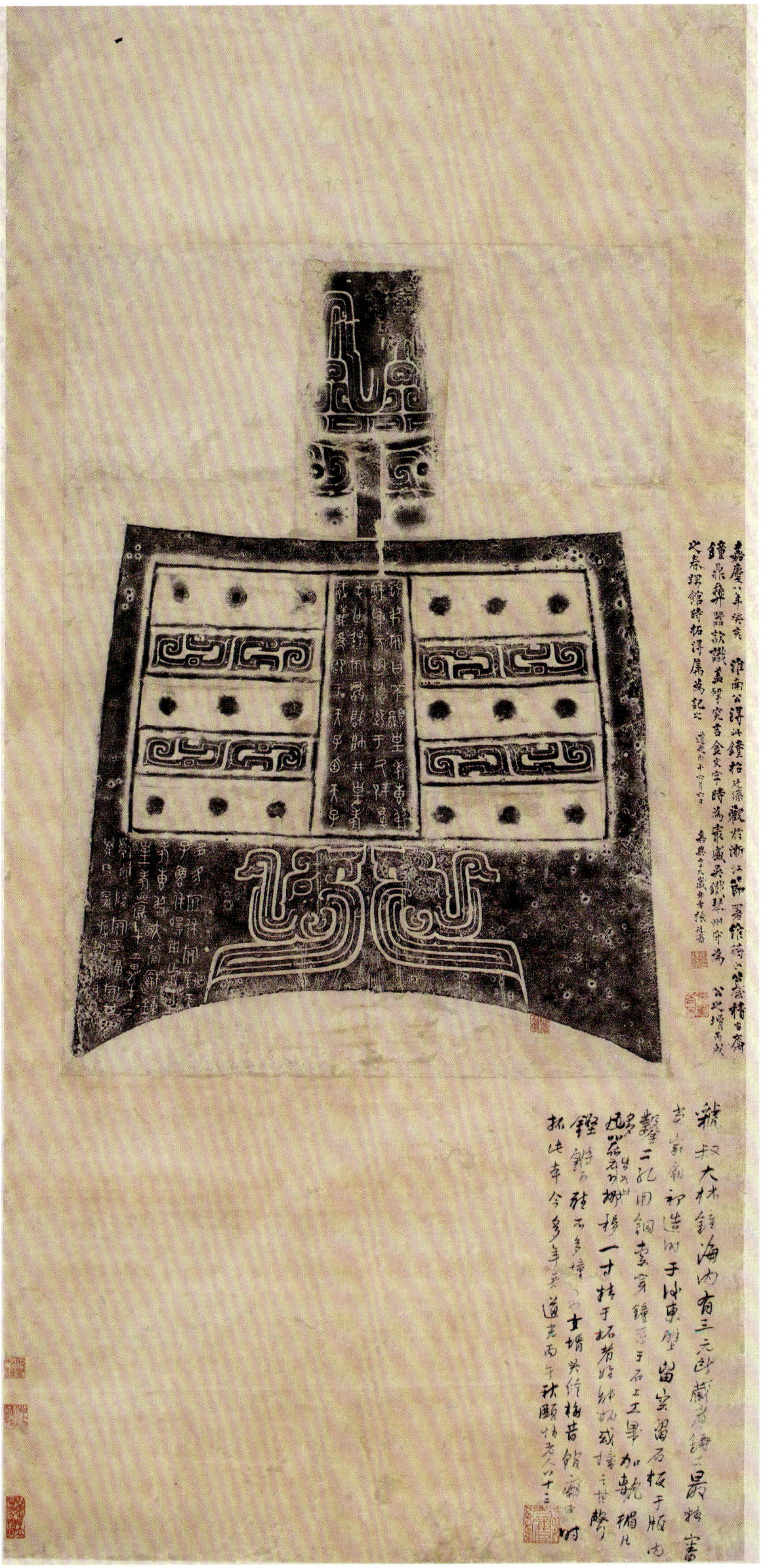

图 5-21　虢叔大林钟拓本（阮元监制、张廷济跋）

图 5-22　张氏钤印“张廷济印”“眉寿老人”

图 5-23　阮元钤印“阮元私印”“太傅”

5.3.5 右丞宫鼎拓本轴

右丞宫鼎，西汉甘露二年制，宫廷用器，器、盖同铭 33 字，吴康甫旧藏（钤印“龙瞑吴廷康印”“康甫”）。

此件右丞宫鼎拓本轴（文物号 51223）器、盖分体同拓，器、铭合一。俯视构图，比例协调，鼎盖、器口过渡自然，鼎身弧线圆润，透视效果佳。用墨阴阳、浓淡结合，鼎盖、盖足、鼎耳、鼎腹、鼎足用墨尤其成功，立体感强。该拓本整体呈现出干净利落的风格，颇有古风，良工精拓。容庚《秦汉金文录》收录此鼎，但无图传世，此拓本为重要的图形资料。丁氏有同治十二年（1873）跋称：“桐城吴康甫先生精六书之学，尤好金石。彦臣髫年侍宦皖江尝见之，后官吾浙，今老矣。此其所摹吉金，行箧相随已久，今赠容江大弟清赏。同治癸酉长夏，兄彦臣识于小石佛庵。”钤印“吴兴丁彦臣印”“物常聚于所好”（图 5-24、5-25、5-26）。

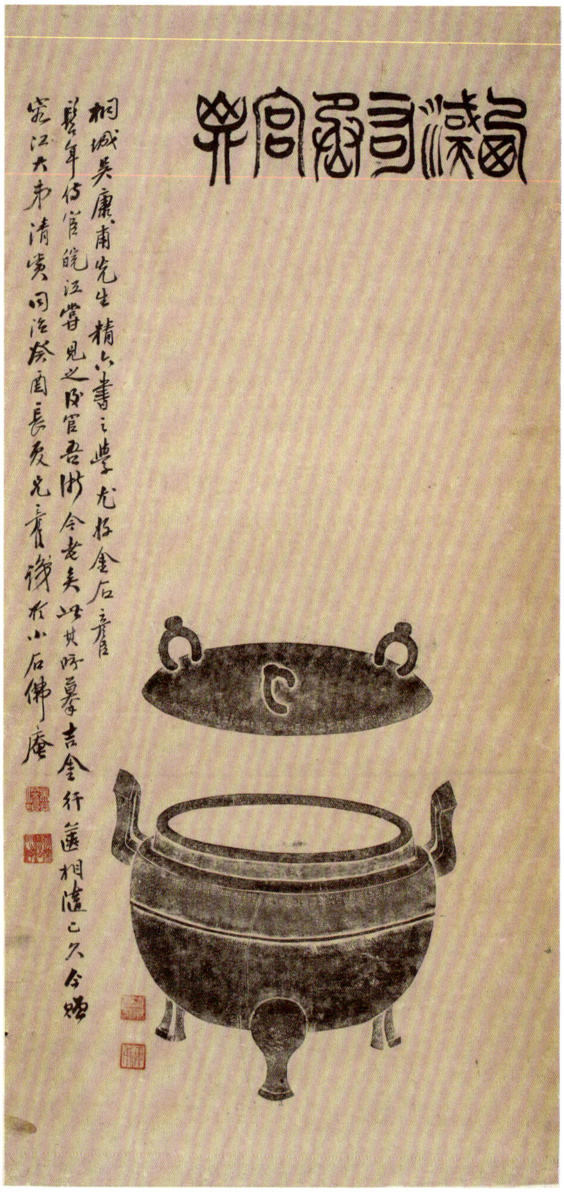

图 5-24　右丞宫鼎拓本轴

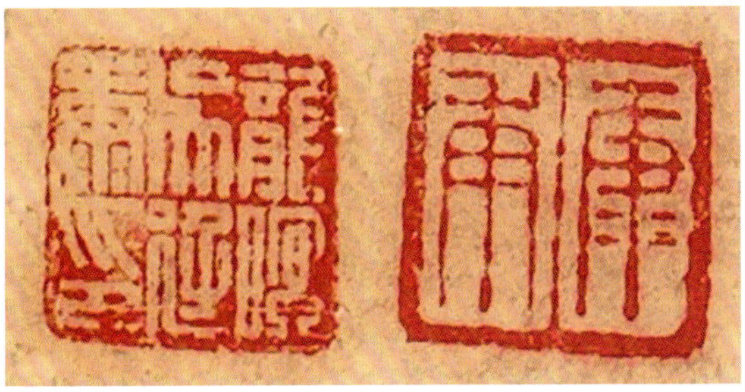

图 5-25　吴氏钤印“龙瞑吴廷康印”“康甫”

图 5-26　丁氏钤印“吴兴丁彦臣印”“物常聚于所好”

5.3.6 齐侯四器拓本屏

齐侯四器，光绪十九年（1893）河北易县燕下都故城出土，乃齐侯嫁女于燕的媵器，鼎、敦、盘、匜各一件，具有极高的史料价值。其铭文字体端正，笔画秀丽，也为金石学家所称道。此四器先归盛昱、李盛铎，至民国时转售于纽约大都会艺术博物馆，是流失海外的著名青铜礼器之一。

本次保护修复项目中的齐侯四器拓本屏（文物号 51353）保存齐全，铭文墨蜕清晰，所展示器形为俯视构图，古朴又不失协调，尤其注意通过墨色浓淡表现阴阳远近关系，手法略显粗犷却极好地体现了青铜器锈迹斑斑的沧桑感。王懿荣跋曰：“此四器近年直隶完县所出，与同治间山西荣河所出齐侯镈字形相同，即此五器文亦与宋人著录各齐器之文相出入，俱似姜齐之器，形制与秦汉之际各器相类，吾固疑其为宋人所仿，为后又入于土者，世有真鉴，请视此语。君锡先生属题。懿荣记。”钤“王懿荣印”。

1937 年，王献唐将此拓本收入公藏，并对伪器说提出异议：“齐侯四器。齐侯媵器四事，鼎一、敦一、匜一、盘一，清末易州出土，归盛氏郁华阁，今已流入美国博物院矣，墨本传世绝尟，全器拓形尤难获，此出原君锡手，且为山左东周文物，亟为本馆收之，廉生先生跋，疑宋人仿造，非也。二十六年五月十九日大风雨中□灯记于山东图书馆虹月轩，献唐。”钤“献唐”印等。拓工为原君锡，生平不详，今有王懿荣邀其传拓所藏的秦汉瓦当拓本册及吴大瀓邀其传拓的商父甲卣全形拓（现藏本馆）传世。由此可见，原氏系当时与金石大家多有来往的善拓之人。该组器物因出土后很快就流失海外，四器全形拓数量定然稀少，本馆所藏该四器拓本本系名工手拓，又经两位金石家题跋，更显珍贵（图 5-27 至图 5-31）。

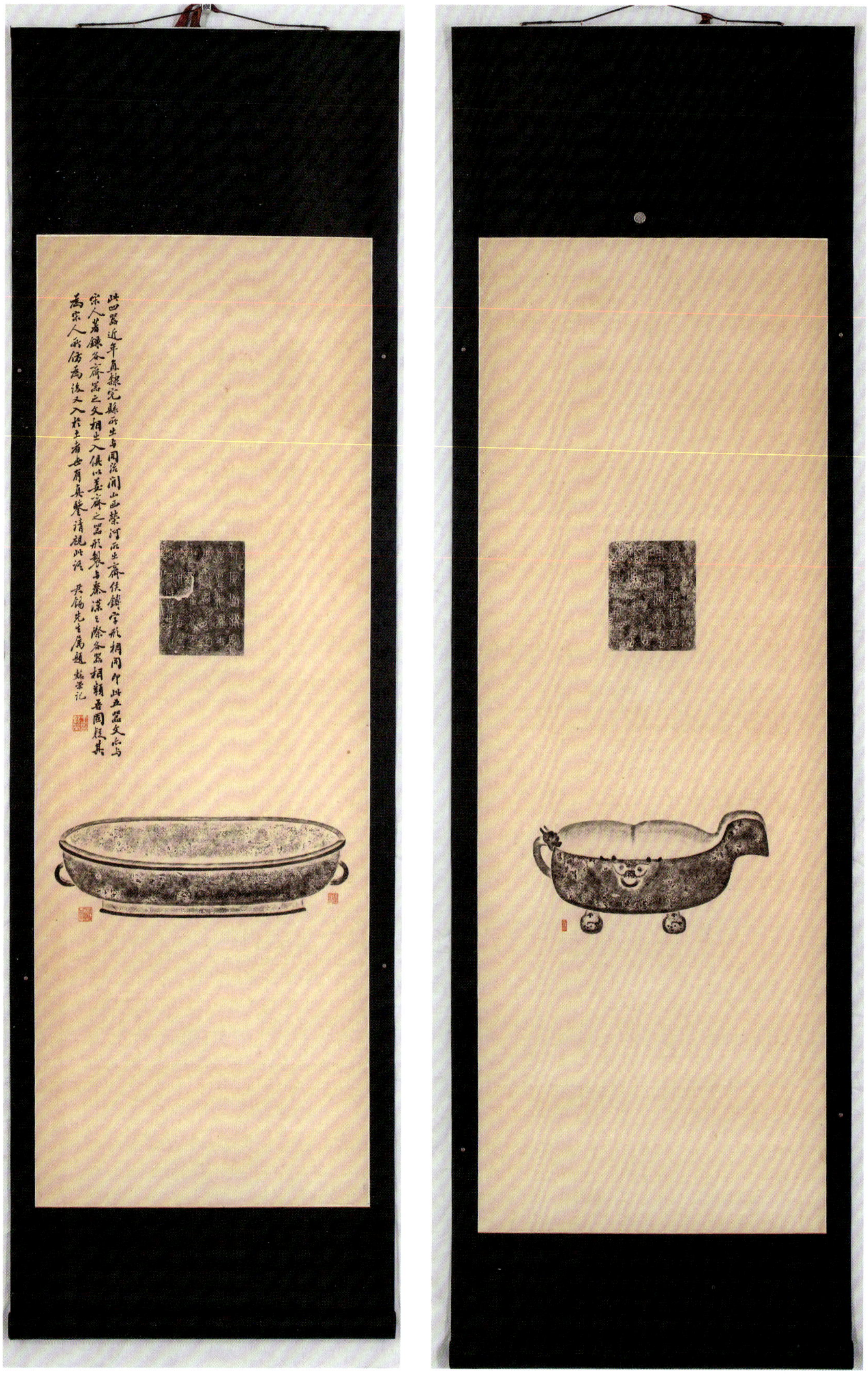

图 5-27　齐侯四器拓本屏（一）

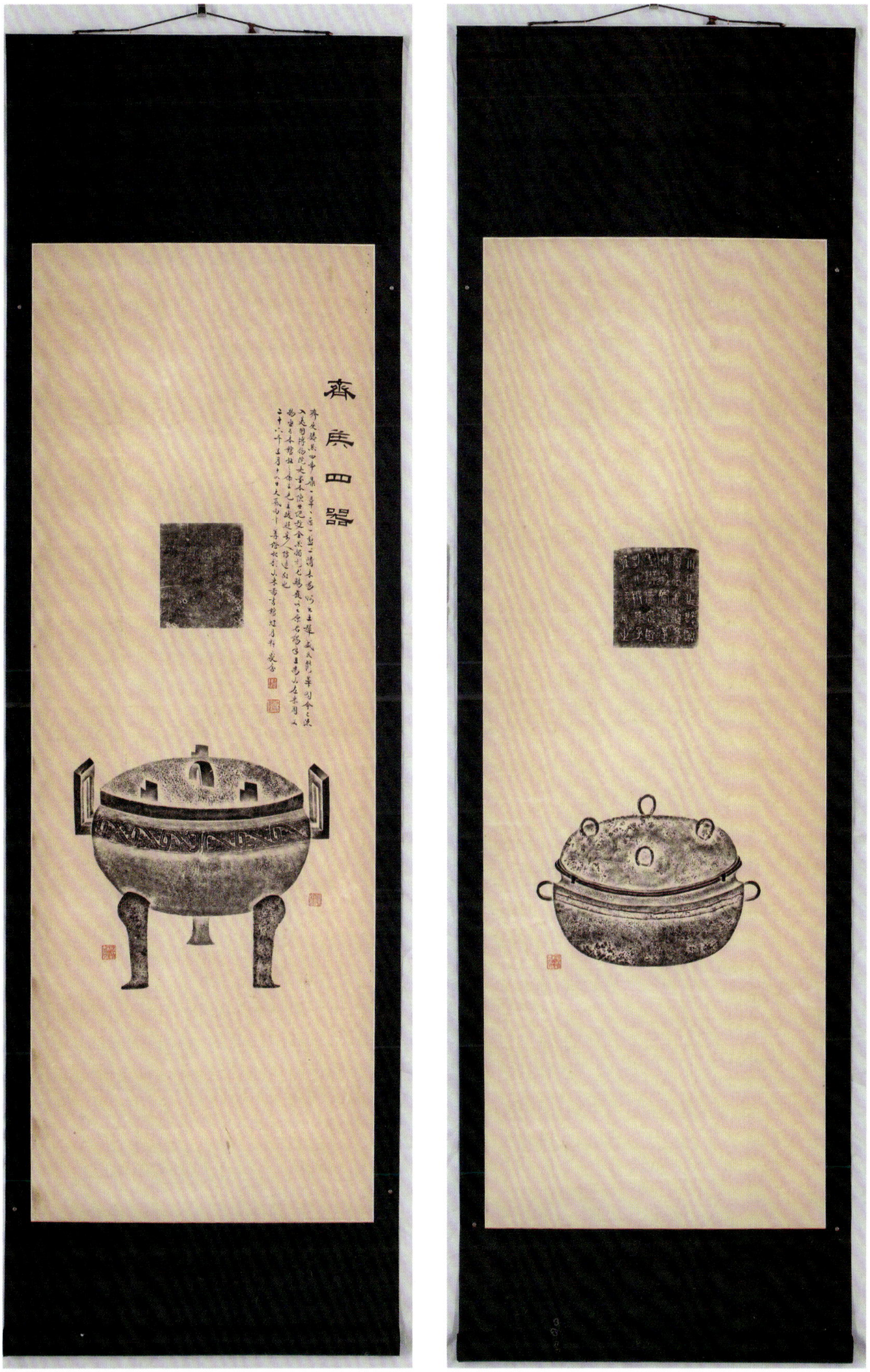

图 5-27　齐侯四器拓本屏（二）

图 5-28　盘拓本钤印“王懿荣印”“献唐审定”“原君锡所拓金石文字”

图 5-29　鼎拓本钤印“献唐”“凤生”“原君锡所拓金石文字”“山东图书馆藏”

图 5-30　匜拓本钤印“君锡拓”

图 5-31　敦拓本钤印“原君锡所拓金石文字”

5.3.7 陈簠斋藏陶器拓本屏

古陶文的发现及研究是陈介祺（簠斋）对中国金石学的重大贡献之一，陈介祺认为陶文的价值可与钟鼎、玺印、石鼓文等文字并称。陈氏大力搜集陶文，共得古陶残片 5000 余件及至少 63 件完整陶器。他曾将 63 件完整陶器拓赠吴大澂，“古陶今得邑人姚公符学桓作图，尚精细。今寄图屏六十二幅，又矢朐盘（有考未及书）大纸者一幅，共六十三纸”①，惜此批陶器不知去向，甚至未见目录传世，全形拓也非常稀见。本馆有幸藏有簠斋监制的其中 2 组 4 种陶器的全形拓。

本项目中所包含的陶器拓本即此 2 组拓本，每组 4 器（文物号 51498、51536）。所有拓本皆俯视构图，上铭下形。构图比例合理，器口协调，通幅淡墨的基础上，口沿等部位浓淡墨的转化既塑造了立体感，又极好地表现了陶质器物表面多气孔及砂砾的独特质感，皆属佳品（图 5-32 至图 5-35）。

图 5-32　陈簠斋藏陶器拓本屏（一）

① 〔清〕陈介祺著，陈继揆整理：《簠斋论陶》，文物出版社 2004 年版，第 44 页。

图 5-32 陈簠斋藏陶器拓本屏（二）

图 5-33 钤印“齐东陶父”“三代古陶轩”“秦铁权斋”“宝康瓠室”“齐鲁三代陶器文字”

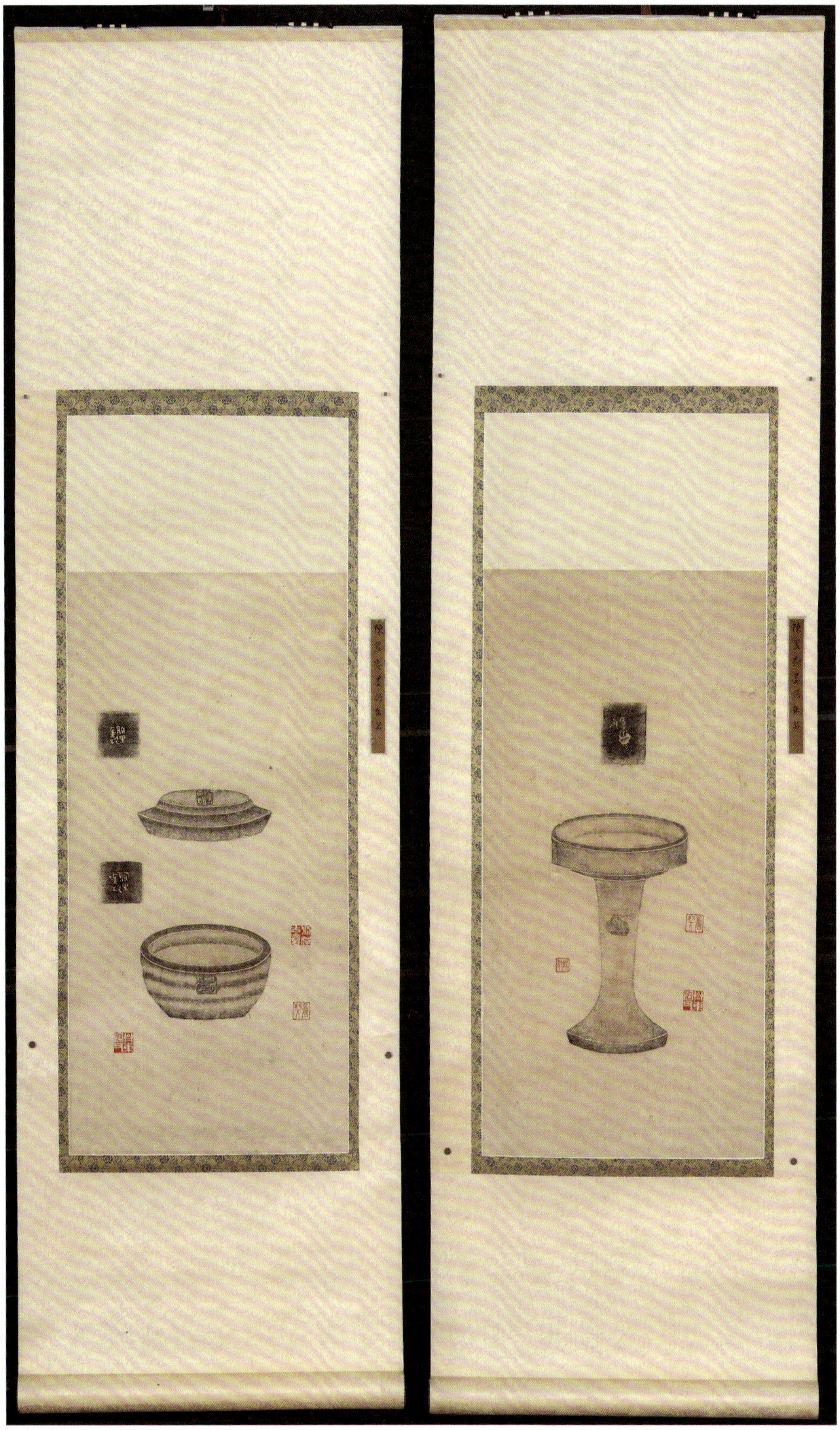

图 5-34　陈簠斋藏陶器拓本屏（一）

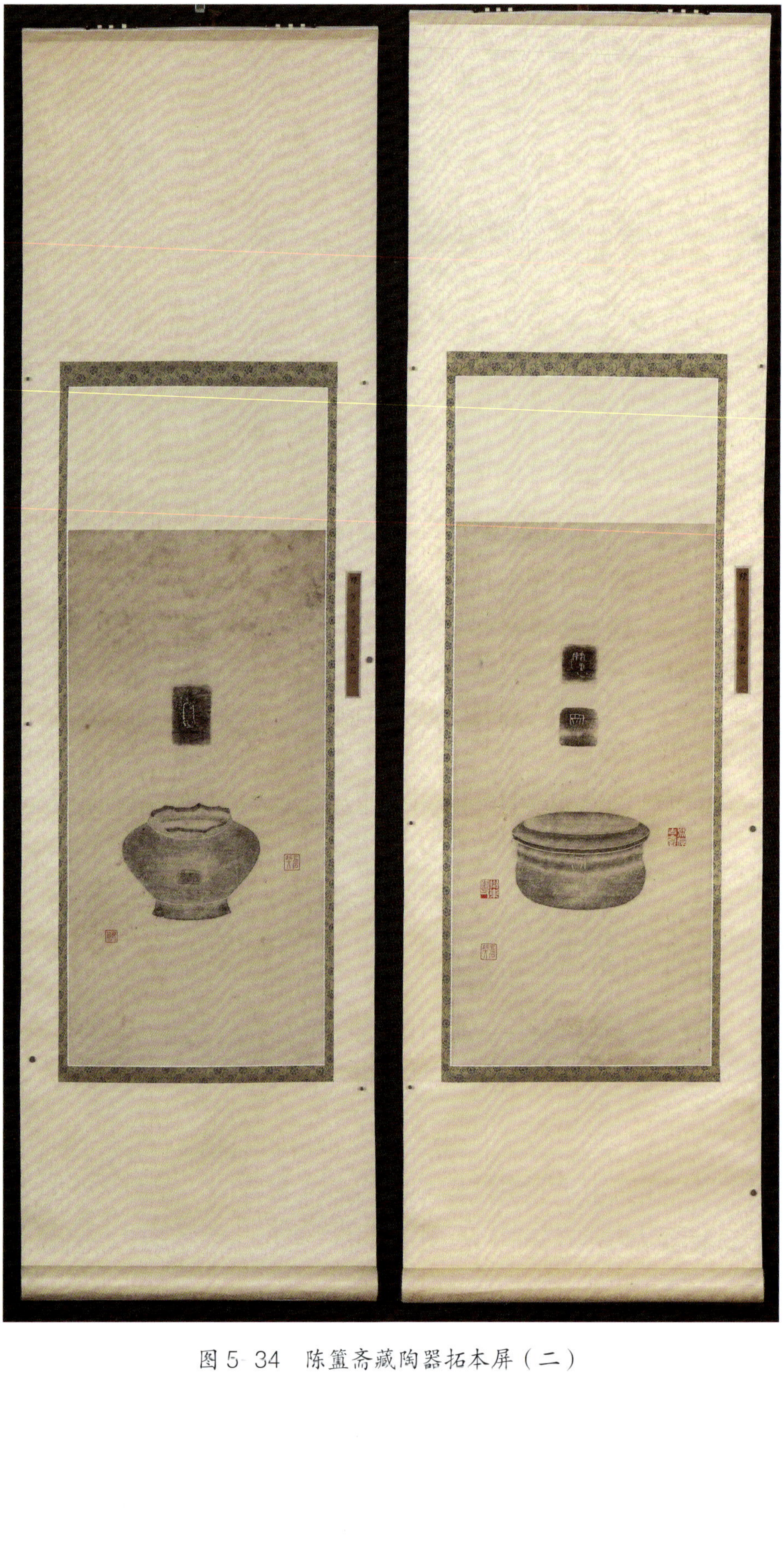

图 5-34　陈簠斋藏陶器拓本屏（二）

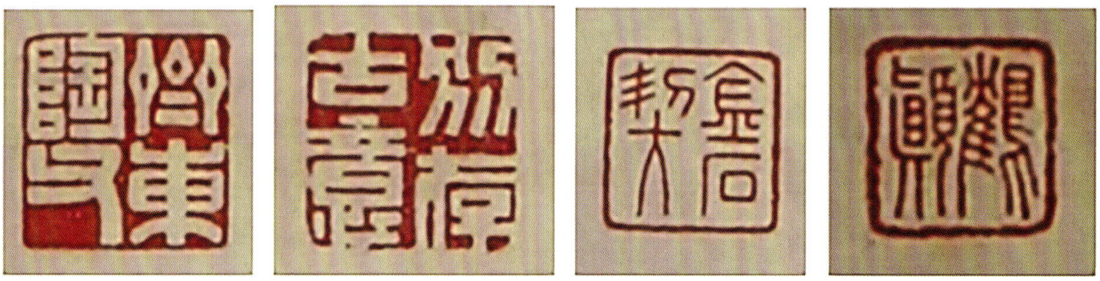

图 5-35　钤印“齐东陶父”“别存古意”“金石契”“鹤颠”

5.3.8 者妸方爵拓本轴（张廷济监制）

者妸方爵（《殷周金文集成》编号 09090），殷商器物，出土于河南，铭文 9 字，属爵中铭文字数较多者，难得之品，曾被张廷济获得。阮元督学浙江时，对其非常推崇。张廷济得此物颇有周折。嘉庆二十四年（1819），张廷济应督储江南的斌良之邀赴苏州鉴赏所藏古鼎彝器，闲逛古董肆时发现此爵，非常惊喜，但因商贾索价太高而作罢。此后，张廷济牵挂不已，先后两次委托金石好友孙古云前去商谈，但都无果，最终因担忧与该器失之交臂而以高价购得。张廷济极珍视此器，先后多次考释论述并与他人分享。可惜该器现已流失海外，藏于美国底特律私人收藏家之手。

此件者妸方爵拓本（文物号 51438）钤“嘉兴张庆荣椎春手拓”印。张庆荣，张氏次子，字稚春，道光二十六年（1846）解元。明清以来，父子解元仅此一家。拓本上铭下形，俯视构图，比例协调，过渡自然，用墨轻淡均匀，纤细繁复的纹饰及铭文十分清晰，阴阳虚实的运用非常灵巧，将多空间复杂结构轻松表现出来，立体感强，属难得的佳品。张氏题端曰：“周诸母方爵。道光丙午夏日拓，奉铁琴先生。廷济。”钤“张叔未”印。此拓制于张庆荣中式之年（图 5-36、5-37）。

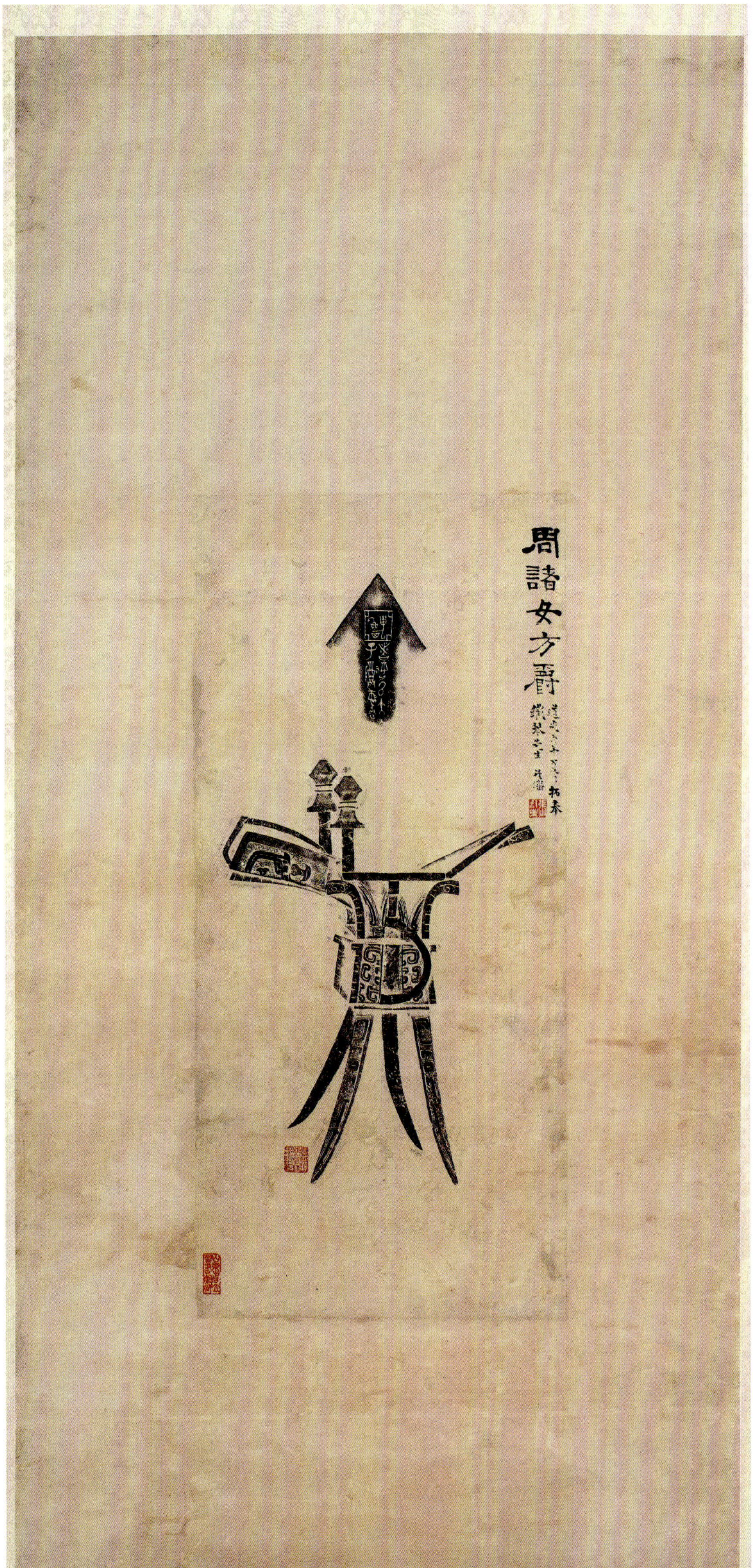

图 5-36　者㚰方爵拓本轴（张廷济监制）

图 5-37　钤印“张叔未”“嘉兴张庆荣椎春手拓”“山东省立图书馆藏”

5.3.9 毛公鼎拓本轴

毛公鼎，西周晚期器，道光二十三年（1843）陕西岐山出土，铭文左右对称，多达 497（一说 499）字，为商周已知青铜器铭文数量之最，系毛公为宣祖先之功、扬周宣王之赐而制器，是研究西周晚期的重要史料。出土后几经辗转，为陈介祺重金购藏，经端方、叶恭绰等递藏后，现藏于台北故宫博物院。

毛公鼎之贵重，让一向乐于与金石好友分享的陈介祺“唯此鼎秘不示人，有以五十金购其打本者，亦不能得”①。甚至其至交好友亦有同感，如吴大澂曾感叹，毛公鼎拓本“至不易得，尤为可宝”②。鲍康也称除簠斋所赠一纸外，再“无获睹者”③。由此可推知，对于毛公鼎，陈氏监拓本数量非常稀少。而其监拓本之佳，得到学界一致肯定。王国维赞之“余见秦中旧拓与端氏新拓此鼎皆不佳，惟陈氏拓最精”④。簠斋监拓之精，首先源于对铭文上纸的处理，“上纸有极难者，鼎腹为甚”⑤。这是因为腹有弧度，上纸易起褶，铭文一旦在褶皱处，则字口捶拓不清。器小、空间狭、铭文多的毛公鼎更是极易产生此问题。为此，陈氏分左右侧先后上纸，且在拓纸四边剪多道剪口。初时，每侧尚需分成上下两段，后来随着技艺的提高，改进为单侧

① （清）刘心源：《奇觚室吉金文述》，《金文文献集成》第 13 册，线装书局 2005 年版，第 178 页。

② （清）吴大澂：《愙斋集古录》，《金文文献集成》第 12 册，线装书局 2005 年版，第 203 页。

③ （清）鲍康：《观古阁丛稿跋毛公鼎摹拓本》，《金文文献集成》第 16 册，线装书局 2005 年版，第 375 页。

④ 王国维：《观堂集林·别集》，中华书局 1961 年版，第 1191 ~ 1192 页。

⑤ （清）陈介祺著，陈继揆整理：《簠斋鉴古与传古》，文物出版社 2004 年版，第 13 页。

整纸，成品即后世所称“四块本”“二块本”（因状如朝靴，又俗称“靴子式”）。一般而言，后者质量胜于前者。

保护修复项目中的毛公鼎拓本（文物号51425）为陈介祺监拓本，铭文为“靴子式”布局，上铭下形，角钤“簠斋藏古”“簠斋”“十钟主人”等印。铭、形、印布局大方一致，体现了陈氏制拓整体布局的理念：“拓式多见，择其纸式大方者从之。……拓纸须留标目、题字、用印处，字之高下前后亦须合式。”俯视构图，比例协调。器形构图协调，透视效果极佳，在古人无明确透视理念的历史背景下，能拓得如此效果，得益于陈氏较同时代人更注重精准测量：“拓图以记尺寸为主，上中下高低尺寸既定，其曲处以横丝夹木版中，如线表式，抵器即可得真，再向前一倾，见口即得。”[①] 用墨方面，该拓本通幅施以厚墨，恰当表现出毛公鼎锈迹斑驳带来的历史厚重感。最值得称道的是，鼎腹、花纹、口、耳、耳穿、足部等局部阴阳浓淡墨的综合运用，使腹、耳、足等立体感极强。其铭文墨蜕为两块式，虽平整无褶，字口清晰，但剪口过多，且有些行重复，当是分次上纸拓印导致（由此重复拓印之处也可以反驳有人对次拓片为木版翻刻后拓印的说法）。整体来看，该拓本属于四块本向两块本转变初期阶段的产品，拓制技法尚不熟练。细看铭文，每片铭文的上部都有二至三行的铭文有重复，应为重复上纸拓印所致。

拓本另有漫卷题跋，标目题“初拓毛公鼎铭”，钤“吴廷康印”“晋斋”。吴氏字元生、云山等，又号康甫、晋斋等，安徽桐城人。曾官浙中数十年，与何绍基至交。精金石考据，亦工刻竹。该拓本两侧及底部为翁大年题跋，当时该拓片亦属难得之物，故而翁氏有此长篇考证。翁氏字叔均，江苏吴江人。工书，笃嗜金石考据，与簠斋为金石之交（图5-38至图5-41）。

① （清）陈介祺：《传古别录》，清光绪五年刻本，第3页。

图 5-38 毛公鼎拓本轴

图 5-39　陈介祺钤印“平生有三代文字之好”“十钟主人”“簠斋”“簠斋藏古”

图 5-40　吴氏钤印“吴廷康印”“晋斋”

图 5-41　翁氏钤印“翁大年印”“叔匀”

5.3.10 陈簠斋藏西汉铜器拓本屏

这套拓本屏所拓器物为陈簠斋藏“汉八器”条屏之残部，共存三件。所谓“汉八器”即：

“池阳宫行灯”，宣帝甘露四年造，刘喜海获于长安。

“桂宫行灯”，沐浴时用灯，簠斋断为武帝二年器。

“未央宫尚浴府乘舆行灯盘”（行灯构件之一，下承盘），钱坫、方廷瑚旧藏，亦沐浴时用具，簠斋断为文景间器。

“开封灯”，簠斋所藏行灯中唯一一件盘有钎者。

“绥和雁足灯”，豆式灯中动物足灯座类属，造型精美，成帝绥和元年制。

以上五件器物皆汉宫廷用灯。

“阳泉使者舍熏炉”，宣帝甘露四年器，秦恩复、簠斋岳父李璋煜旧藏，纪年与《五凤二年刻石》同，采用少见的君王、诸侯纪年并用格式，簠斋赞其字“独大如武氏祠石，宋以来所传汉金隶刻无逾此者，直可于几上作汉石名碑读也”[①]，并定为所藏汉器第一。

“汉十六年鋈”，温器，簠斋断为西汉孝文帝前元十六年，刘喜海获于长安。

“渔阳郡孝文庙甗鍑并甑”，关中出土，碗状且底部有众多小孔者为鍑，如两碗对扣且顶端开口者为甑，二者与鼎合用，“鍑在上以受米，甑上承鍑足下入鼎腹，重水以烝。”[②]《史记》景帝元年诏曰“郡国诸侯各为文帝立太宗之庙”，此即渔阳郡孝文庙祭器。

这汉器八条屏所拓器物系翻刻拓制而成，陈介祺自述翻刻经过：“汉十六年鋈（考为文帝）、渔阳郡孝文庙甗鍑二器（考为景帝）、尚浴府金行烛盘（武帝前）、桂宫灯（考为武帝）、阳泉使者舍熏炉（考为宣帝地节五年）、池阳宫灯（宣帝甘露四年）、绥和雁足灯（成帝二十五年）、开封灯（考为两汉）。余收吉金四十年，得西汉器十有一，年来益以阳泉、绥和二器为十有三。同治辛未秋九取其大小相称者八，命工绘图锓木，一一考释。”[③]此组拓本均俯视构图，各器比例协调自然，在施拓时注意阴阳远近浓淡墨的变化，立体感强，属翻刻类精品。

本次保护修复项目中的三件条屏（文物号 51567）分别为池阳宫行灯拓本、阳泉使者舍熏炉拓本、渔阳郡孝文庙甗鍑并甑拓本（图 5-42、5-43）。其器物铭文为汉隶书，笔画应为快刀在铜体上凿刻而成，虽无粗细提按变化，但并非放纵轻浮，而是瘦硬中含有柔韧，劲利中见逆涩，直而有曲，行处皆留，刀法与笔法相通。

池阳宫行灯上载铭文为：池阳宫铜行灯，重二斤六两。甘露四年工虞德造。守属阳澂邑丞圣、佐博临。

阳泉使者舍熏炉上载铭文为：阳泉使者舍熏炉一，有股及盖，并重四斤，一五年六安十三年正月乙未，内史属贤造雒阳付守长则丞善掾胜传舍啬夫兑。

渔阳郡孝文庙甗鍑并甑铭文为：渔孝庙。

① （清）陈介祺：《簠斋金文考》，文物出版社 2005 年版，第 21 页。

② （清）陈介祺：《簠斋金文考》，文物出版社 2005 年版，第 10 页。

③ （清）陈介祺：《簠斋金文考》，文物出版社 2005 年版，第 3 ~ 4 页。

图 5-42　陈簠斋藏西汉铜器拓本屏（一）池阳宫行灯

图 5-42　陈簠斋藏西汉铜器拓本屏（二）阳泉使者舍熏炉

图 5-42　陈簠斋藏西汉铜器拓本屏（三）渔阳郡孝文庙甗镀并甑

图 5-43 钤印“海滨病史”“簠斋藏古”“集秦斯之大观”

5.3.11 周驭方鼎拓本轴（陈簠斋监制鄂侯驭方鼎）

周驭方鼎，即鄂侯驭方鼎（《殷周金文集成》编号 02810），又名王南征鼎，西周晚期器，铭文存 79 字，记载周王南征回师，路经鄂国时，接受鄂侯朝见之事，具有极高的史料价值。陈介祺、陈大年递藏，现藏于上海博物馆。

本次报修的鄂侯驭方鼎拓本共 2 件（文物号 51176、51177），均为俯视构图，拓本器形比例协调，铭文墨蜕平整，用墨均匀、字口清晰，构图协调流畅，耳、足、口等部阴阳浓淡墨运用如毛公鼎，也属良品，为陈介祺所监制（图 5-44 至图 5-47）。

5.3.12 师酉簋拓本轴

师酉簋，介绍见 5.3.2 章节。拓本原器为阮元、吴云、金香圃递藏，铭文仅取第二部分。该拓本为俯视构图，拓本器形比例非常协调，特别是器口椭圆过渡合理，两侧耳立体感强，用墨均匀。但所拓花纹的立体感不强。未见簠斋收藏此器记录，或为他人赠送之物（图 5-48、5-49）。

图 5-44　周驭方鼎全形拓其一（陈簠斋监制）

图 5-45　陈簠斋钤印

"秦前文字之语""十钟主人""簠斋藏三代器""十钟山房""海滨病史"

图 5-46　周驭方鼎全形拓件其二（陈簠斋监制）

图 5-47　陈簠斋钤印

“簠斋藏三代器”“海滨病史”“平生有三代文字之好”“半生林下田间”“簠斋”

图 5-48　师酉簋拓本轴

图 5-49　钤印“簠斋先秦文字”

·第六章 结 语

随着近年“非物质文化遗产”保护思想的兴起，我们有必要重新审视评估全形拓的价值。首先，全形拓最直观的价值是其艺术观赏性。全形拓技艺是古人在二维空间的纸面展现器物三维空间图形的奇思妙想，可谓神乎其技。出自好拓工之手的全形拓片透视比例协调，用墨浓淡结合，立体感强，无疑能够给人带来强烈的视觉美感。清代金石研究圈内就对其不吝赞美之语，如古钱币学者鲍康称“前颁到簠斋藏器之全形者，近复锡以阮氏虢叔钟诸拓，皆已精装加印章，乃叨分惠，悬之座右，心颜为之一开”①；吴云称赞陈介祺“承惠全形拓本，已命工装裱，悬诸壁间，观者莫不惊心动魄，叹羡不已”②。

但我们从全形拓的诞生与承担的使命可知，它绝非仅是观赏品那么简单。它最初是为传统金石学服务而诞生的，随着时间的推移，其由单纯的技法变成丰富翔实的资料渊薮，最终演变成传统金石学的重要组成部分，丰富并推动了金石学的发展。可以说，全形拓是工匠精神与学者文化相结合的产物，自诞生之日起就集观赏与实用性于一身，不仅向世人诉说着全形拓技法的高超，也诉说着中国传统金石学的深厚广博，具有极高的文化价值及文物价值。虽然其没落是时代的必然，但不应当彻底消亡，文博单位有义务继承全形拓技法，宣传这一优秀传统文化。

山东博物馆一直在做这方面的有益尝试，举办过多次专题展览，受到社会的良好评价。此外，全形拓独特的纸墨结合方式能够艺术性地表现出器物锈迹斑斑的历

① （清）鲍康：《鲍臆园手札》，中华书局1985年版，第9页。

② （清）吴云：《两罍轩尺牍》，清光绪十二年刻本第四册卷八，第9页。

史沧桑感，这种肃穆厚重、韵味古拙是摄影等影像呈现技术无法展现的。而这种独特韵味在博物馆展览等特定场景中会加倍放大，因此它无疑是青铜器文物器物展览的重要辅助手段。

其次，全形拓本质上是为满足金石学家学术交流及高级别审美情趣而诞生的图形文献。由此出发，会发现全形拓对当今学术研究也大有裨益，它的辑佚价值是目前容易被世人忽略或低估的。如有些失传器物从未被各家著录，即使目前收录最全面的《殷周金文集成》(以下简称《集成》)、王国维等编《三代秦汉金文著录表》(以下简称《著录表》)也有失载，而全形拓恰可拾遗。此外，全形拓还可对青铜器流传或者收藏家藏品辑佚、人物传记进行补充，并保存了金石学家对器物的见解，等等。因此，要想比较全面地评价全形拓的价值，应当综合考虑原器、拓制、流传三个方面。第一方面要看原器是否为珍贵器物，原器越珍贵，拓本价值越高；原器图形资料是否缺失，甚至失载。其中原器为新发现者，文献价值更高。第二方面要看制拓水平的高低，看透视图各部位是否协调，用墨是否阴阳结合、立体感强，铭文是否清晰，是否出自知名拓工，制拓数量的多寡也是一个重要因素。第三方面要看拓本流传中是否增添新价值，是否经过藏家递藏或者题跋，其中是否有知名金石家；题跋内容是一般应景式还是具有极高文献价值，如提供原器新藏家、金石学家失载的观点等。只有综合考虑这些要素，评价方能全面而不失偏颇。

全形拓具有悠久的历史及深厚的文化内涵，其没落虽是时代的必然，但不应该彻底消亡。我们应当从艺术鉴赏性、文化属性、文物性、文献性等多角度综合审视，寻找传承新思路。我们应宣传其外在之美，吸引世人目光，扩大受众群体，培养全形拓爱好者及传承者。文博单位一方面应该积极承担历史责任，举办专题展览，展现全形拓之美，另一方面也要发挥其图形资料的独特韵味，辅助器物展览，让其在展览中复活。此外还要深度挖掘其文献性等文化内涵，重赋其灵魂，延长其学术生命力。如此一来，观众、传承者、学者等皆能各有所获，共同赋予全形拓新的生命力。

·附录一 中国书画装潢的历史沿革与形制

本全形拓片保护修复项目在修复文物时所使用的手段与技法，多来源于中国传统书画装潢技艺，在此有必要系统介绍一下这项重要的非物质文化遗产。书画装潢技艺是我国一项重要的非物质文化遗产，也是书画文物保护修复的重要技术基础。书画装潢以书画艺术品为本体，以画心为依托，以保护和美观为目的，围绕画心将绢、绫、纸等材料用浆糊黏合装帧在一起，形成一种固定的形制，便于书画的展览、保存、流传、收藏。中国传统书画修复技艺以书画装潢技艺为基础，以洗、揭、补、全为基础流程，自东晋至今经历了一千六百余年的发展历史，其间不断地改进完善、与时俱进。

1 中国装潢技艺的出现及发展

（1）概念的产生

“装潢”二字最初是分开用的。《说文解字》解释为“装，裹也”。“潢”最早曾指染纸，东汉刘熙所著《释名》中已有“潢”是染纸的说法。装与染，即为装潢。

至东晋，炼丹家葛洪发明了用黄檗熬取汁液来浸染纸张的方法，使纸张具备灭虫防蛀的功能，叫作“入潢”，这也是装潢的“潢”字的由来。同时由于当时的纸张质量色泽比较差，需要经过染色以达到同一批纸色泽统一，故而会使用黄檗汁染色，同时可以起到一定的驱虫作用。

（2）装潢的雏形

装潢技艺至少在东晋、南朝时期就已出现。唐代张彦远在其著作《历代名画记》中记载："自晋代已前，装背不佳，宋时范晔始能装背。"总的来说，现代的书画装潢形式，起源于两晋南北朝，发展于唐宋，成熟于明清。

最早的装潢，应该是伴随着帛书帛画的出现而出现的。关于装潢形式，最早的记载出现于《后汉书·襄楷传》："顺帝时，……水上所得神书百七十卷，皆缥白素、朱介、青首、朱目，号《太平清领书》。"李贤注："缥，青白也；素，缣也。以朱为介道。"素就是专门用于书写的丝织品；朱介，红颜料绘制于绢帛上的框格；青首，帛书起首处蓝色染就的部分；朱目，朱砂题写书名。我们可以认为缣帛的装潢是我国古代书画装潢的雏形。

而纸的出现，则大大推动了装潢技艺的发展。《后汉书·蔡伦传》记载了宦官、尚方令蔡伦造出轻薄柔韧、造价低廉的纸张，时称为蔡侯纸。蔡侯纸因造价低廉，非常受平民阶层欢迎，各地争相采购、使用，纸张在东汉中后期得到广泛流传，并逐渐取代缣帛、竹简，成为越来越多的人书写时的首选材料。

早期造纸的工艺不高，抄造出来的纸宽度和长度都有限，早期纸张最原始的装潢是把两幅到几十幅不等的纸张首尾相接粘接在一起形成长卷，用一根圆木棒作轴，粘于最左侧一幅纸上，以另一根更细的木条粘在最右侧纸的边缘并打孔穿绳，以此轴为中心卷成一卷，再用右侧木条的系绳将整个卷系牢（图附 -1）。

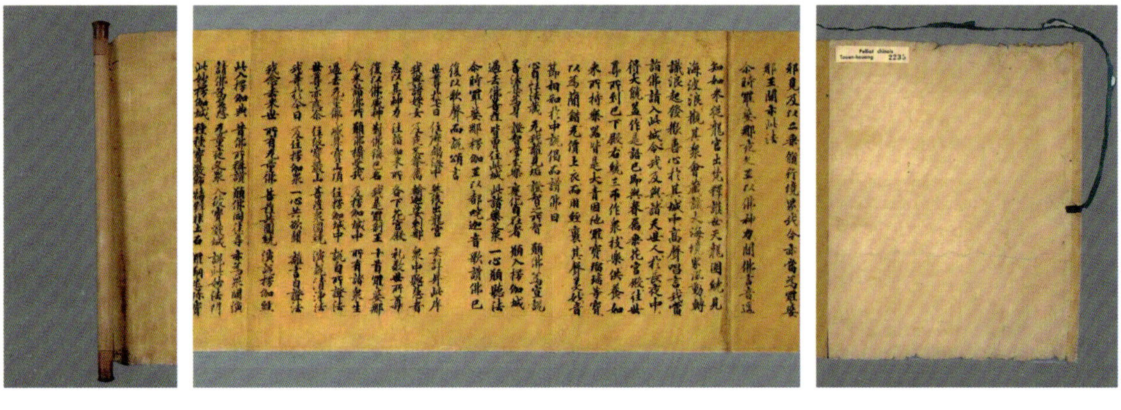

图附 -1　敦煌遗书　北朝《出家人受菩萨戒法卷卷轴装》（截取部分）

为了保护纸卷，大约每五卷用套子包裹起来，包裹的套子叫作“帙”，也有的放在囊匣中。唐代李肇《唐国史补》卷下中有“宋亳间有织成界道绢素，谓之乌丝栏、朱丝栏”之称。这种用圆木棒作轴，以长卷为样式的装潢模式，就是书画卷轴形式产生的开端。

（3）南北朝内府书画装帧

南朝四朝，都对内府书画重新进行了整理，装潢技艺也有所提高。宋、梁时期比齐、陈时期略优。

据唐张彦远《法书要录》中“虞龢论书表”和“张怀瓘二王等书录”记载，宋孝武帝时的书画装潢是这样一种情况：“随纸长短参差不同，具以数十纸为卷，披视不便，不易劳茹，善恶正草不相分别。”可见当时书卷的装潢在尺寸上存在严重的缺陷。这一时期对装潢的整理改革，清除了几百年的混乱，制定了卷轴长度及轴头、织带的标准，使装潢更合理、美观，同时也规定了卷轴的长度在二丈至三丈之间，为后世定下了标准。

（4）隋唐的装潢技艺发展

从资料可见，晋以前托治装潢书画皱褶不平，自六朝时用料开始考究，隋唐时开始具备鲜明的宫廷特点。据《历代名画记》记载，隋帝于东京观文殿后起二台，东曰妙楷台，藏自古法书，西曰宝迹台，收自古名画。隋朝的卷轴已经开始有拖尾，方便人们题跋抒怀。

唐代有关书画装潢的记载较两晋南北朝时期增多。张彦远《历代名画记》中有一篇“论装背裱轴”，是最早的专门论述书画装潢的文章。

卷轴装的做法是将一张张的纸粘成长幅，用木棒作轴，考究者也有用金、玉、牙、瓷轴的，从左至右卷成一个卷。唐代的卷轴没有小边。在卷轴装中，轴的功用除方便舒展卷子之外，还起到一定的防潮防蛀以及区分书的贵贱、种类的作用。

隋唐时期的卷轴由以下部位组合而成：天杆、包首、签条、天头、隔水、画心、跋尾、玉轴头。但是以上部位的名称与现代不同，比如，天头叫“玉池”，隔水称“引首”，天杆称“竹界”，包首叫“漂”。今天的手卷形制在唐代基本成型。

（5）宋代的发展——立轴成型

隋唐时期已经有了关于立轴的记载。最早明确记载立轴存在的是唐代张彦远所著的《历代名画记》，该书“论鉴识收藏购求阅玩”一节中有“大卷轴宜造一架，观则悬之”等记载。宋代赵希鹄《洞天清禄集》记载：“古画多直幅，至有画身长八尺者，双幅亦然。”直幅画与横幅画在尺寸规格上是有很大差异的，所以在装潢形制方面也必然有所差别。

1974 年在辽宁省法库叶茂台 7 号辽墓中出土了两幅唐代立轴，分别悬挂于主墓室的房形棺室内的东西两壁上，东壁悬挂的是绢本设色山水画《山弈候约图》(纵 106.5 厘米，横 54 厘米)，西壁悬挂的是绢本设色画面画《竹雀双兔图》(纵 114.3 厘米，横 56 厘米)[①]。前者的天地为褐色，后者的天地为旧黄绿色，无边，天杆用竹制成，轴头为象牙制作。其下葬的年代不晚于九世纪八十年代，应该属于被张彦远称为“大卷轴”的立轴样式范围（图附 -2、附 -3）。由此可见在唐代已经出现了镶有天地头、装有天杆地轴和轴头的立轴了。

早期的立轴按照手卷的方式装潢。黄居宷作《山鹧棘雀图》(纵 97 厘米，横 53.6 厘米)，上下的黄绢隔水上有宋徽宗双螭、宣和、政和三印以及横写的题签，应为宋代原装隔水。从《山鹧棘雀图》隔水上题签的写法来看，书写时该轴处于横置状态。上下的黄绢隔水上见有宋徽宗双螭、宣和、政和三印以及横写的题签，当为宋代原装隔水无疑。如果两侧的边残存的话，隔水加两边即为玉池了。玉池上下镶接天地，就是一幅三色裱立轴（图附 -4）。

① 朱萍：《〈山弈候约图〉和〈竹雀双兔图〉研究》，《美与时代（中）》2022 年第 6 期，第 78 页。

图附 -2 《山弈候约图》

图附 -3 《竹雀双兔图》

图附－4 《山鹧棘雀图》

北宋末年，在前代发展的基础上，出现了著名的“宣和装”，标志着装潢技艺彻底成型。此后的各种立轴装潢形制，如一色装、诗堂装都是由此而衍生出的品式。到明代，周嘉胄著《装潢志》，总结了前代的装潢技艺，也基本上将中国的装潢技艺手法和形制固定了下来。

2 中国装潢的形制简介

装潢工艺在漫长的发展过程中，形成了一整套工艺模式和装潢形制。中国古代书画的装潢形制主要有三大类：手卷、挂轴、册页。

（1）手卷

手卷是出现较早并一直延续至今的装潢形制，用于装潢尺幅矮且长的作品，装好后可一边展开一边欣赏，一边欣赏一边收卷，轻巧方便，利于收藏，但是只能平放，不能悬挂（图附 -5）。

图附 -5　典型的中式手卷

手卷的装潢形制可以分为套边、转边、撞边三种。手卷的规格基本一致，区别是大镶手卷打开后，按顺序依次为天头、副隔水、隔水、引首、隔水、画心、正隔水、拖尾几个部分。

套边手卷：引首、画心、拖尾上下不镶边。套边一般用普通宣纸包边，天地头、引首、画心拖尾之间可以只用三个界隔隔水分割成卷（图附 -6）。

转边手卷：也叫卷边卷。特点是可以将高低不等、尺寸不同的画心同裱为一卷，具体做法是将画心按顺序镶嵌隔水、引首、拖尾，上下再镶锦边，进行转边，再镶天地头（图附 -7）。

撞边手卷：用古铜色薄绢或薄纸，镶于裱件两边，包折于画的边缘，对折粘牢，其所撞之边显露 0.2—0.4 厘米，撞边法是手卷装潢中使用最多的方法（图附 -7）。

周嘉胄曰：“每见宋装名卷，皆纸边，至今不脱。”

手卷背纸多为二层薄宣纸托成，也可用现代无缝纸卷。包首多用织锦、锦绫、绢。签条要竖贴于包首左上方。手卷装好之后，一般要配以手卷收纳盛手卷，放入手卷盒进行装盛。

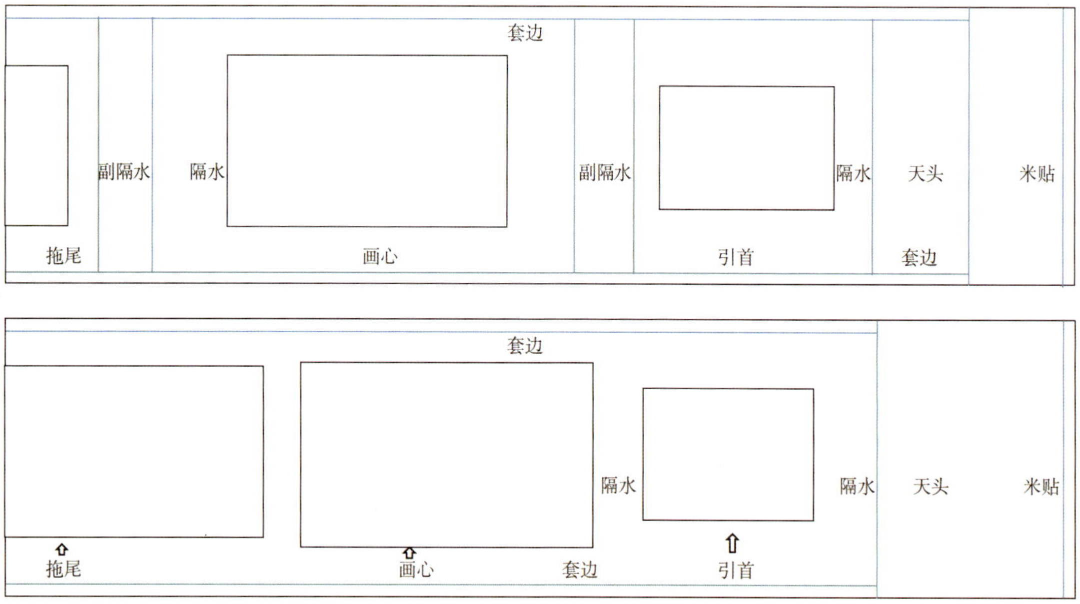

图附 -6　套边手卷的组成部分及各部分名称

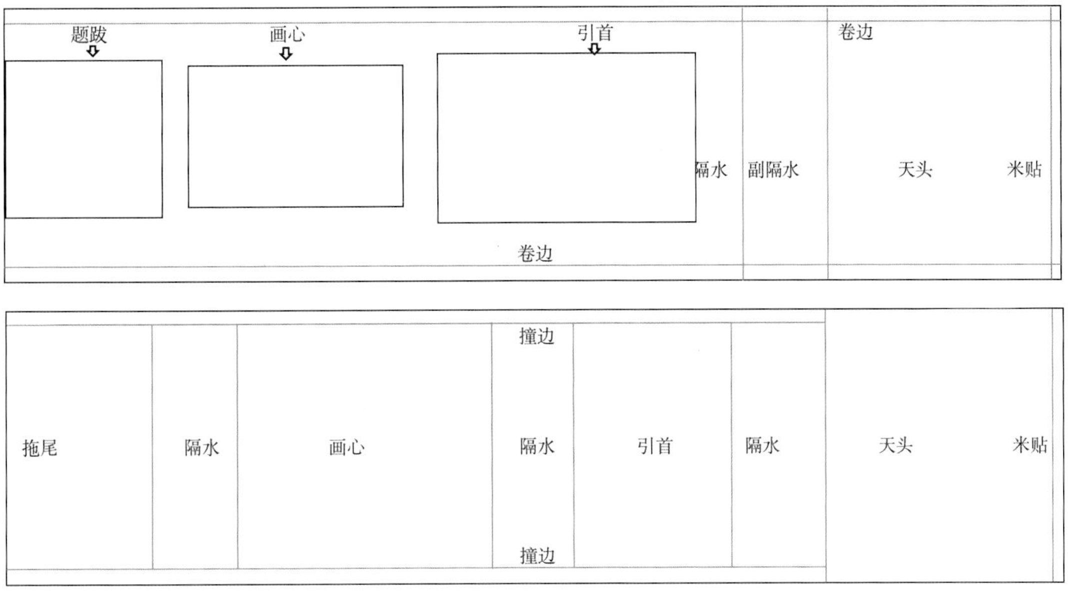

图附 -7　卷边手卷和撞边手卷的组成部分及各部分名称

（2）立轴

立轴又称挂轴，可以简单分为条幅和中堂，通常画幅较窄的称为条幅，悬挂在厅堂正中的称为中堂。立轴是最为普通的装潢形制。

立轴按照镶料配色，可以分为一色装、两色装、三色装；按镶料搭配特点，可以分为宣和装、诗堂装、半绫裱、集锦装、锦眉装等。

一色装：裱件只用一种颜色的镶料，正面只有两条边和天地头（图附 -8）。

两色装：裱件由两种颜色的镶料组成，包括两条边、上下隔水、天地头，其中边与隔水统一材质，称为圈挡（图附 -9）。

三色装：裱件由三种颜色的镶料组成，两色裱的隔水与天地头之间插入副隔水，副隔水一般尺寸比隔水小，颜色稍重。

宣和装：又叫宋式装潢、罗汉装潢。是宋徽宗赵佶内府收藏书画的典型装潢形式，得名于宋徽宗年号宣和。这种形式适用于斗方或比较扁的画心，是一种比较复杂的装潢形式。典型的宣和装有两种：第一种画心上下有花绫隔水，然后在四周包古铜色小边，再镶上天地头，天地头上贴上惊燕；第二种在画心周围包古铜色小边，然后加装隔水和天地头（图附 -10）。

图附 -8　一色装挂轴

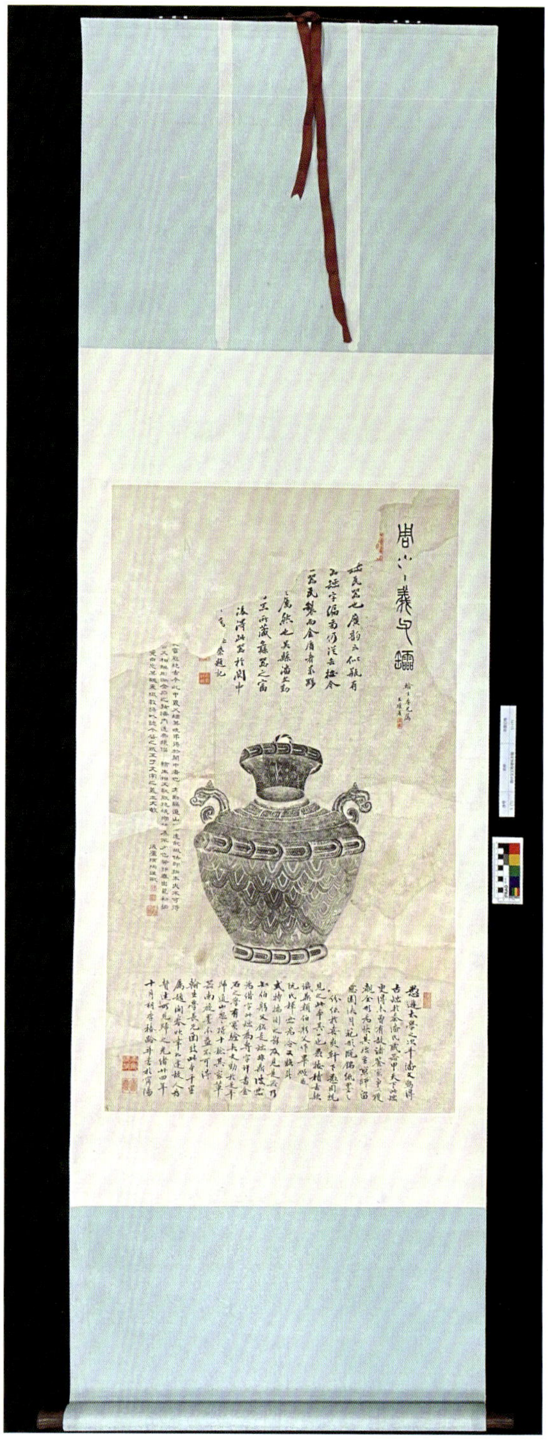

图附 -9　两色装带惊燕挂轴

诗堂装：适用于比较短小的作品，在书画上方加装与画作同宽的一节染色纸料，便是诗堂，长度一般为画心长度的四分之一到三分之一，然后按照一色装或两色裱的方式进行装潢（图附 -11）。

图附 -10　宣和装挂轴

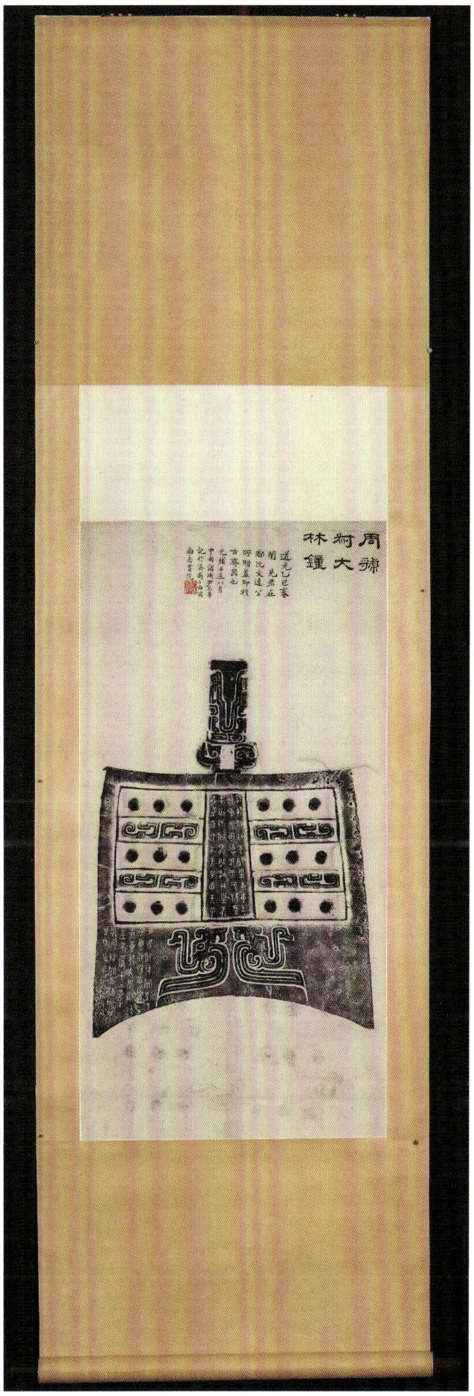

图附 -11　诗堂装挂轴

半绫装：在绫制圈挡上下装纸质天地头，再备四条与圈挡同色、与天地头同高的窄条，镶在天地头两边。这种方式省料不省工。

集锦装：将两幅或两幅以上的小画心用同一色镶料镶嵌在一起的裱件。集锦装多采用挖镶手法。另外，单裱折扇的挂轴称为扇轴装，团扇挂轴称为圆光（图附 -12）。

《陈介祺监制毛公鼎拓本》就是由鼎身拓片、铭文拓片和周边题跋挖镶在一起组成的完整裱件。

锦眉装：锦眉又叫眉牙，指在画心上下各装一条深色锦条，其作用主要是装饰。一般上下宽度比为 3 ： 2 或 2 ： 1（图附 -13）。

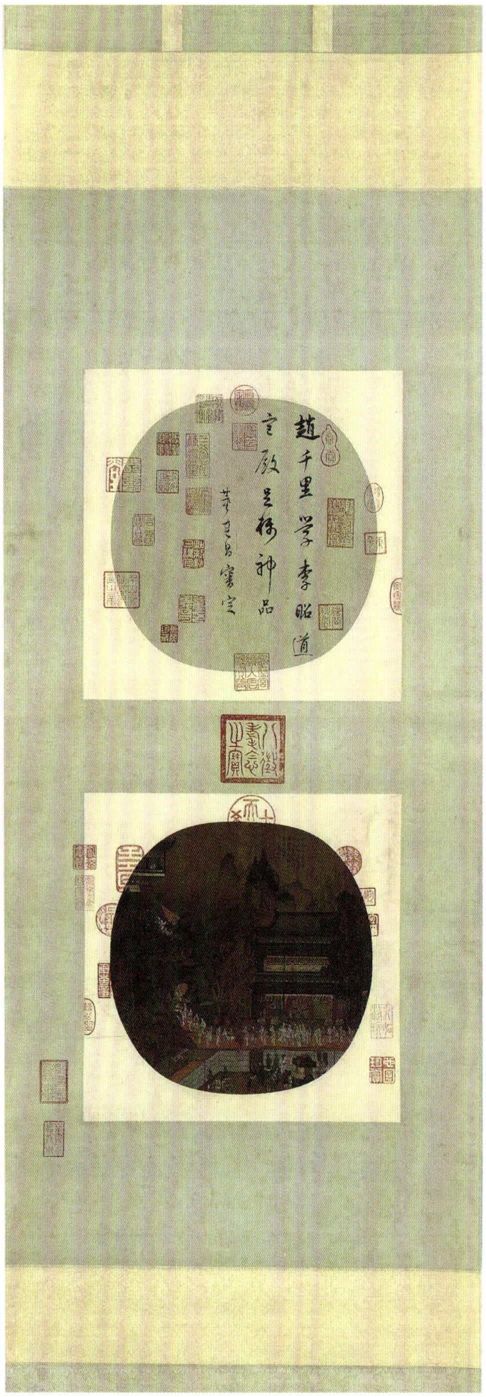

图附 -12　集锦装挂轴

图附 -13　锦眉装挂轴

（3）册页

册页出现的时间比手卷晚，册页主要有蝴蝶装、推篷装、经折装三种装潢形制。

蝴蝶装：又称开版式，因翻动时两页翘起，形似一只展翅的蝴蝶，故名。册页左右皆能翻，向右开版，多适用于竖幅书画及执扇。另有一种“五镶式”也属于蝴蝶装（图附 -14）。

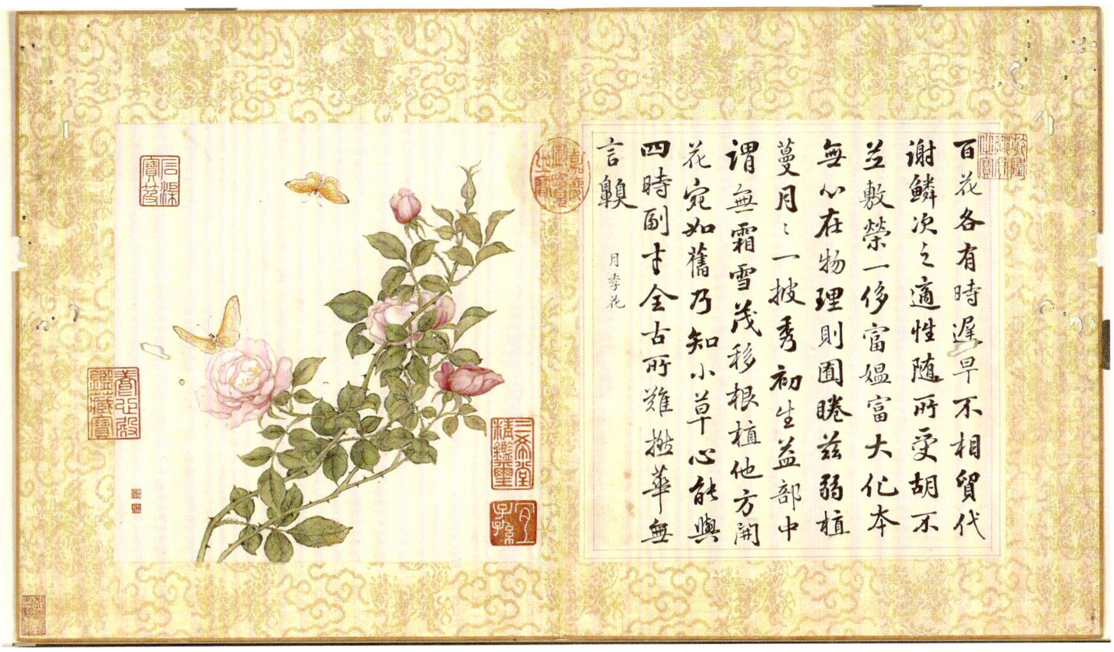

图附 -14　蝴蝶装册页

推篷装：其名称来源由于册页上下翻动时，似折叠的车篷，适用于装潢横幅书画及折扇。

经折装：最早用于抄写经文，后来宫廷也用此形式作奏折，现多用于装潢经书、法帖。经折装可裱成通折边形式，其优点是可将尺寸各异的画心同时装为一册。

（4）屏

屏是放置在厅堂、房间里，用来间隔或挡风的活动屏障，也叫屏风，至宋渐渐发展成以书画裱成的条幅称屏条。屏条的前身是屏，屏条分通景屏和独景屏两种，多为四至十二幅排挂在一起。

通景屏：又称海幔，由偶数幅用同一种镶料装饰的尺寸相同、内容连贯的字画排挂在一起组成。为保持书画作品的整体连贯性，通景屏首屏右侧镶边，尾屏左侧镶边，其余画心只镶加一条宽约 0.5 厘米的绢或锦绫边，隐在画幅背后，加固画心。通景屏的地杆也只在首屏右侧和尾屏左侧两边加轴头，中间不加轴头。通景屏适用于装潢巨幅山峦河川等风景画（图附 -15）。

独景屏：屏条的内容既彼此独立又相互衔接，内容如春、夏、秋、冬或梅、兰、竹、菊。装潢时要求其长短、宽窄、镶嵌材料一致。独景屏多为自左至右顺序排列，屏条色彩搭配与一色装立轴相似，画、签、角袢的规格、形状及粘贴位置整齐统一（图附 -16）。

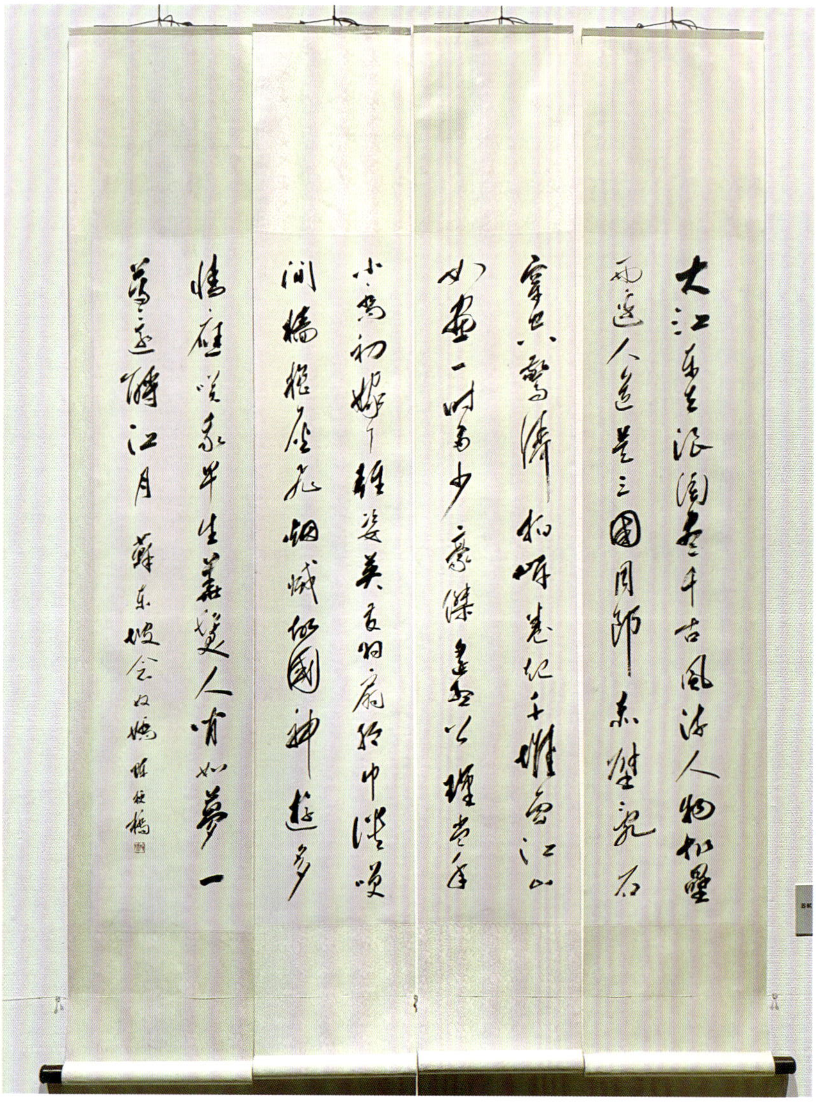

图附 -15　通景屏

图附 -16　独景屏

（5）横披

横披始于宋代，适用于横幅的书画作品，多由一色或两色镶料装饰。

镶料上宽下窄，叫“边”，左右镶料尺寸相同，叫“耳”。横批如果装月牙杆，左耳应比右耳长大约 3 厘米。横批两边张挂，为了防止下垂，还需在裱件上下边加装边袢，粘接在画幅上下背边口处，用于钉固定。

（6）镜心

镜心又叫镜片，是一种比较新的装潢形式，横竖装潢都可以（立片与横片），多由一种镶料镶嵌而成，少数立镜心使用锦眉装饰。这种装潢形式何时产生已经不可考证，应伴随屏风画的出现而形成。在现代书画装潢中，镜心的使用越来越多，相比于立轴，这种形式更适合比较矮的现代居室装饰。小幅镜心可以装在镜框中，悬挂于室内；大幅横幅镜心可以直接镶嵌在墙面上。

附录二　文物保护修复档案

馆藏纸质文物保护修复
档案记录

项目名称：山东博物馆藏全形拓片保护修复

文物名称：周父辛斝全形拓

2020 年 12 月

中华人民共和国国家文物局制

表 1　馆藏纸质文物保护修复基本信息表

文物名称	周父辛罍全形拓		
收藏单位	山东博物馆	登 录 号	086260
来　源	山东博物馆	年　代	清
类　别	拓片	级　别	三级
方案设计单位	山东博物馆	保护修复单位	山东博物馆
方案名称及编号	山东博物馆藏全形拓片保护修复方案	批准单位及文号	鲁文旅博〔2019〕14号
提取日期	2020.06.14	提取经办人	鲁元良、孔梅仙
返还日期	2021.02.01	返还经办人	鲁元良、孔梅仙、张祖伟
病害调查人员	鲁元良、庄萍		
修复人员	鲁元良、孔梅仙、林画阳		

表 2　馆藏纸质文物保存现状表

<table>
<tr><td>文物原保存环境</td><td colspan="4">该件文物于山东博物馆成立之初入藏，随山东博物馆库房进行过多次搬迁。山东博物馆原库房环境比较差，位于市中心老城区，夏季炎热、湿度大，冬季干燥，不利于纸质文物的保存。2011 年，该文物随山东博物馆搬入新馆库房，新库房保存环境适宜。</td></tr>
<tr><td rowspan="2">画心尺寸（cm）</td><td colspan="2">修复前（长 × 宽）</td><td colspan="2">修复后（长 × 宽）</td></tr>
<tr><td colspan="2">81.4 × 28.0</td><td colspan="2">81.4 × 28.0</td></tr>
<tr><td>裱件尺寸（cm）</td><td colspan="2">100.0 × 34.0</td><td colspan="2">168.0 × 39.6</td></tr>
<tr><td>画心三点厚度（mm）</td><td>前
左上 0.255
左中 0.240
左下 0.260</td><td>后
左上 0.240
左中 0.235
左下 0.245</td><td>写印色料酒精和水中溶解性</td><td>不溶于水
不溶于乙醇</td></tr>
<tr><td>文物原保护修复记录</td><td colspan="4">无</td></tr>
<tr><td>文物典型病害状况</td><td colspan="4">1. 原始状态为立轴装，裱件的天杆缺失，地杆也几乎掉落。
2. 纸张老化严重，手感脆薄。
3. 画心右上部大面积残缺，表面有大量灰尘污渍、污渍。</td></tr>
<tr><td>备　注</td><td colspan="4"></td></tr>
</table>

表 3　馆藏纸质文物检测分析表

<table>
<tr><td>检测项目</td><td colspan="2">1. 修复前后 pH 值对比
2. 修复前后画心白度对比
3. 修复前后画心色差对比</td></tr>
<tr><td>检测目的</td><td colspan="2">1. 测试文物本体保护修复前后 pH 值变化情况。
2. 测试文物本体纸张的白度，为修复用纸的选择提供依据。同时，测试文物本体保护修复前后，特别是污染物经过清洗后的色差变化。</td></tr>
<tr><td>检测分析方法</td><td colspan="2">昕瑞 SW-2C 白度仪
2AA310 型便携式 pH 值测定仪
威福光电 WR-10 色差仪</td></tr>
<tr><td rowspan="4">检测结果</td><td>保护修复前</td><td>保护修复后</td></tr>
<tr><td>1. pH 值
对洗画时初次污水和末次污水 pH 值进行测定对比，清洗的初次污水的 pH 平均值为 6.04</td><td>1. pH 值
清洗之后的 pH 平均值为 6.84</td></tr>
<tr><td>2. 白度
保护修复前画心左下角左右一厘米处，白度为 28.3</td><td>2. 白度
保护修复后画心左下角一厘米处，白度为 25.9</td></tr>
<tr><td>3. 色差
保护修复前画心左下角左右一厘米处右下角左右 1 厘米处，色差为：
L=72.91
a=6.10
b=17.31</td><td>3. 色差
保护修复后画心左下角左右一厘米处右下角左右 1 厘米处，色差为：
L=74.29
a=5.81
b=16.67</td></tr>
<tr><td>检测单位</td><td colspan="2">山东博物馆</td></tr>
<tr><td>备　注</td><td colspan="2"></td></tr>
</table>

表 4　馆藏纸质文物保护修复过程记录表

技术变更	无		
项目负责人	鲁元良	保护修复人	鲁元良、孔梅仙
完成日期	2020.12.20	审　核	郑捷
保护修复日志			

日　期	文物保护修复主要过程
2020.06.14	分析检测，制订方案。对文物的 pH 值、白度、厚度、色差等数据进行分析检测记录，比较原修复方案，调整新的保护修复技术路线。
2020.06.18	清洗画心。拆下天地杆，裁切文物的四周镶料，取下画心。先在洗画池工作台上铺一张聚乙烯薄膜，将画心正面向上放在薄膜上，用温水喷潮展开，采用淋洗法，将温开水（约 80℃）缓慢淋在画心上，让污水慢慢流出，要注意防止画心位置出现错位。然后使用干净的毛巾卷，采用滚洗法把污水赶出。
2020.06.18	脱酸处理。将画心洗净后，采用饱和氢氧化钙溶液对画心进行 30 分钟的浸泡，调节画心酸度，并对画心酸化做一定程度的缓冲处理。之后用毛巾将多余的脱酸液排出，预备揭覆背纸。将画心倒扣在案子上，揭除覆背纸。
2020.06.19	补画心，上命纸。本件文物画心残缺断裂严重，需要对文物残缺处进行补配，选取经分析后性状与画心相近的纸张进行染色，对残缺处进行补配，边缘处用马蹄刀进行处理，保留毛口，以便粘接牢固。在断裂处采用 0.7cm 宽的宣纸条，上浆糊进行加固。采用覆托方法将选配的命纸经过刷浆糊、吸水后，覆盖在画心背面，再用棕刷刷紧，将命纸刷平刷牢。

（续表）

2020.06.22—06.29	画心全色。补全残缺处图案是该件文物的保护修复难点。本次修复方案决定对拓片部分的残缺进行补配，不对题跋部分进行接笔补全。拓片部分援引上海博物馆藏原文物拓片，对纹饰进行重建，采用点拓的方法补全拓片纹饰。
2020.06.30	画心上墙。将修补完成的画心上墙整平，由于其破损严重，需要随时观察，并适时喷水防止出现裂缝。
2020.09.04	托染花绫，制作覆背纸。
2020.09.09	将整平的画心从大墙上取下，按照原边界裁切画心。按照色裱的品式选取镶料，进行裁切下料。下好料后，镶嵌画心，并将预备好的覆背纸托在画心裱件背后，刷牢，贴好签条搭杆，晾干。
2020.09.10	将镶嵌好、托好覆背纸的裱件正面朝下，喷潮，稍作伸展，在其废边四面上浆糊，上墙整平。整平期间注意观察，随时进行局部喷潮处理，防止画心出现断裂等问题。
2020.12.03	砑装。用竹启子将裱件从墙上取下，对废边稍加清理。将裱件放在装潢案上打蜡砑活，完成后选配天地杆进行装杆，穿挂绳扎带，完成实体修复工作。
2020.12.20	拍照并完善保护修复档案。
2021.02.01	返还库房。
修复难点	本件文物画心残缺断裂严重，需要对文物残缺处进行补配，选取经分析后性状与画心相近的纸张，进行染色。由于文物上下有一定的色差，所以在染色时也需要注意，不能一次染成，而要分次染多个相近的颜色，选取合适的进行修复。

表 5 影音资料

1 保护修复前

2　文物病害图

3　保护修复前局部水渍

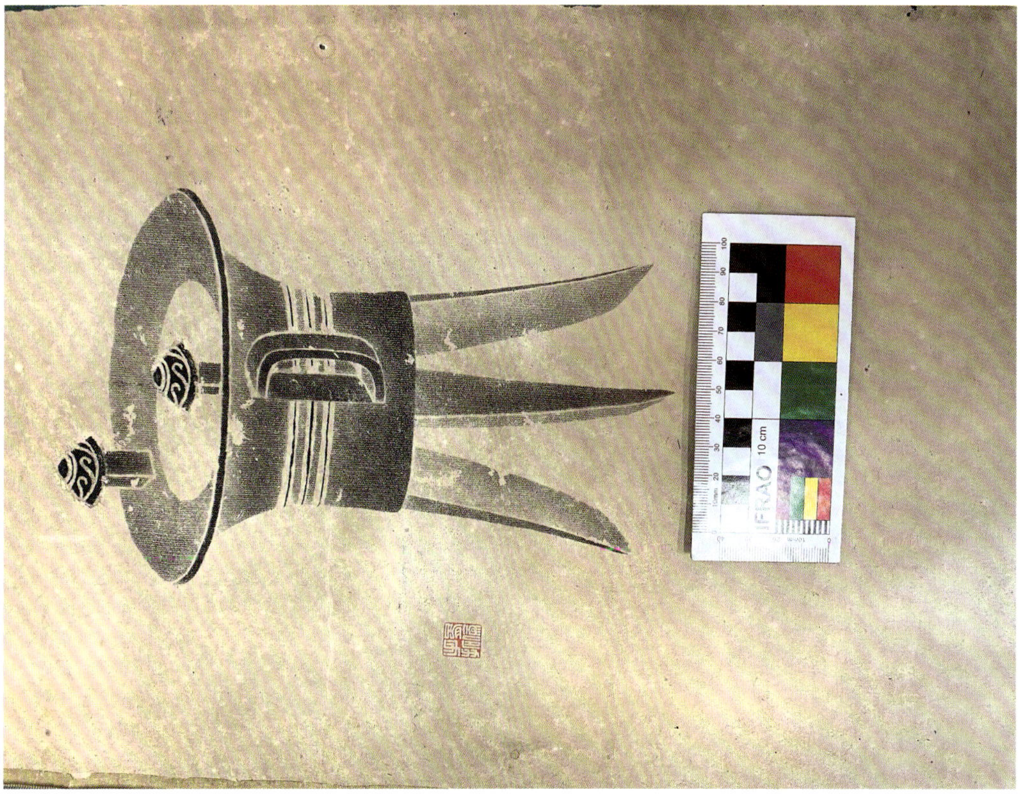

4　保护修复前局部折痕、脱落

5 保护修复前局部污渍

6 洗画心

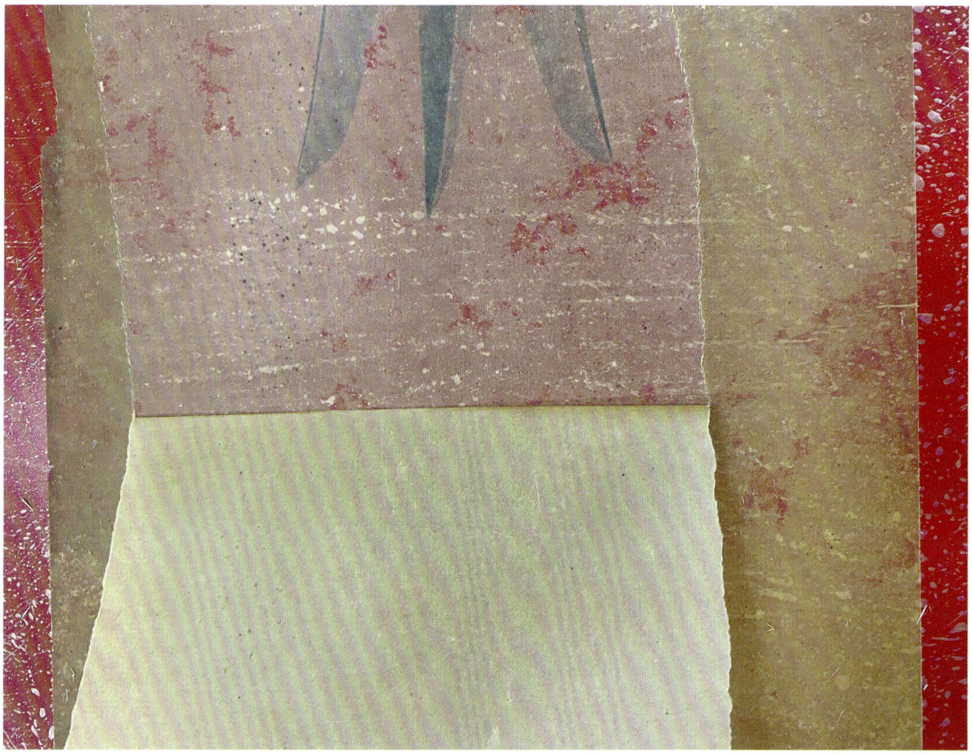

7 揭去覆背纸

8 揭命纸

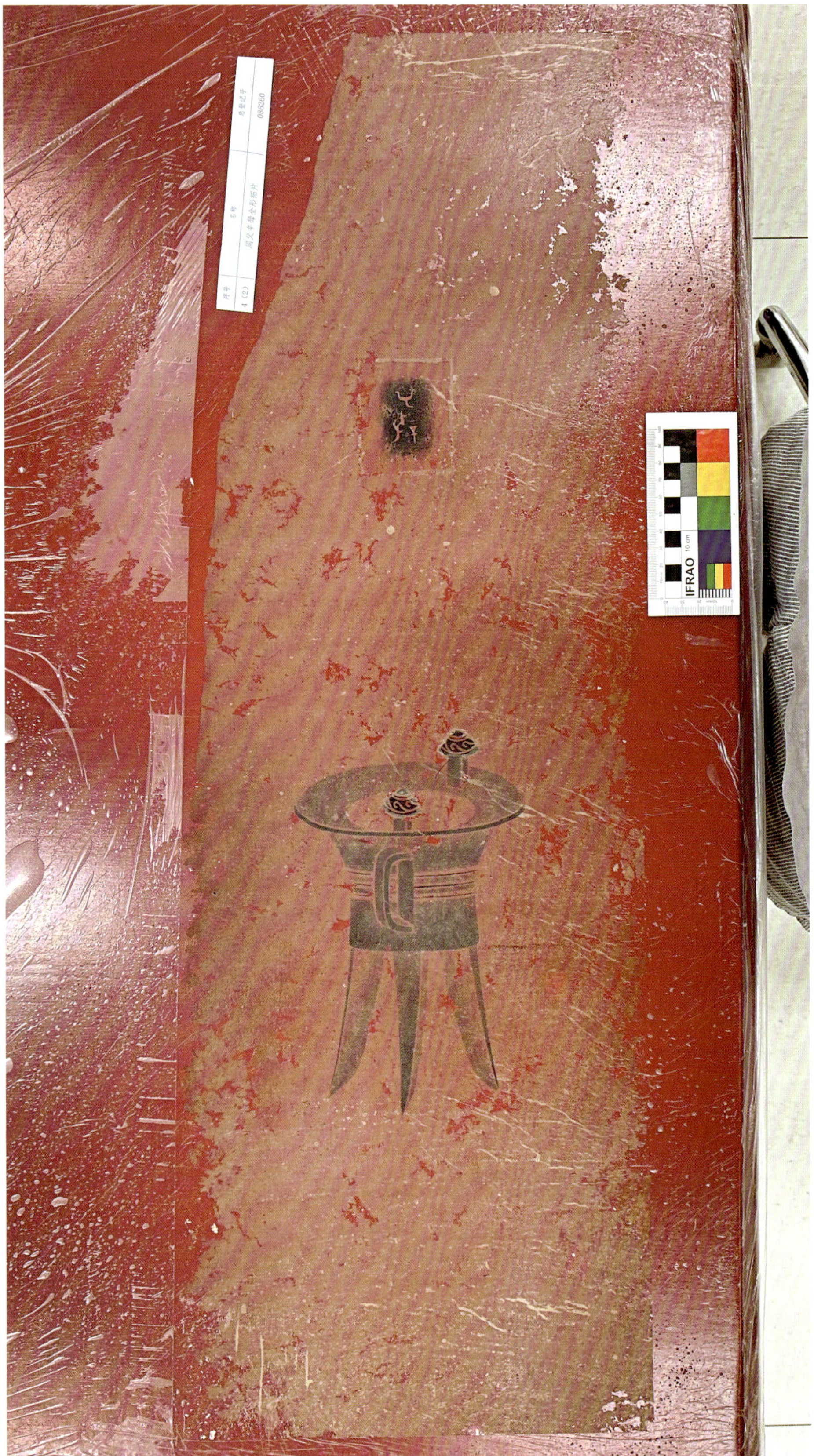

9　揭裱完成

10 托画心

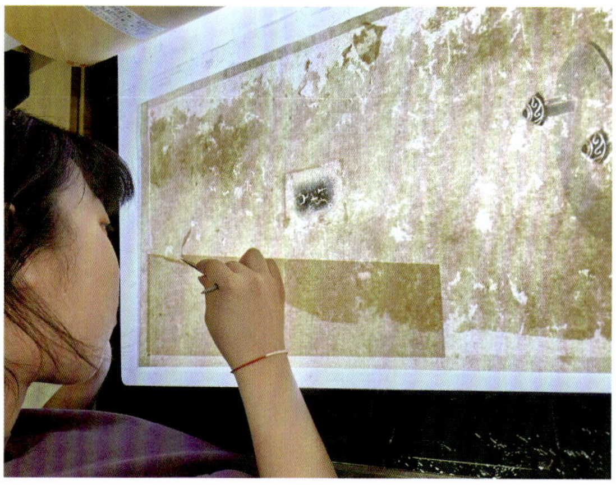

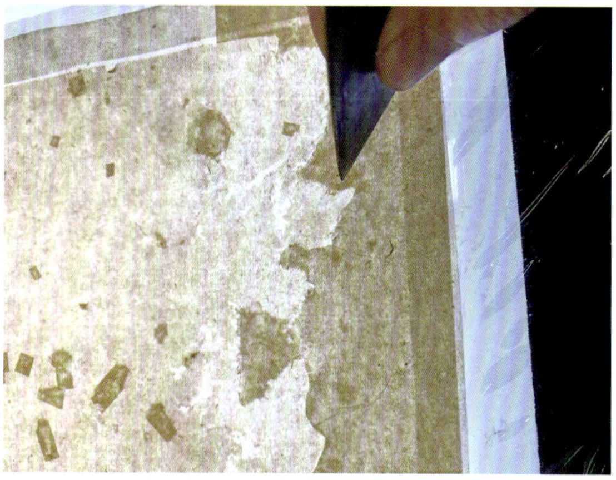

11　修补残缺

12　修补完成

13　封正法上墙绷平画心

14　镶画心，上覆背，上墙绷平

15　下墙，打蜡装杆

16 修复完成后

馆藏纸质文物保护修复档案记录

项目名称：山东博物馆藏全形拓片保护修复

文物名称：齐侯四器拓本屏

2021年11月

中华人民共和国国家文物局制

表 1-1　馆藏纸质文物保护修复基本信息表

文物名称	齐侯四器拓本屏 1. 鼎		
收藏单位	山东博物馆	登 录 号	51353-1
来　源	山东博物馆	年　代	清
类　别	拓片	级　别	三级
方案设计单位	山东博物馆	保护修复单位	山东博物馆
方案名称及编号	山东博物馆藏全形拓片保护修复方案	批准单位及文号	鲁文旅博〔2019〕14 号
提取日期	2021.02.23	提取经办人	鲁元良、孔梅仙
返还日期	2022.01.07	返还经办人	鲁元良、孔梅仙、张祖伟
病害调查人员	鲁元良、庄萍		
修复人员	鲁元良、孔梅仙		

表 1-2　馆藏纸质文物保存现状表

文物原保存环境	该件文物于山东博物馆成立之初便已经入藏，随山东博物馆库房进行过多次搬迁。山东博物馆原库房环境比较差，位于市中心老城区，夏季炎热、湿度大，冬季干燥，不利于纸质文物的保存。2011 年，该文物随山东博物馆搬入新馆库房，新库房保存环境适宜。			
画心尺寸（cm）	修复前（长 × 宽）		修复后（长 × 宽）	
	128.5 × 46.0		129.2 × 46.1	
裱件尺寸（cm）	145.5 × 49.9		173.0 × 53.1	
画心三点厚度（mm）	前 右下 0.205 右中 0.210 右上 0.215	后 右下 0.120 右中 0.119 右上 0.116	写印色料酒精和水中溶解性	不溶于水 不溶于乙醇
文物原保护修复记录	无			
文物病害状况	1. 水渍严重，天地头破损严重。 2. 镶缝处镶料破损。 3. 纸张、镶嵌材料脆化严重。			
检测单位	山东博物馆			
备　注				

表 1-3 馆藏纸质文物检测分析表

检测项目	1. 修复前后 pH 值对比 2. 修复前后画心色差比对 3. 修复前后画心白度对比	
检测目的	1. 测试文物本体纸张的白度，为修复用纸的选择提供依据。同时，测试文物本体保护修复前后，特别是污染物经过清洗后的色差变化。 2. 测试文物本体保护修复前后 pH 值变化情况。	
检测分析方法	昕瑞 SW-2C 白度仪、HPG-2132 型便携式色差计、CLEAN PH30 型便携式 pH 值测定仪。	
检测结果	保护修复前	保护修复后
	pH 值： 下部正中 7.82　左上角 7.57 左下角 7.98　上部正中 7.03 右下角 7.99　右上角 7.04 中部 7.38　印章处 7.66 色差： x：5、y：5，色度 L、a、b 值： 上部正中： L=64.05 a=8.57 b=23.09 左上角： L=61.07 a=9.06 b=23.32 中部： L=66.74 a=8.22 b=22.07 右下角： L=65.87 a=8.22 b=21.97 左下角： L=67.58 a=7.86 b=21.45 白度： 左下角 17.9　右下角 17.1 左上角 12.1　右上角 12.4 中 18.6　上部正中 16.2	pH 值： 下部正中 7.81　左上角 7.68 左下角 7.79　上部正中 8.03 右下角 7.97　右上角 7.87 中部 7.63　印章处 7.73 色差： x：5、y：5，色度 L、a、b 值： 上部正中： L=71.67 a=6.20 b=17.86 左上角： L=70.11 a=6.73 b=18.86 中部： L=74.21 a=5.61 b=16.99 右下角： L=72.92 a=6.18 b=17.62 左下角： L=75.86 a=5.23 b=15.97 白度： 左下角 29.4　右下角 28.4 左上角 22.8　右上角 21.2 中 25.9　上部正中 22.9

表 1-4 馆藏纸质文物保护修复过程记录表

技术路线：1. 裁去天地头，清洗画心，揭覆背纸；2. 封正法整平，镶画心，上覆背纸；3. 上墙整平，打蜡装杆。			
项目负责人	鲁元良	保护修复人	鲁元良、孔梅仙
完成日期	2021.11.18	审 核	郑捷
技术变更	无		
保护修复日志			
日 期	文物保护修复主要过程		
2021.06.22	分析检测，制订方案。对文物的 pH 值、白度、厚度、色差等数据进行分析检测记录，比较原修复方案，调整新的保护修复技术路线。		
2021.06.28	清洗画心。拆下天地杆，裁切文物的四周镶料，取下画心。先在洗画池工作台上铺一张聚乙烯薄膜，将画心正面向上放在洗薄膜上，用温水喷潮展开，采用淋洗法将温开水（约 80℃）缓慢淋在画心上，让污水慢慢流出，要注意防止画心位置出现错位。然后使用干净的毛巾卷，采用滚洗法把污水赶出。		
2021.06.29	揭画心。用一张聚乙烯薄膜平铺在画心上，刷平刷紧，提起下层薄膜，将画心从工作台上取下，正面朝下平铺在装潢案上刷紧，揭取上层薄膜。从一角开始先区分好覆背纸和命纸，用镊子提起覆背纸慢慢揭取下来，画心命纸予以保留。采用白绢对画心进行封正。		
2021.07.02	将整平的画心从大墙上取下，按照原边界裁切画心。		
2021.07.06	染托四条屏所需要的深藏蓝色绫料。		

（续表）

2021.07.07	测量画心尺寸、色差、厚度。
2021.07.08	托四条屏所需的覆背纸。
2021.07.12	镶画心，上覆背纸。按照四条屏潍县裱的品式裁好镶料，进行裁切下料。下好料后镶嵌画心，并将预备好的覆背纸托在画心裱件背后，刷牢，贴好签条搭杆，晾干。
2021.07.16	将镶嵌好、托好覆背纸的裱件正面朝下，喷潮，稍作伸展，在其废边四面上浆糊，上墙整平。整平期间注意观察，需要时进行局部喷潮处理，防止画心出现断裂等问题。
2021.11.08	砑装。用竹启子将裱件从墙上取下，对废边稍加清理。将裱件放在装潢案上打蜡砑活，完成后选配天地杆进行装杆，穿挂绳扎带，完成实体修复工作。
2021.11.18	拍照并完善保护修复档案。
2022.01.07	返还库房。

表 2-1 馆藏纸质文物保护修复基本信息表

文物名称	齐侯四器拓本屏 2. 敦		
收藏单位	山东博物馆	登 录 号	51353-2
来 源	山东博物馆	年 代	清
类 别	拓片	级 别	三级
方案设计单位	山东博物馆	保护修复单位	山东博物馆
方案名称及编号	山东博物馆藏全形拓片保护修复方案	批准单位及文号	鲁文旅博〔2019〕14 号
提取日期	2021.02.23	提取经办人	鲁元良、孔梅仙
返还日期	2022.01.07	返还经办人	鲁元良、孔梅仙、张祖伟
病害调查人员	鲁元良、庄萍		
修复人员	鲁元良、孔梅仙		

表 2-2 馆藏纸质文物保存现状表

文物原保存环境	该件文物于山东博物馆成立之初便已经入藏，随山东博物馆库房进行过多次搬迁。山东博物馆原库房环境比较差，位于市中心老城区，夏季炎热、湿度大，冬季干燥，不利于纸质文物的保存。2011 年，该文物随山东博物馆搬入新馆库房，新库房保存环境适宜。			
画心尺寸(cm)	修复前（长 × 宽）		修复后（长 × 宽）	
	128.4 ×46.1		129.2×46.1	
裱件尺寸(cm)	146 ×49.8~50.1		174.0×53.1	
画心四点厚度（mm）	前 右下 0.19 右中 0.22 右上 0.22	后 右下 0.131 右中 0.128 右上 0.132	写印色料酒精和水中溶解性	不溶于水 不溶于乙醇
文物原保护修复记录	无			
文物病害状况	1. 天地头破损严重。 2. 镶缝处镶料有破损。 3. 纸张、镶嵌材料老化变脆。			
检测单位	山东博物馆			
备　注				

表 2-3 馆藏纸质文物检测分析表

<table>
<tr><td>检测项目</td><td colspan="2">1. 修复前后 pH 值对比
2. 修复前后画心色差比对
3. 修复前后画心白度对比</td></tr>
<tr><td>检测目的</td><td colspan="2">1. 测试文物本体纸张的白度，为修复用纸的选择提供依据。同时，测试文物本体保护修复前后，特别是污染物经过清洗后的色差变化。
2. 测试文物本体保护修复前后 pH 值变化情况。</td></tr>
<tr><td>检测分析方法</td><td colspan="2">昕瑞 SW-2C 白度仪、HPG-2132 型便携式色差计、CLEAN PH30 型便携式 pH 值测定仪。</td></tr>
<tr><td rowspan="2">检测结果</td><td>保护修复前</td><td>保护修复后</td></tr>
<tr><td>pH 值：
下部正中 6.06　左上角 5.18
左下角 5.72　部正中 5.30
右下角 5.98　右上角 5.20
中部 5.65　印章处 5.62

色差：
x：5、y：5，色度 L、a、b 值为：
上部正中
L=63.43 a=8.36 b=22.15
左上角
L=62.14 a=8.79 b=22.86
中部
L=67.70 a=7.81 b=21.87
右下角
L=68.19 a=7.79 b=21.54
左下角
L=68.95 a=7.29 b=20.65

白度：
左下角 18.6　右下角 19.7
左上角 12.7　右上角 12.8
中 19.7　上部正中 16.3</td><td>pH 值：
下部正中 7.36　左上角 7.21
左下角 7.38　上部正中 7.37
右下角 7.12　右上角 7.51
中部 7.97　印章处 7.49

色差：
x：5、y：5，色度 L、a、b 值为：
上部正中
L=72.71 a=5.91 b=17.26
左上角
L=70.00 a=6.92 b=18.86
中部
L=75.22 a=5.48 b=16.44
右下角
L=75.26 a=5.53 b=16.27
左下角
L=76.11 a=5.34 b=15.83

白度：
左下角 32.3　右下角 30.0
左上角 23.9　右上角 21.7
中 26.9　上部正中 22.1</td></tr>
</table>

表 2-4 馆藏纸质文物保护修复过程记录表

技术路线：1. 裁去天地头，清洗画心，揭覆背纸；2. 封正法整平，镶画心，上覆背纸；3. 上墙整平，打蜡装杆。			
项目负责人	鲁元良	保护修复人	鲁元良、孔梅仙
完成日期	2021.11.10	审 核	郑捷
技术变更	无		
保护修复日志			
日 期	文物保护修复主要过程		
2021.06.22	分析检测，制订方案。对文物的 pH 值、白度、厚度、色差等数据进行分析检测记录，比较原修复方案，调整新的保护修复技术路线。		
2021.07.01	清洗画心。拆下天地杆，裁切文物的四周镶料，取下画心。先在洗画池工作台上铺一张聚乙烯薄膜，将画心正面向上放在洗薄膜上，用温水喷潮展开，采用淋洗法将温开水（约 80℃）缓慢淋在画心上，让污水慢慢流出，要注意防止画心位置出现错位。然后使用干净的毛巾卷，采用滚洗法把污水赶出。		
2021.07.02	揭画心。用一张聚乙烯薄膜平铺在画心上，刷平刷紧，提起下层薄膜，将画心从工作台上取下，正面朝下平铺在装潢案上刷紧，揭取上层薄膜。从一角开始先区分好覆背纸和命纸，用镊子提起覆背纸慢慢揭取下来，画心命纸予以保留。采用白绢对画心进行封正。		
2021.07.05	将整平的画心从大墙上取下，按照原边界裁切画心。		
2021.07.06	染托四条屏所需要的深藏蓝色绫料。		

（续表）

2021.07.07	测量画心尺寸、色差、厚度。
2021.07.08	托四条屏所需的覆背纸。
2021.07.013	镶画心，上覆背纸。按照四条屏潍县裱的品式裁好镶料，进行裁切下料。下好料后镶嵌画心，并将预备好的覆背纸托在画心裱件背后，刷牢，贴好签条搭杆，晾干。
2021.07.16	将镶嵌好、托好覆背纸的裱件正面朝下，喷潮，稍作伸展，在其废边四面上浆糊，上墙整平。整平期间随时观察，需要时进行局部喷潮处理，防止画心出现断裂等问题。
2021.11.08	砑装。用竹启子将裱件从墙上取下，对废边稍加清理。将裱件放在装潢案上打蜡砑活，完成后选配天地杆进行装杆，穿挂绳扎带，完成实体修复工作。
2021.11.10	拍照并完善保护修复档案。
2022.01.07	返还库房。

表 3-1　馆藏纸质文物保护修复基本信息表

文物名称	齐侯四器拓本屏 3. 盘		
收藏单位	山东博物馆	登 录 号	51353-3
来　源	山东博物馆	年　代	清
类　别	拓片	级　别	三级
方案设计单位	山东博物馆	保护修复单位	山东博物馆
方案名称及编号	山东博物馆藏全形拓片保护修复方案	批准单位及文号	鲁文旅博〔2019〕14 号
提取日期	2021.02.23	提取经办人	鲁元良、孔梅仙
返还日期	2022.01.07	返还经办人	鲁元良、孔梅仙、张祖伟
病害调查人员	鲁元良、庄萍		
修复人员	鲁元良、孔梅仙		

表 3-2　馆藏纸质文物保存现状表

文物原保存环境	该件文物于山东博物馆成立之初便已经入藏，随山东博物馆库房进行过多次搬迁。山东博物馆原库房环境比较差，位于市中心老城区，夏季炎热、湿度大，冬季干燥，不利于纸质文物的保存。2011 年，该文物随山东博物馆搬入新馆库房，新库房保存环境适宜。			
画心尺寸（cm）	修复前（长 × 宽）		修复后（长 × 宽）	
	128.5 × 46.0		129.1 × 46.2	
裱件尺寸（cm）	146.0 × 50.2~49.9		173.1 × 53.3	
画心四点厚度（mm）	左上 0.195 左中 0.215 左下 0.195	左上 0.122 左中 0.126 左下 0.131	写印色料酒精和水中溶解性	不溶于水 不溶于乙醇
文物原保护修复记录	无			
文物病害状况	1. 画心基本完好，裱件、天地头破损。 2. 有水渍，镶缝处镶料破损。 3. 纸张、镶嵌材料老化变脆。			
检测单位	山东博物馆			
备　注				

表 3-3 馆藏纸质文物检测分析表

<table>
<tr><td>检测项目</td><td colspan="2">1. 修复前后 pH 值对比
2. 修复前后画心色差比对
3. 修复前后画心白度对比</td></tr>
<tr><td>检测目的</td><td colspan="2">1. 测试文物本体纸张的白度，为修复用纸的选择提供依据。同时，测试文物本体保护修复前后，特别是污染物经过清洗后的色差变化。
2. 测试文物本体保护修复前后 pH 值变化情况。</td></tr>
<tr><td>检测分析方法</td><td colspan="2">昕瑞 SW-2C 白度仪、HPG-2132 型便携式色差计、CLEAN PH30 型便携式 pH 值测定仪。</td></tr>
<tr><td rowspan="2">检测结果</td><td>保护修复前</td><td>保护修复后</td></tr>
<tr><td>pH 值：
下部正中 6.23 左上角 5.31
左下角 5.92 上部正中 5.78
右下角 6.32 右上角 5.46
中部 5.67 印章处 5.14
色差：
x：5、y：5，色度 L、a、b 值为：
上部正中
L=63.14 a=8.40 b=22.29
左上角
L=62.22 a=8.83 b=22.81
中部
L=64.41 a=8.51 b=22.60
右下角
L=67.96 a=7.64 b=21.42
左下角
L=66.59 a=7.82 b=21.48
白度：
左下角 16.9 右下角 17.3
左上角 12.5 右上角 12.1
中 16.6 上部正中 15.4</td><td>pH 值：
下部正中 7.75 左上角 7.85
左下角 7.77 上部正中 8.22
右下角 7.65 右上角 8.30
中部 7.36 印章处 7.83
色差：
x：5、y：5，色度 L、a、b 值为：
上部正中
L=71.77 a=5.99 b=17.62
左上角
L=68.24 a=7.20 b=19.45
中部
L=73.22 a=6.15 b=17.58
右下角
L=75.27 a=5.32 b=16.06
左下角
L=75.27 a=5.42 b=15.88
白度：
左下角 25.7 右下角 27.3
左上角 19.0 右上角 19.3
中 23.7 上部正中 18.6</td></tr>
</table>

表 3-4　馆藏纸质文物保护修复过程记录表

技术路线：1. 裁去天地头，清洗画心，揭覆背纸；2. 封正法整平，镶画心，上覆背纸；3. 上墙整平，打蜡装杆。			
项目负责人	鲁元良	保护修复人	鲁元良、孔梅仙
完成日期	2021.11.10	审　核	郑捷
技术变更	无		
保护修复日志			
日　期	文物保护修复主要过程		
2021.06.22	分析检测，制订方案。对文物的 pH 值、白度、厚度、色差等数据进行分析检测记录，比较原修复方案，调整新的保护修复技术路线。		
2021.06.23	清洗画心。拆下天地杆，裁切文物的四周镶料，取下画心。先在洗画池工作台上铺一张聚乙烯薄膜，将画心正面向上放在洗薄膜上，用温水喷潮展开，采用淋洗法将温开水（约 80℃）缓慢淋在画心上，让污水慢慢流出，要注意防止画心位置出现错位。使用干净的毛巾卷，采用滚洗法把污水赶出。		
2021.06.23	揭画心。用一张聚乙烯薄膜平铺在画心上，刷平刷紧，提起下层薄膜，将画心从工作台上取下，正面朝下平铺在装潢案上刷紧，揭取上层薄膜。从一角开始先区分好覆背纸和命纸，用镊子提起覆背纸慢慢揭取下来，画心命纸予以保留。采用白绢，对画心进行封正。		
2021.06.25	将整平的画心从大墙上取下，按照原边界裁切画心。		
2021.07.06	染托四条屏所需要的深藏蓝色绫料。		

（续表）

2021.07.07	测量画心尺寸、色差、厚度。
2021.07.08	托四条屏所需的覆背纸。
2021.07.15	镶画心，上覆背纸。按照四条屏潍县裱的品式裁好镶料，进行裁切下料。下好料后镶嵌画心，并将预备好的覆背纸托在画心裱件背后，刷牢，贴好签条搭杆，晾干。
2021.07.16	将镶嵌好、托好覆背纸的裱件正面朝下，喷潮，稍作伸展，在其废边四面上浆糊，上墙整平。整平期间随时观察，需要时进行局部喷潮处理，防止画心出现断裂等问题。
2021.11.08	砑装。用竹启子将裱件从墙上取下，对废边稍加清理。将裱件放在装潢案上打蜡砑活，完成后选配天地杆进行装杆，穿挂绳扎带，完成实体修复工作。
2021.11.10	拍照并完善保护修复档案。
2022.01.07	返还库房。

表 4-1 馆藏纸质文物保护修复基本信息表

文物名称	齐侯四器拓本屏 4. 匜		
收藏单位	山东博物馆	登 录 号	51353-4
来　源	山东博物馆	年　代	清
类　别	拓片	级　别	三级
方案设计单位	山东博物馆	保护修复单位	山东博物馆
方案名称及编号	山东博物馆藏全形拓片保护修复方案	批准单位及文号	鲁文旅博〔2019〕14 号
提取日期	2021.02.23	提取经办人	鲁元良、孔梅仙
返还日期	2022.01.07	返还经办人	鲁元良、孔梅仙、张祖伟
病害调查人员	鲁元良、庄萍		
修复人员	鲁元良、孔梅仙		

表 4-2 馆藏纸质文物保存现状表

文物原保存环境	该件文物于山东博物馆成立之初便已经入藏，随山东博物馆库房进行过多次搬迁。山东博物馆原库房环境比较差，位于市中心老城区，夏季炎热、湿度大，冬季干燥，不利于纸质文物的保存。2011 年，该文物随山东博物馆搬入新馆库房，新库房保存环境适宜。			
画心尺寸（cm）	修复前（长 × 宽）		修复后（长 × 宽）	
	128.5 × 46.0		129.1 × 46.2	
裱件尺寸（cm）	146.5 × 50.0		173.1 × 53.2	
画心四点厚度（mm）	前 右上 0.210 右中 0.200 右下 0.210	后 右上 0.120 右中 0.128 右下 0.115	写印色料酒精和水中溶解性	不溶于水 不溶于乙醇
文物原保护修复记录	无			
文物病害状况	1. 天地头破损严重、纸张脆化。 2. 镶缝处镶料破损。 3. 纸张、镶嵌材料老化变脆。			
检测单位	山东博物馆			
备　注				

表 4-3 馆藏纸质文物检测分析表

检测项目	1. 修复前后 pH 值对比 2. 修复前后画心色差比对 3. 修复前后画心白度对比	
检测目的	1. 测试文物本体纸张的白度，为修复用纸的选择提供依据。同时，测试文物本体保护修复前后，特别是污染物经过清洗后的色差变化。 2. 测试文物本体保护修复前后 pH 值变化情况。	
检测分析方法	昕瑞 SW-2C 白度仪、HPG-2132 型便携式色差计、CLEAN PH30 型便携式 pH 值测定仪。	
检测结果	保护修复前	保护修复后
	pH 值： 下部正中 6.00　左上角 5.21 左下角 5.74　上部正中 5.51 右下角 6.07　右上角 5.32 中部 5.66　印章处 5.36 色差： x：5、y：5，色度 L、a、b 值为： 上部正中 L=62.89 a= 8.53 b=22.56 左上角 L=61.15 a=9.08 b=23.19 中部 L=66.89 a=7.96 b=21.76 右下角 L=68.85 a=7.34 b=20.69 左下角 L=68.24 a=7.72 b=21.33 白度： 左下角 19.9　右下角 18.6 左上角 12.5　右上角 12.3 中 18　上部正中 15.4	pH 值： 下部正中 7.43　左上角 7.52 左下角 7.57　上部正中 7.55 右下角 7.34　右上角 7.61 中部 7.61　印章处 7.71 色差： x：5、y：5，色度 L、a、b 值为： 上部正中 L=69.93 a=6.04 b=17.82 左上角 L=67.27 a=7.28 b=19.61 中部 L=71.63 a=6.35 b=18.12 右下角 L=74.13 a=5.76 b=16.82 左下角 L=72.51 a=6.12 b=17.38 白度： 左下角 30.8　右下角 32.0 左上角 20.2　右上角 20.3 中 25.5　上部正中 21.0

表 4-4　馆藏纸质文物保护修复过程记录表

技术路线：1. 裁去天地头，清洗画心，揭覆背纸；2. 封正法整平，镶画心，上覆背纸；3. 上墙整平，打蜡装杆。			
项目负责人	鲁元良	保护修复人	鲁元良、孔梅仙
完成日期	2021.11.11	审　核	郑捷
技术变更	无		
保护修复日志			
日　期	文物保护修复主要过程		
2021.06.22	分析检测，制订方案。对文物的 pH 值、白度、厚度、色差等数据进行分析检测记录，比较原修复方案，调整新的保护修复技术路线。		
2021.06.24	清洗画心。拆下天地杆，裁切文物的四周镶料，取下画心。先在洗画池工作台上铺一张聚乙烯薄膜，将画心正面向上放在洗薄膜上，用温水喷潮展开，采用淋洗法将温开水（约 80℃）缓慢淋在画心上，让污水慢慢流出，要注意防止画心位置出现错位。然后使用干净的毛巾卷，采用滚洗法把污水赶出。		
2021.06.25	揭画心。用一张聚乙烯薄膜平铺在画心上，刷平刷紧，提起下层薄膜，将画心从工作台上取下，正面朝下平铺在装潢案上刷紧，揭取上层薄膜。从一角开始先区分好覆背纸和命纸，用镊子提起覆背纸慢慢揭取下来，画心命纸予以保留。采用白绢对画心进行封正。		
2021.06.29	将整平的画心从大墙上取下，按照原边界裁切画心。		
2021.07.06	染托四条屏所需要的深藏蓝色绫料。		

（续表）

2021.07.07	测量画心尺寸、色差、厚度。
2021.07.14	托四条屏所需的覆背纸。
2021.07.16	镶画心，上覆背纸。按照四条屏潍县裱的品式裁好镶料，进行裁切下料。下好料后镶嵌画心，并将预备好的覆背纸托在画心裱件背后，刷牢，贴好签条搭杆，晾干。
2021.11.08	将镶嵌好、托好覆背纸的裱件正面朝下，喷潮，稍作伸展，在其废边四面上浆糊，上墙整平。整平期间随时观察，需要时进行局部喷潮处理，防止画心出现断裂等问题。
2021.11.09	砑装。用竹启子将裱件从墙上取下，对废边稍加清理。将裱件放在装潢案上打蜡砑活，完成后选配天地杆进行装杆，穿挂绳扎带，完成实体修复工作。
2021.11.11	拍照并完善保护修复档案。
2022.01.07	返还库房。
修复难点	对潍县裱的品式恢复性修复。所用材料、所采用的尺寸，均按照最典型的潍县品式进行装潢。

照片存档资料

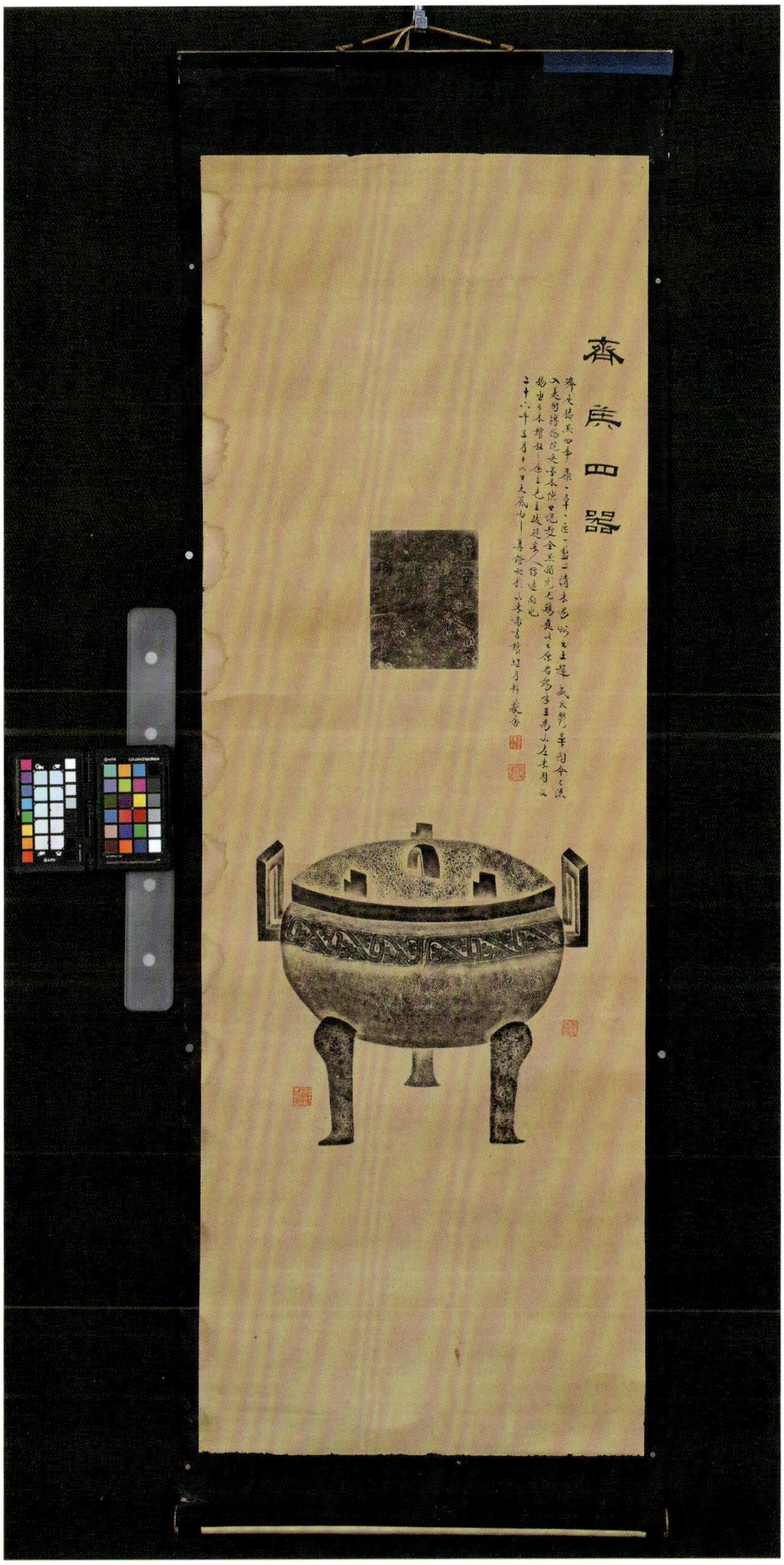

1　保护修复前（一）

1　保护修复前（二）

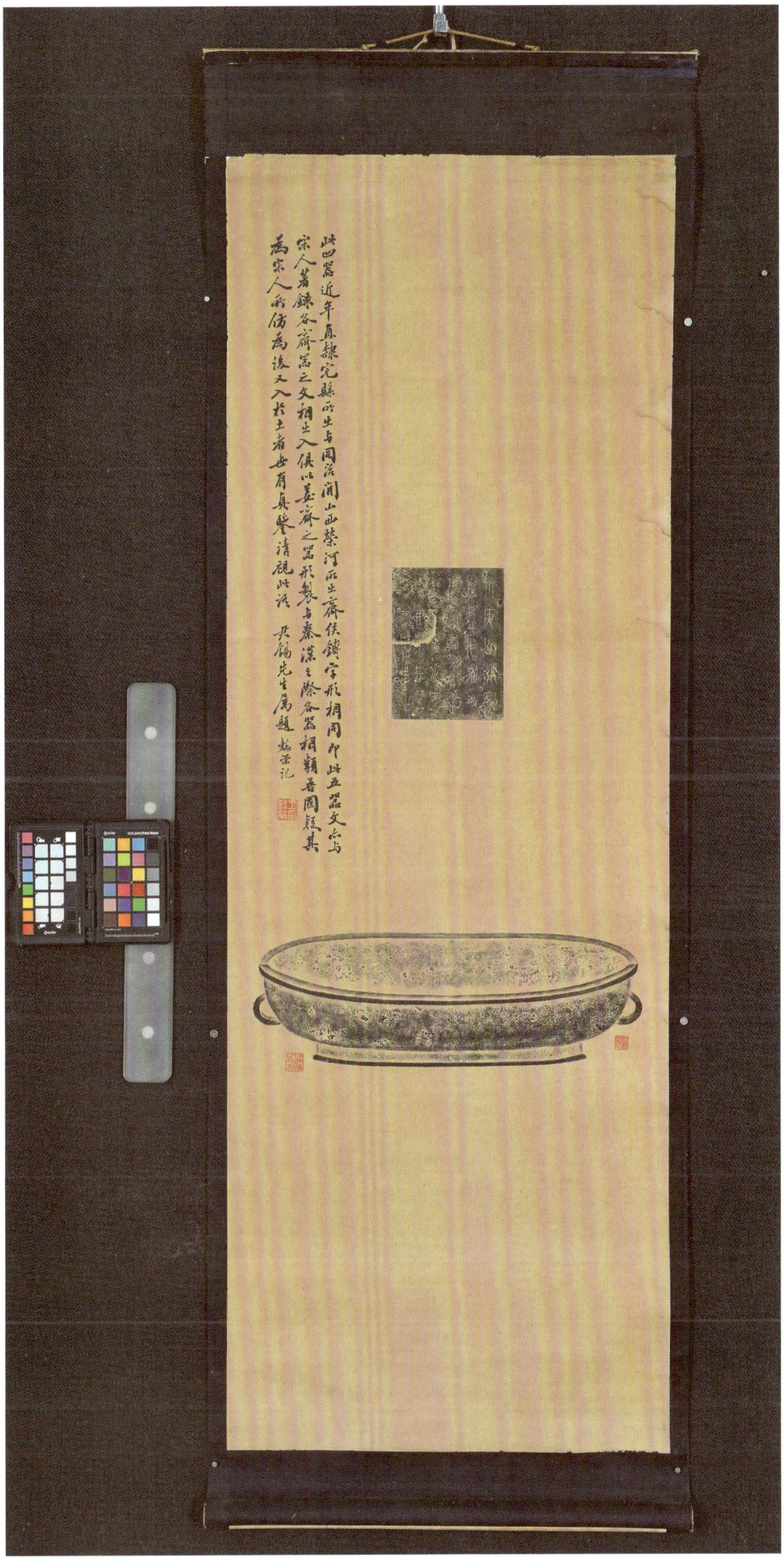

1　保护修复前（三）

1 保护修复前（四）

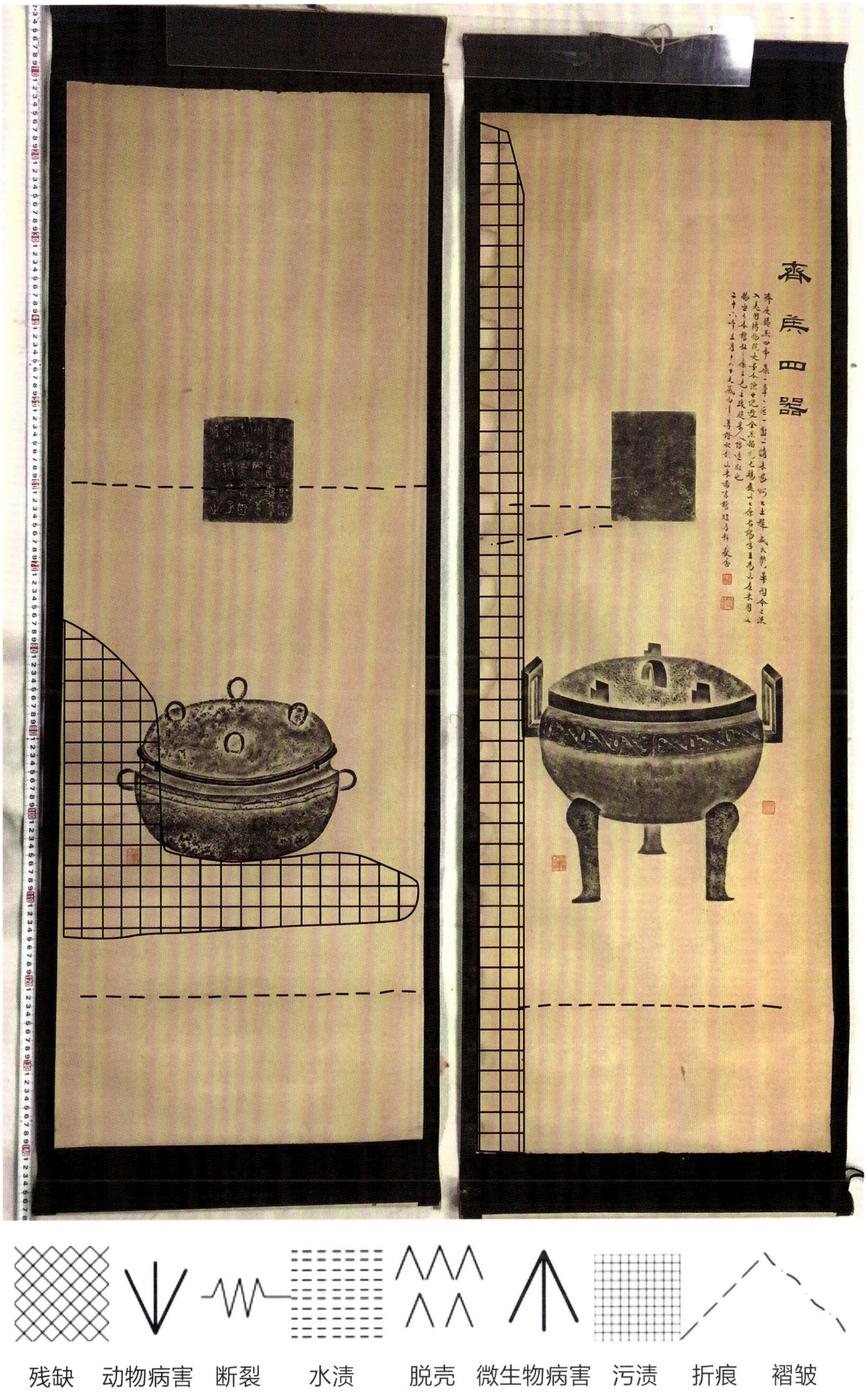

2　文物病害图（一）

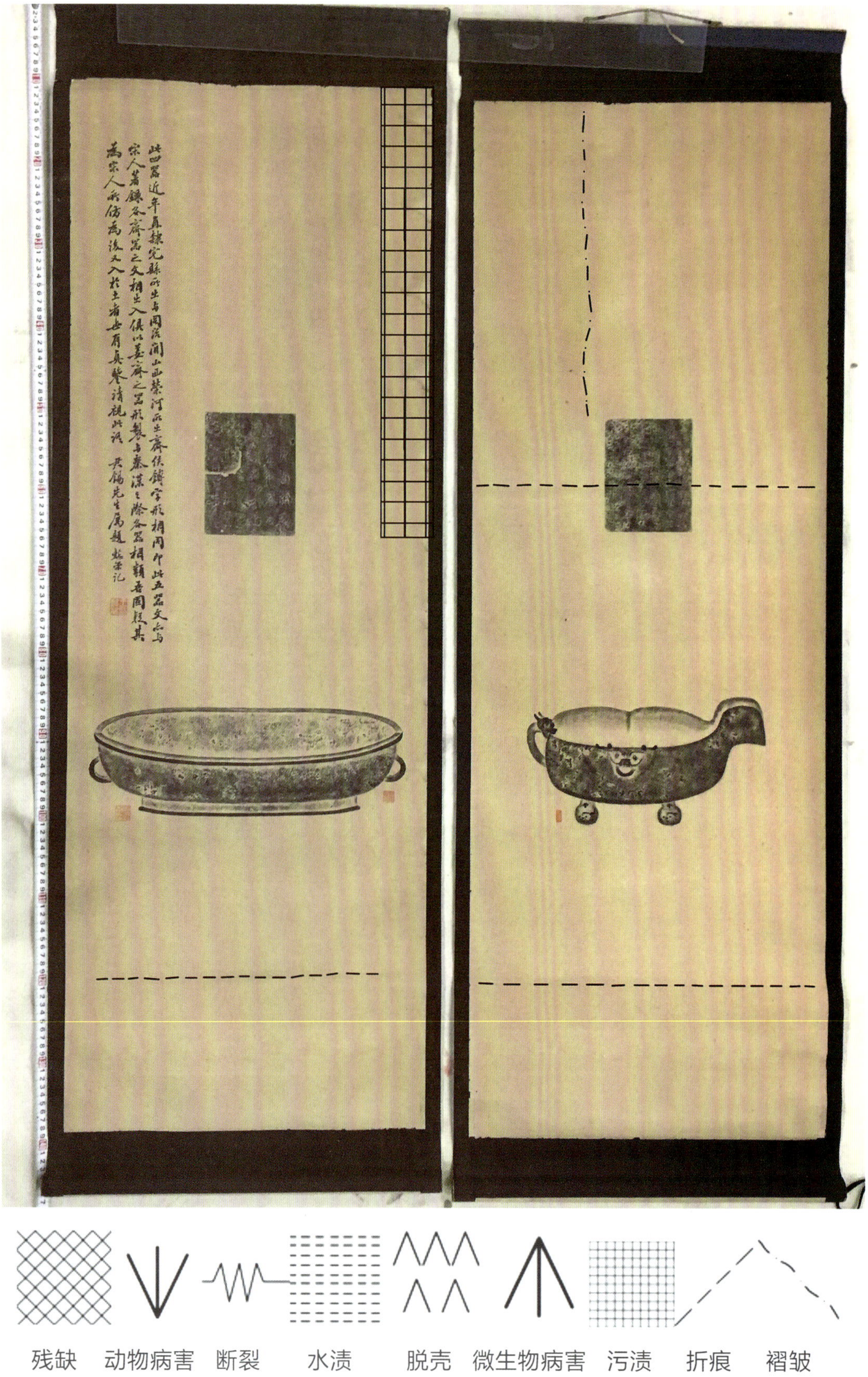

2　文物病害图（二）

3 齐侯四器－鼎 原器物及铭文

4 齐侯四器－敦 原器物及铭文

5　齐侯四器－盘　原器物及铭文

6　齐侯四器－匜　原器物及铭文

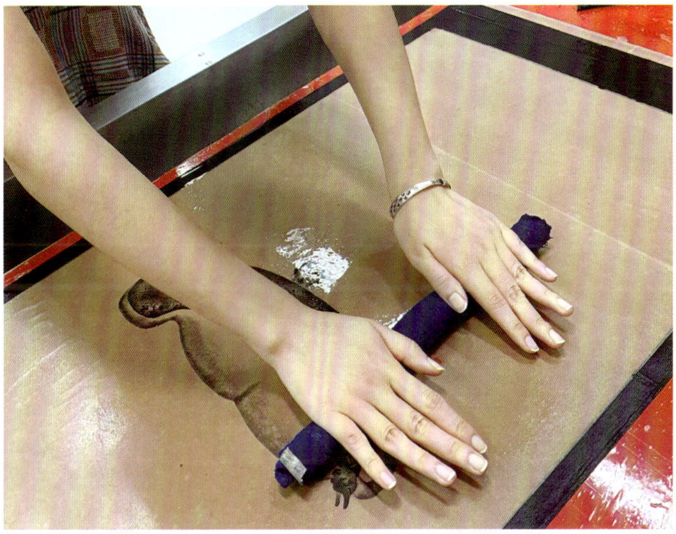

7 清洗画心

8 揭覆背纸

9　封正法上墙整平画心（一）

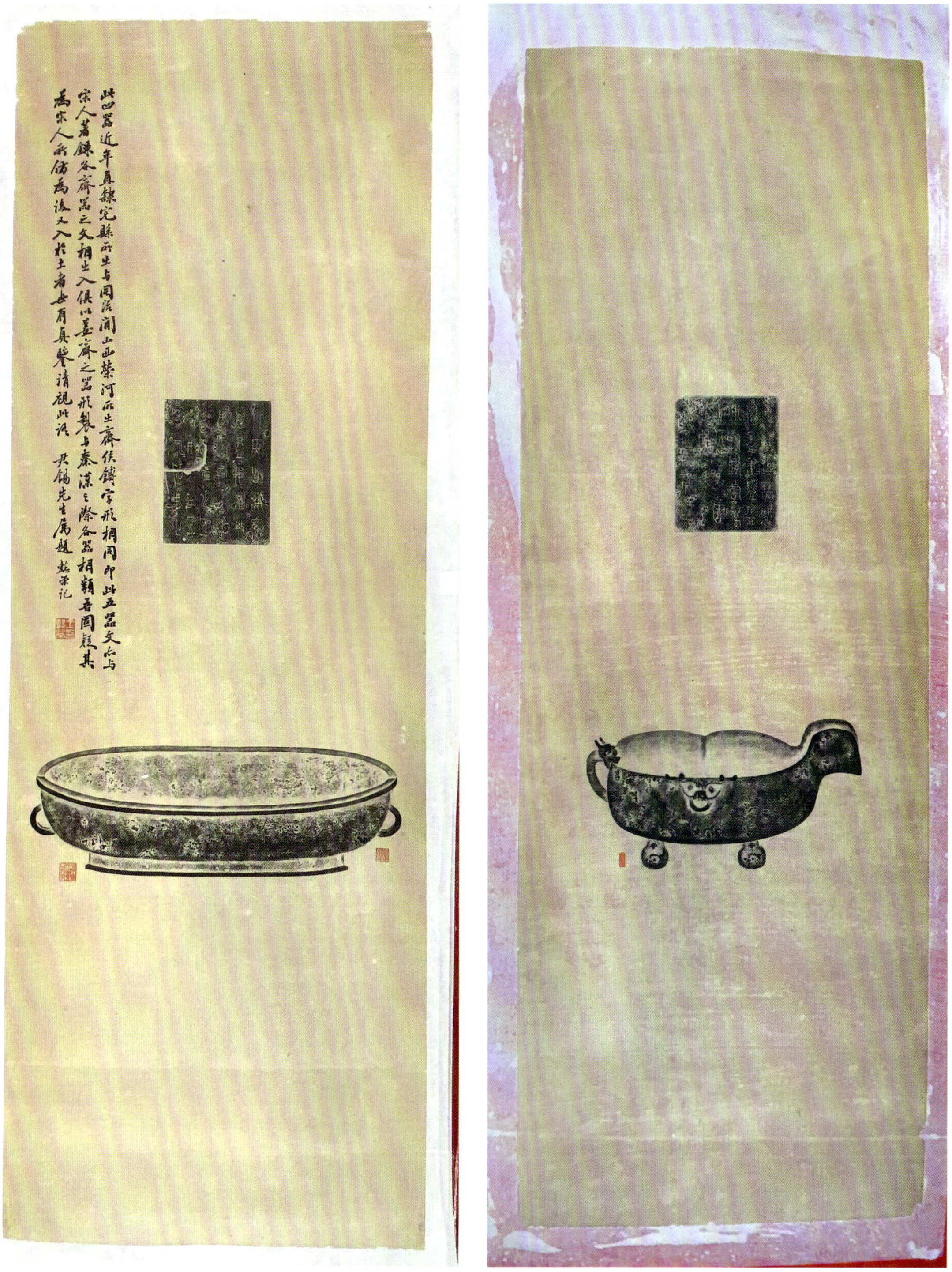

9 封正法上墙整平画心（二）

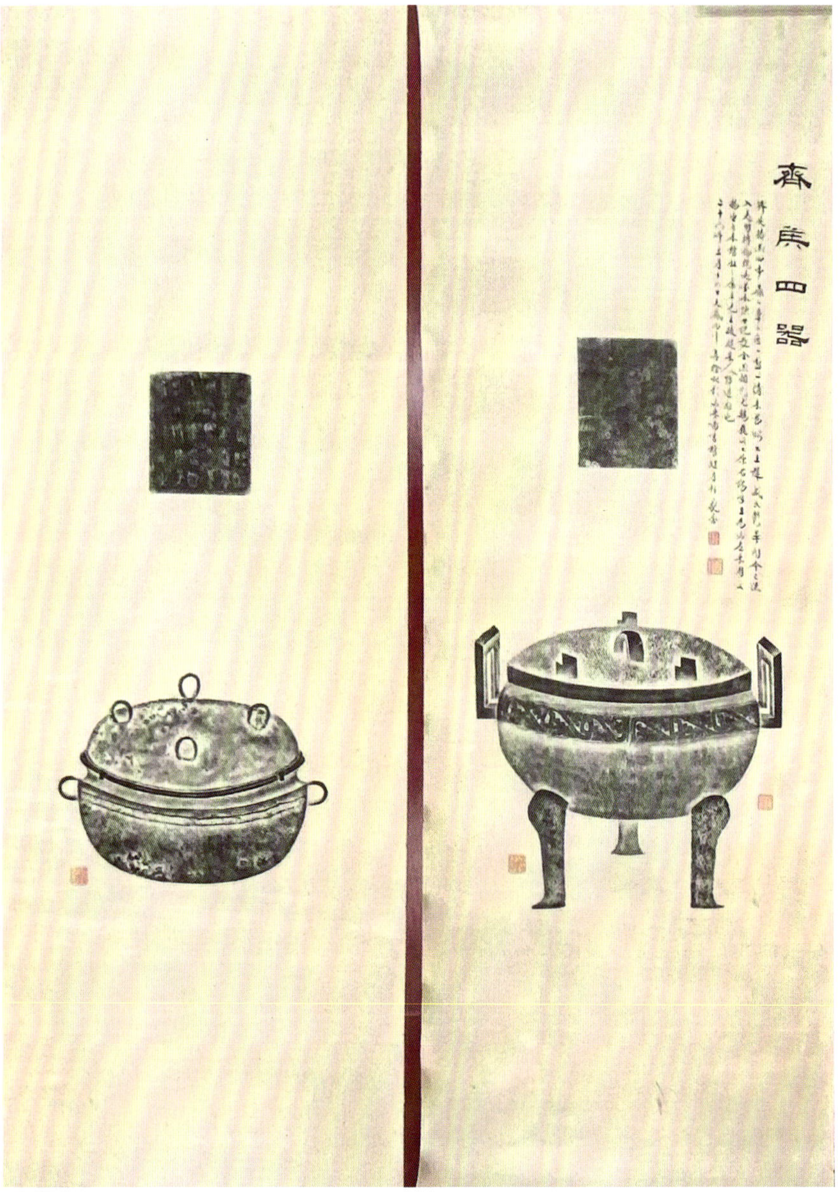

10 画心整平后（一）

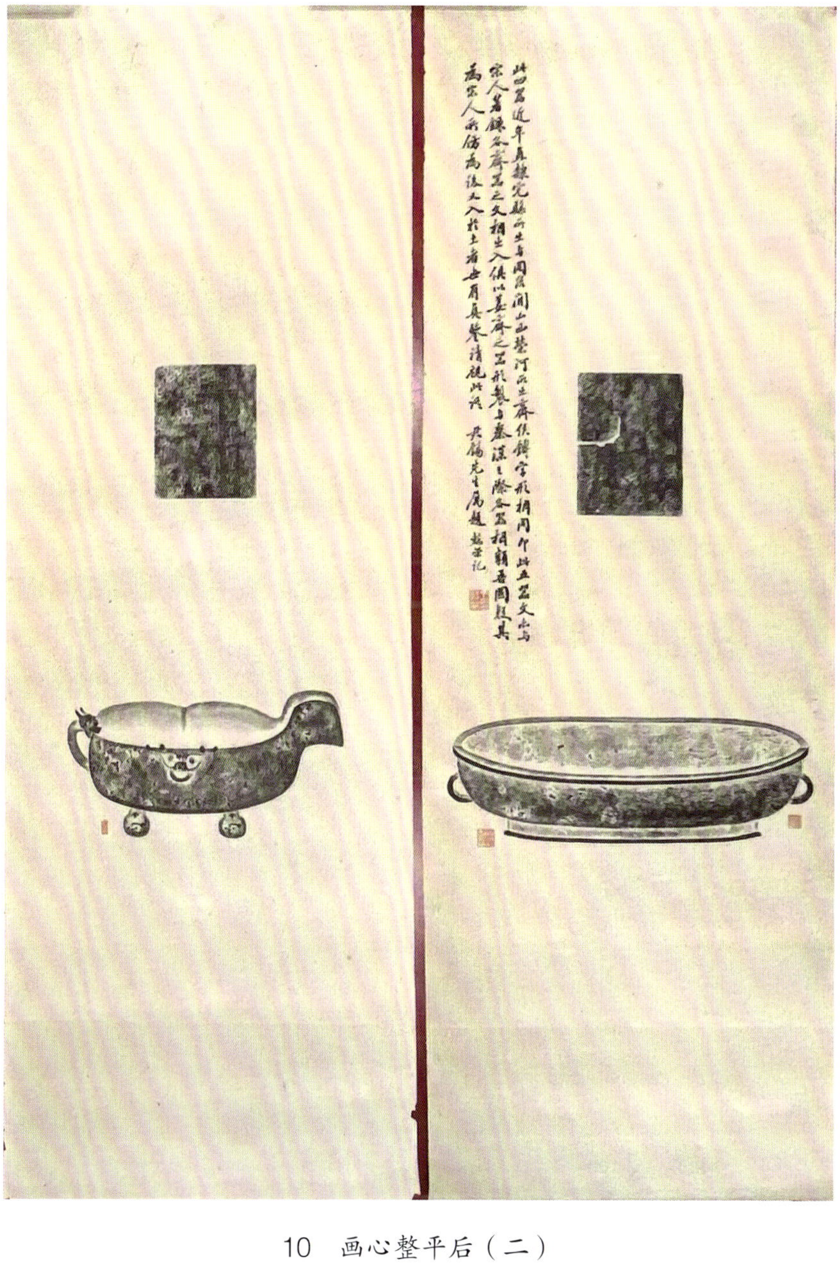

10　画心整平后（二）

11　染绫料、托绫料

12　镶活

13　托覆背

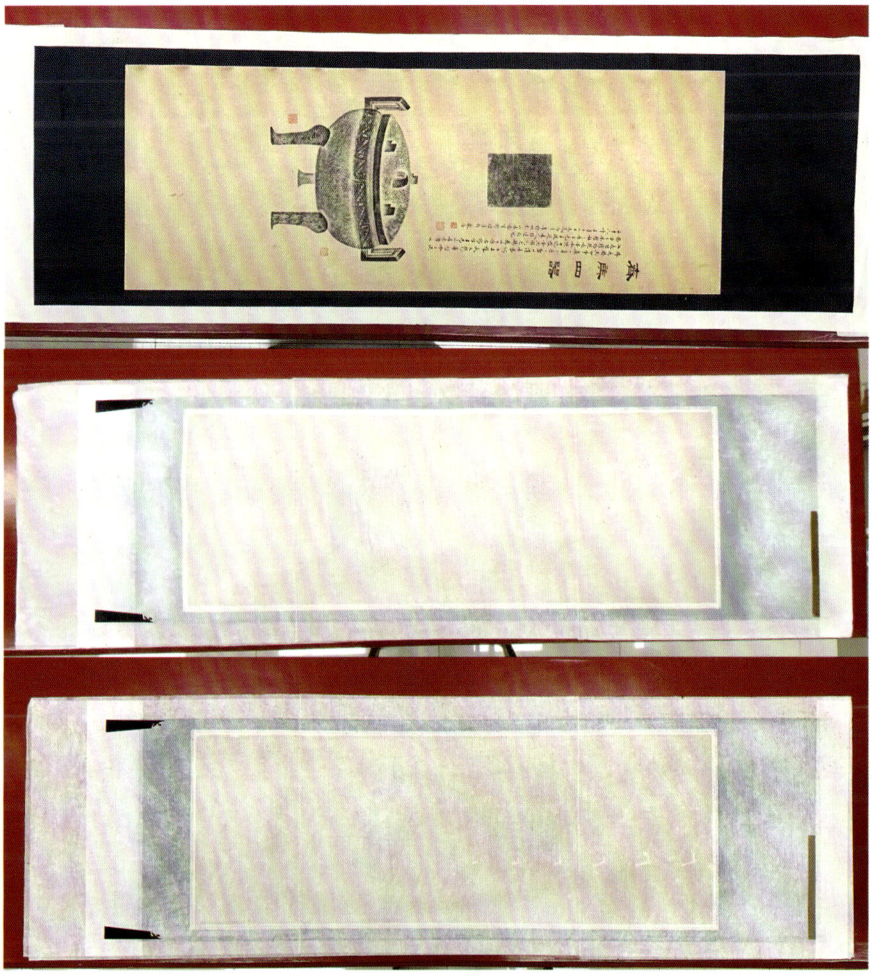

14　上覆背

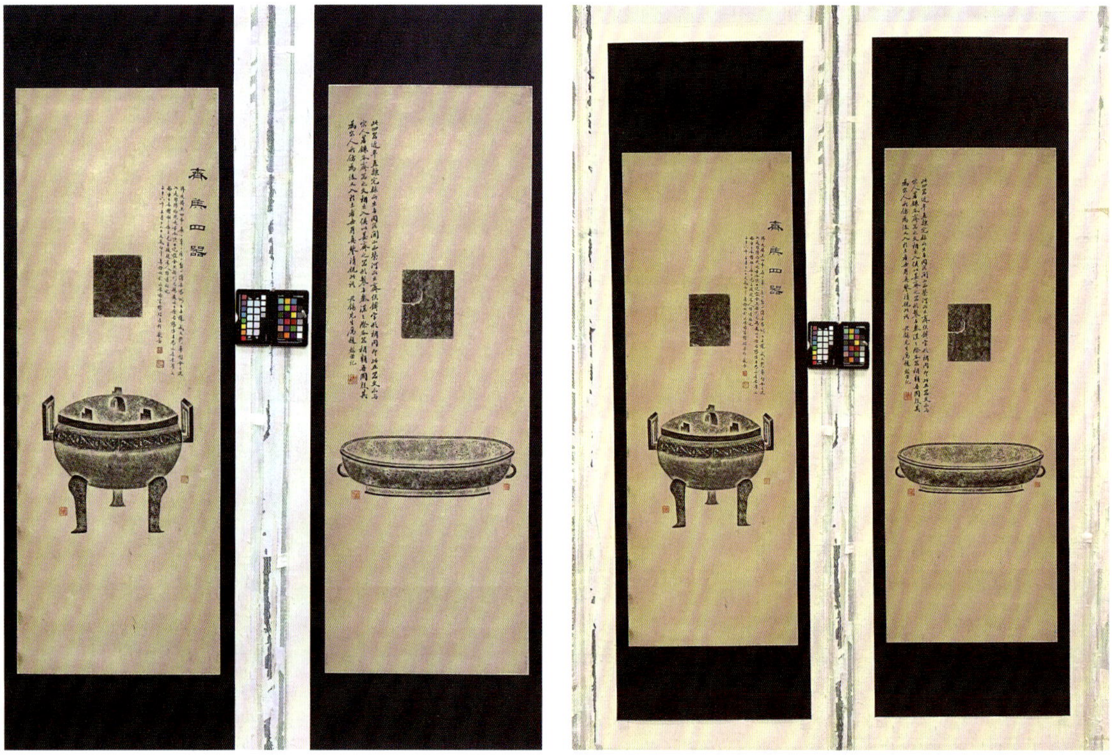

15　上墙整平

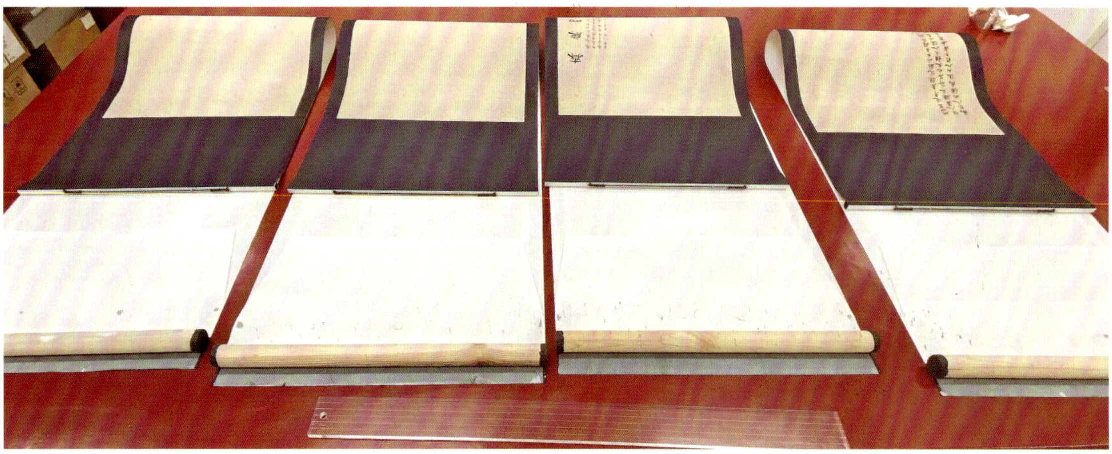

16　装杆

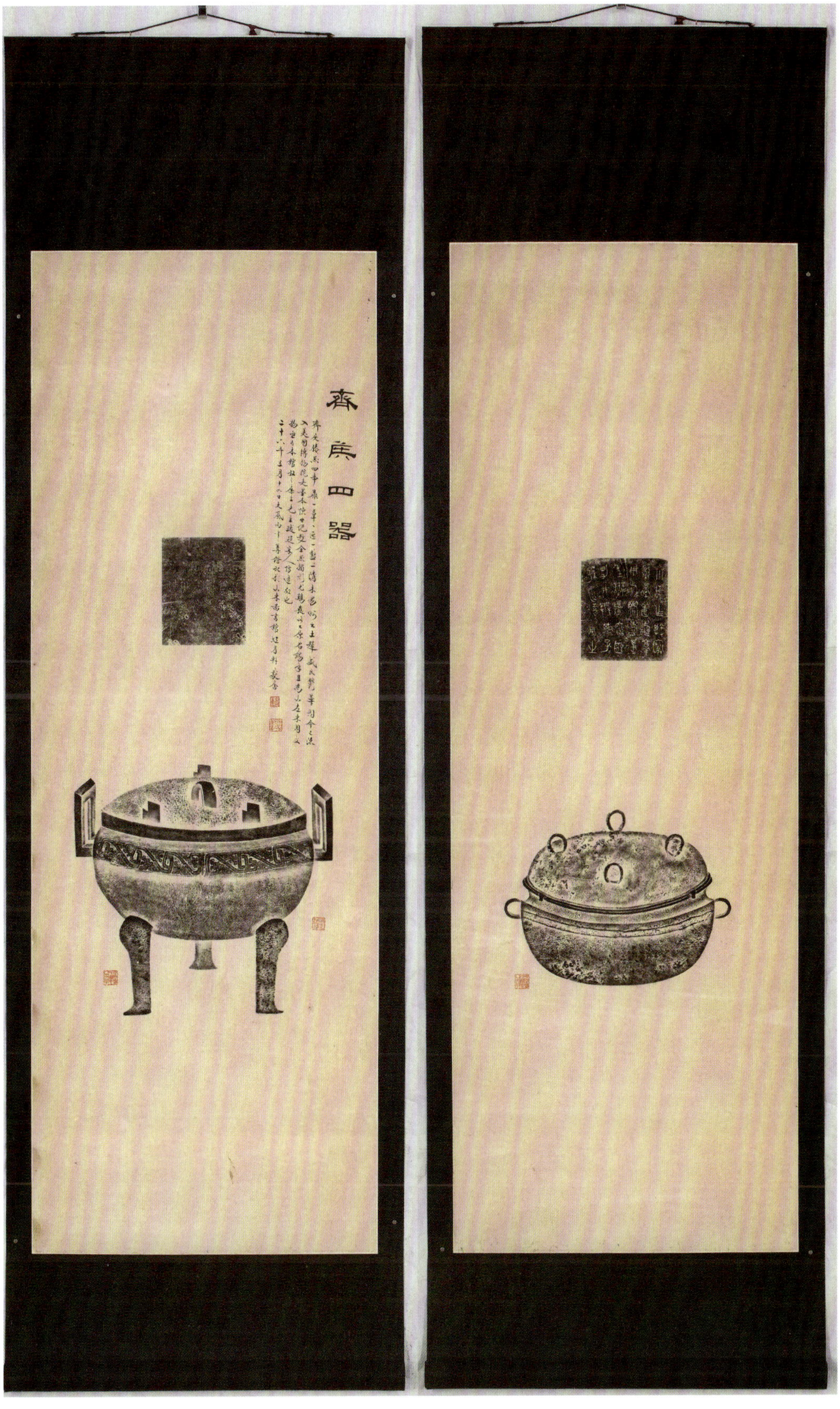

17　修复完成后（一）

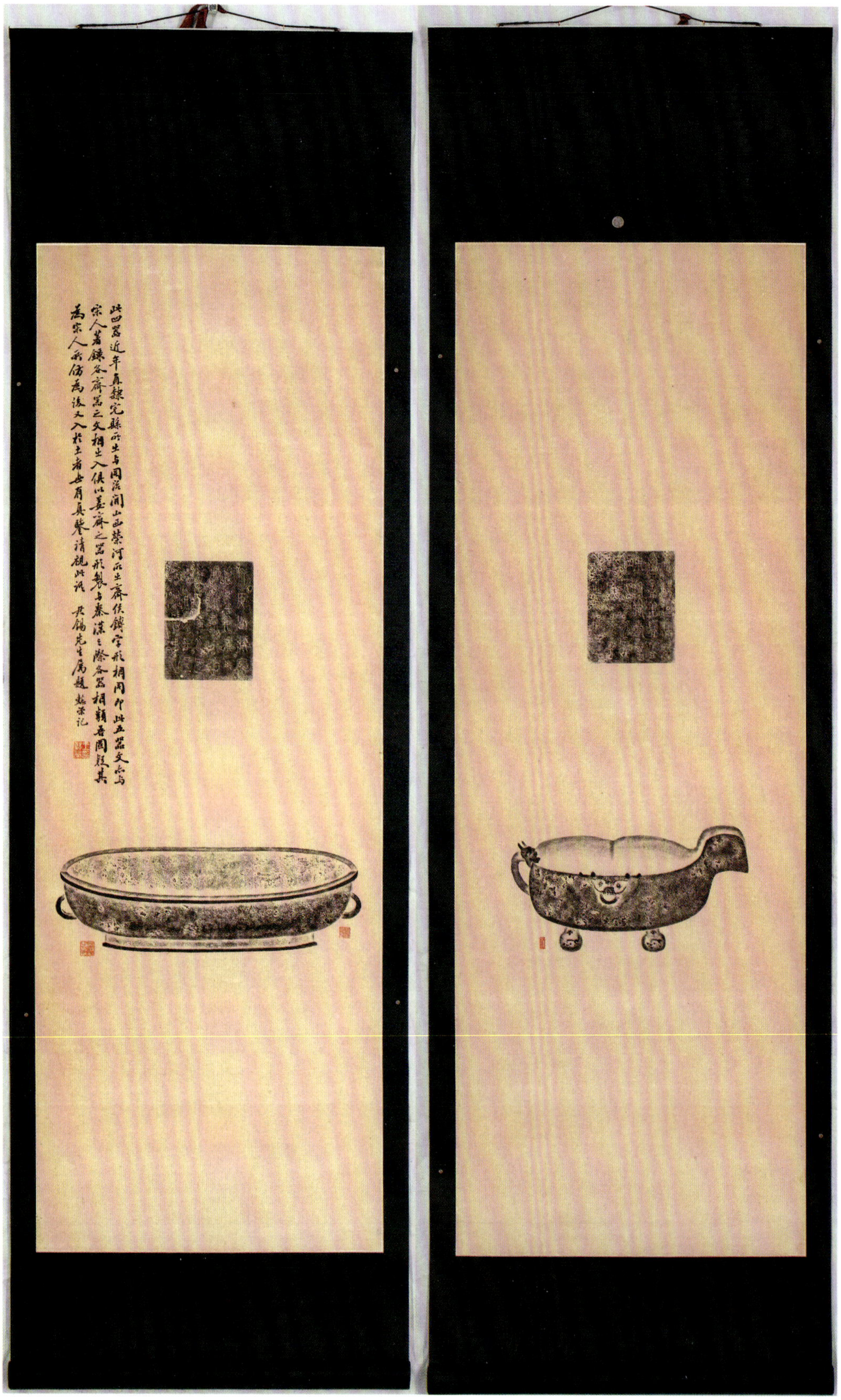

17 修复完成后（二）

附录三　修复前后对比图

1. 周驭方鼎拓本轴（51177）

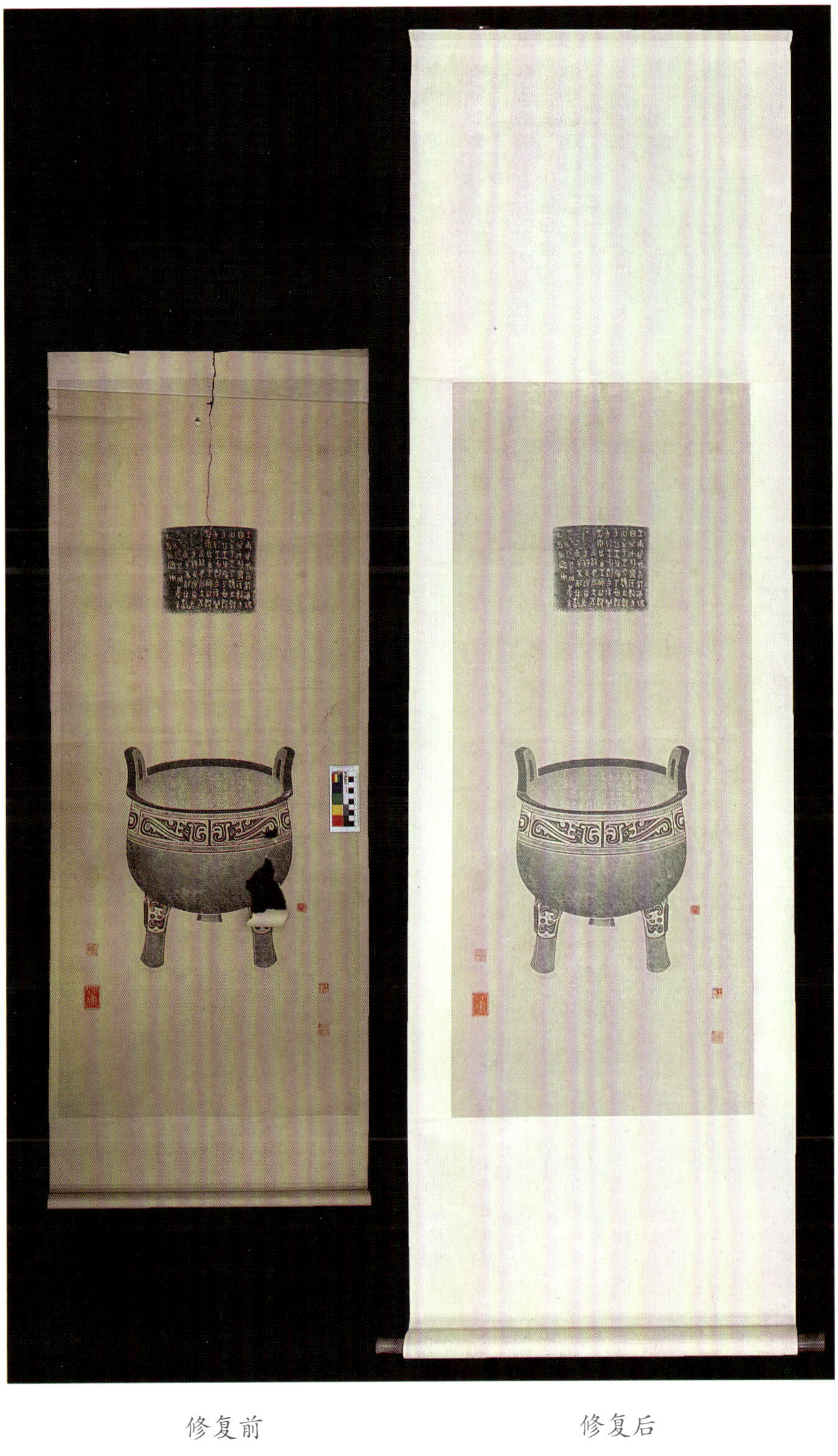

修复前　　修复后

2. 虢叔大林钟拓本轴（51194）

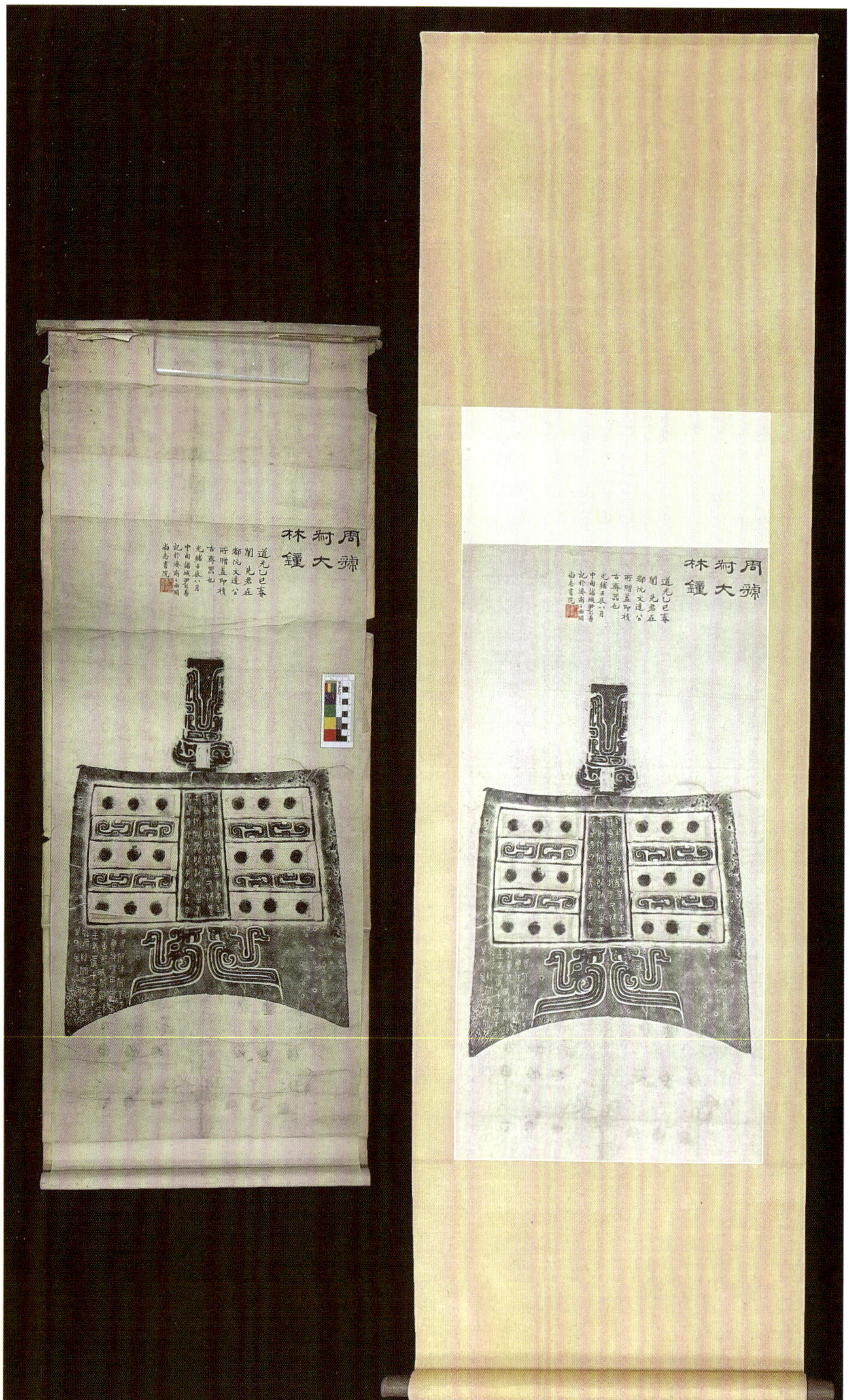

修复前　　修复后

3. 虢叔大林钟拓本轴（51200）

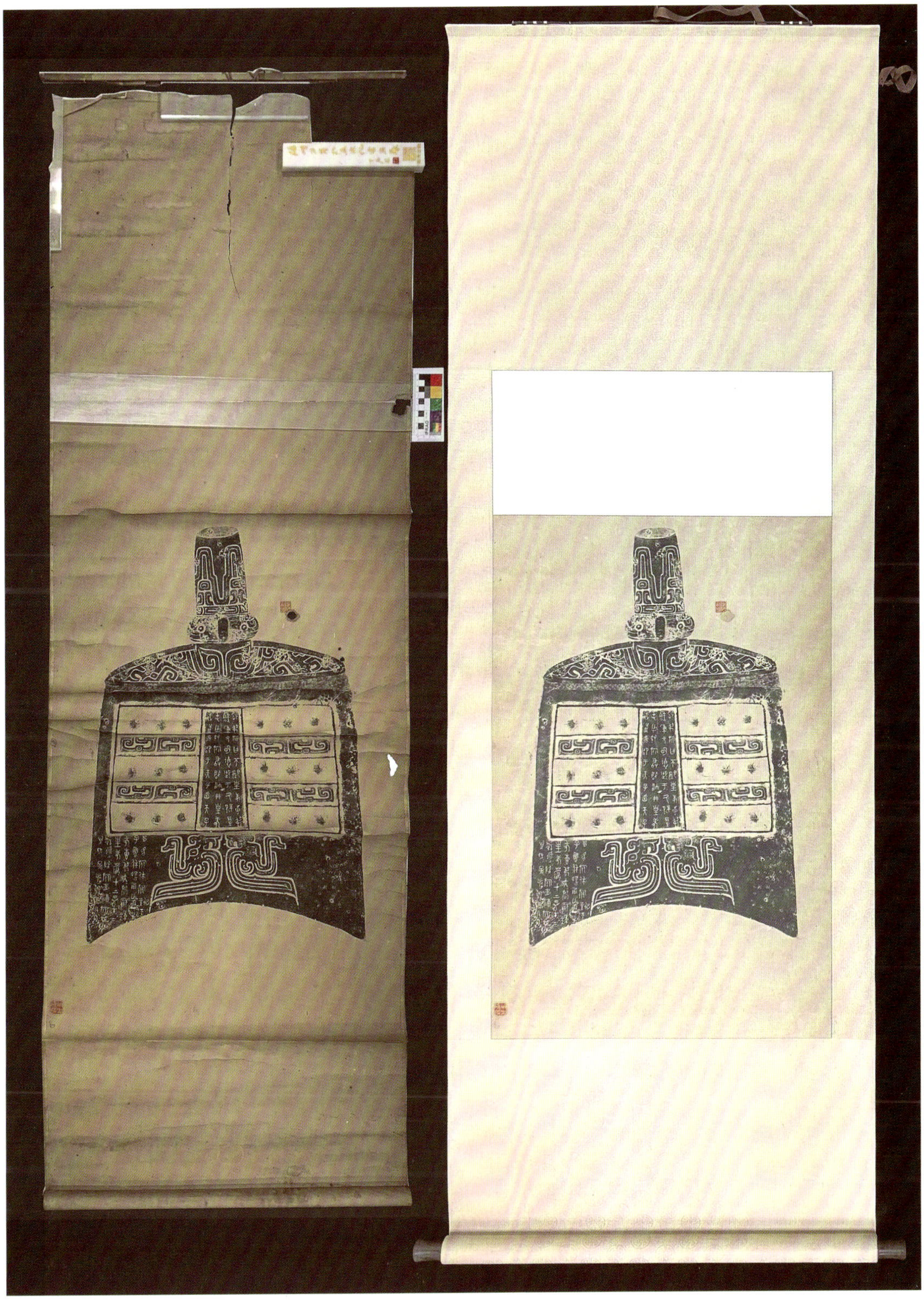

修复前　　修复后

4. 簠斋藏陶器拓本屏（51356）

修复前

修复后

5. 簠斋藏陶器拓本屏（51498）

修复前

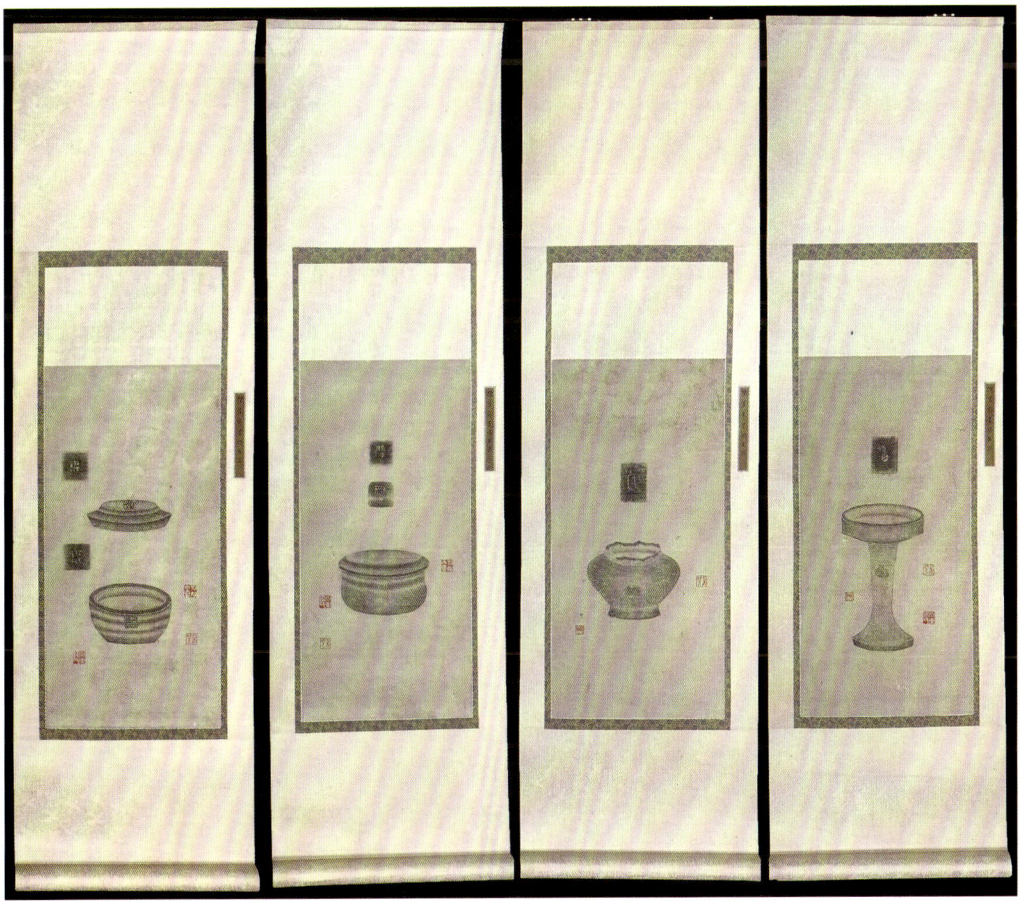

修复后

6. 周齐侯罍格伯簋拓本轴（51172）

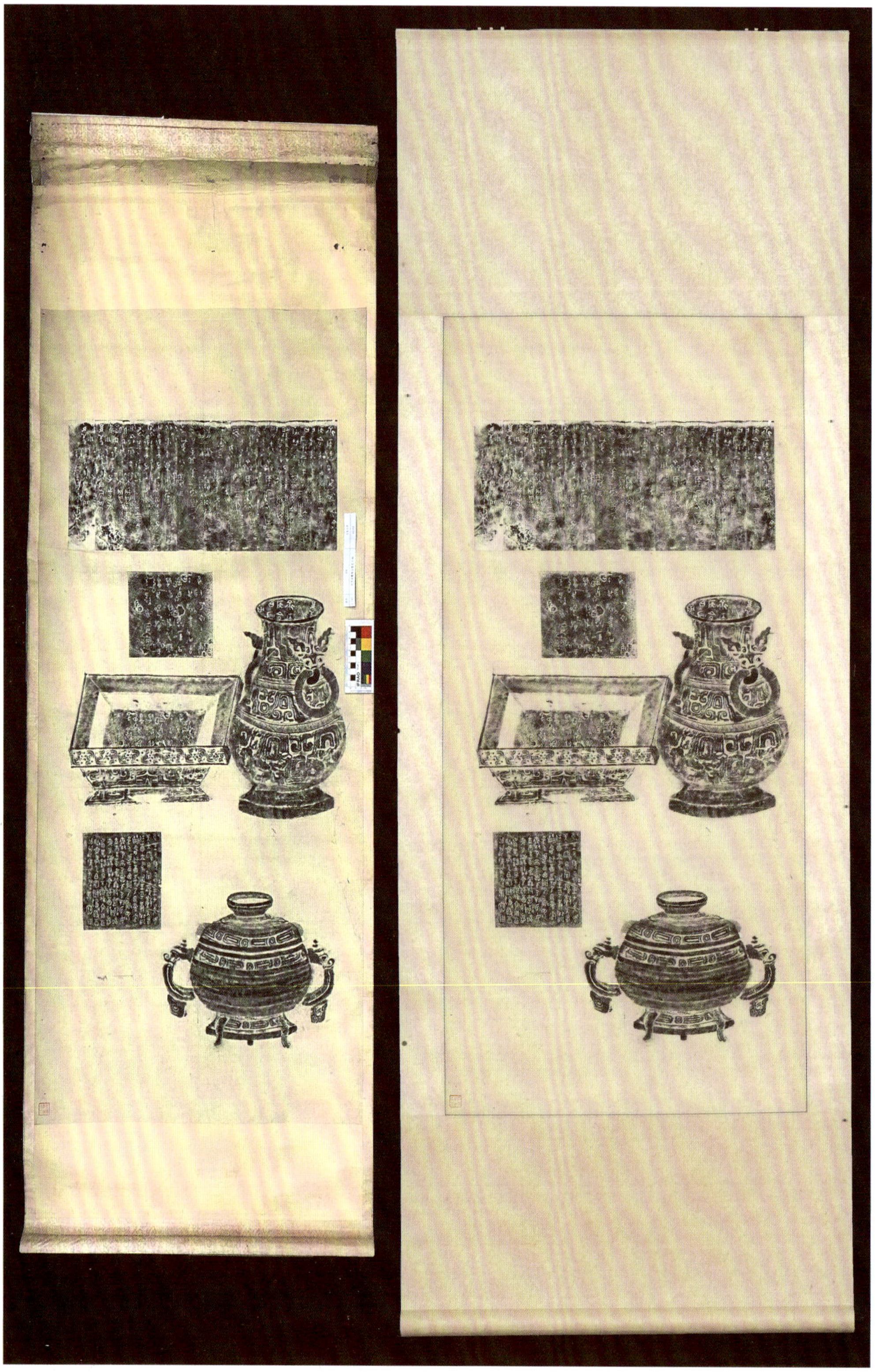

修复前　　修复后

7. 清寰盘拓本轴（51188）

修复前　　修复后

8. 寰盘拓本轴（51201）

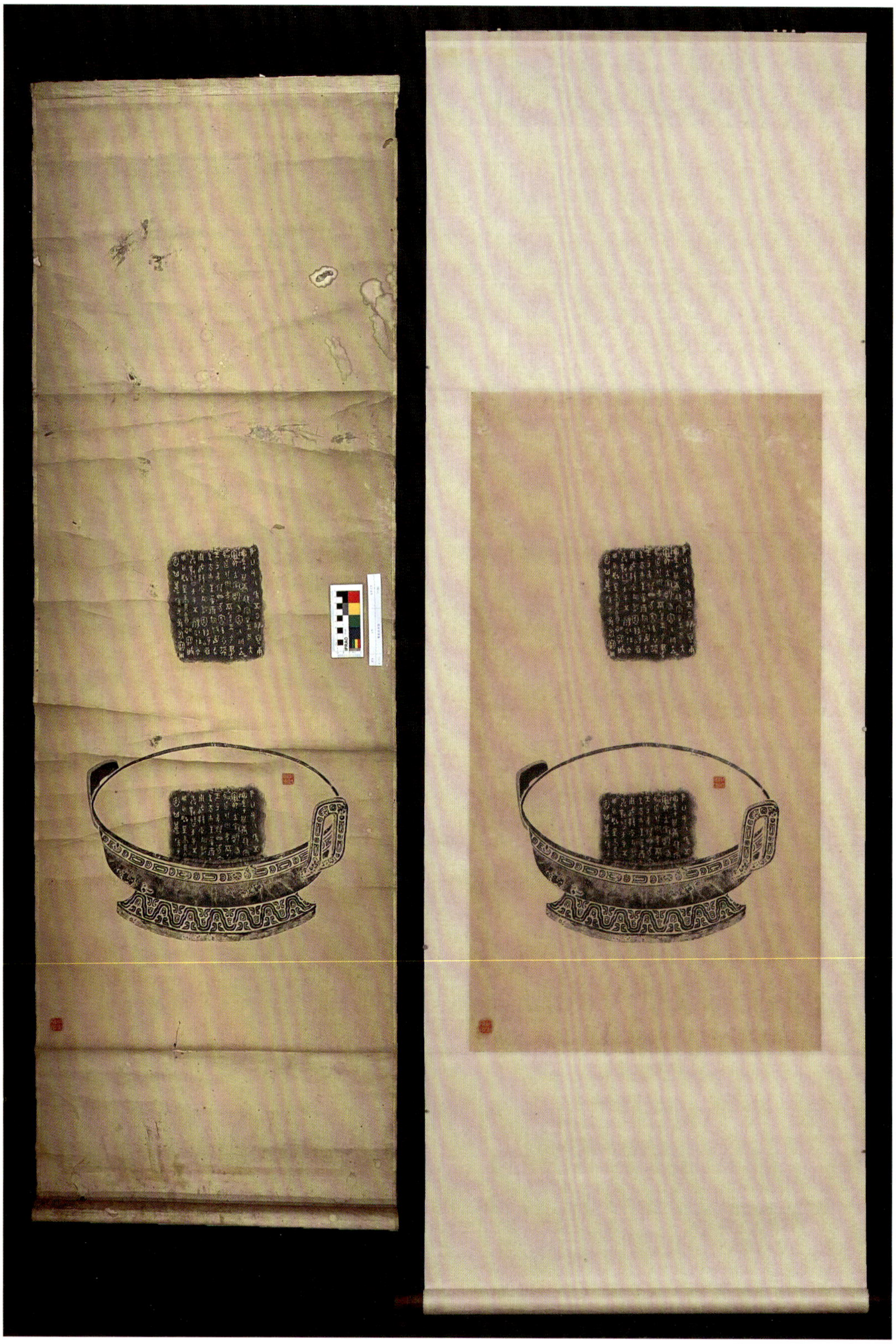

修复前　　修复后

9. 周师酉簋全形拓片（086226）

修复前　　　　修复后

10. 毛公鼎拓本轴（51425）

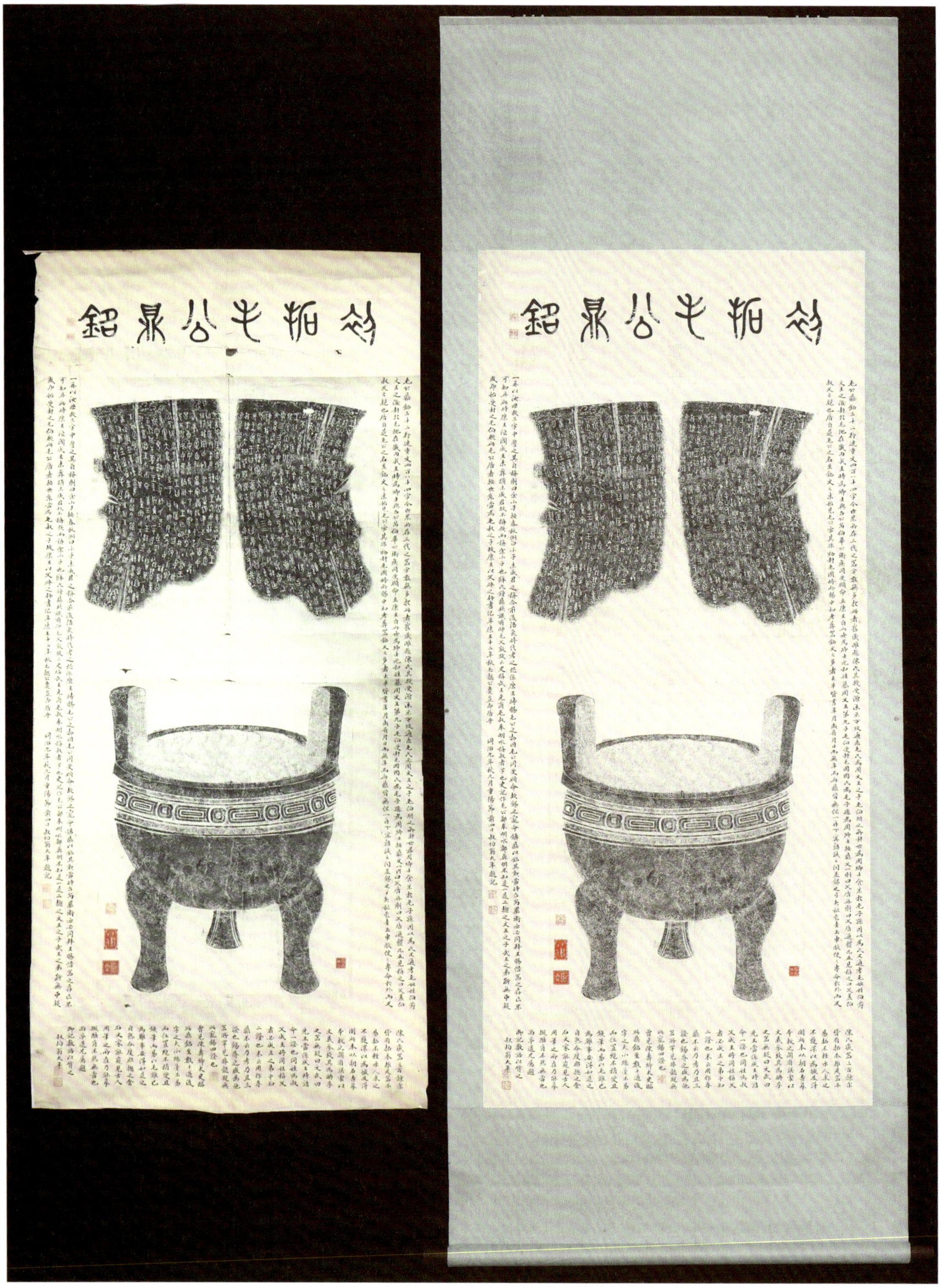

修复前　　修复后

11. 周鼎全形拓片（086267）

修复前　　　　修复后

12. 汉君宜子孙笔洗拓片（086317）

修复前　　　　修复后

13. 右丞宫鼎拓本轴（51223）

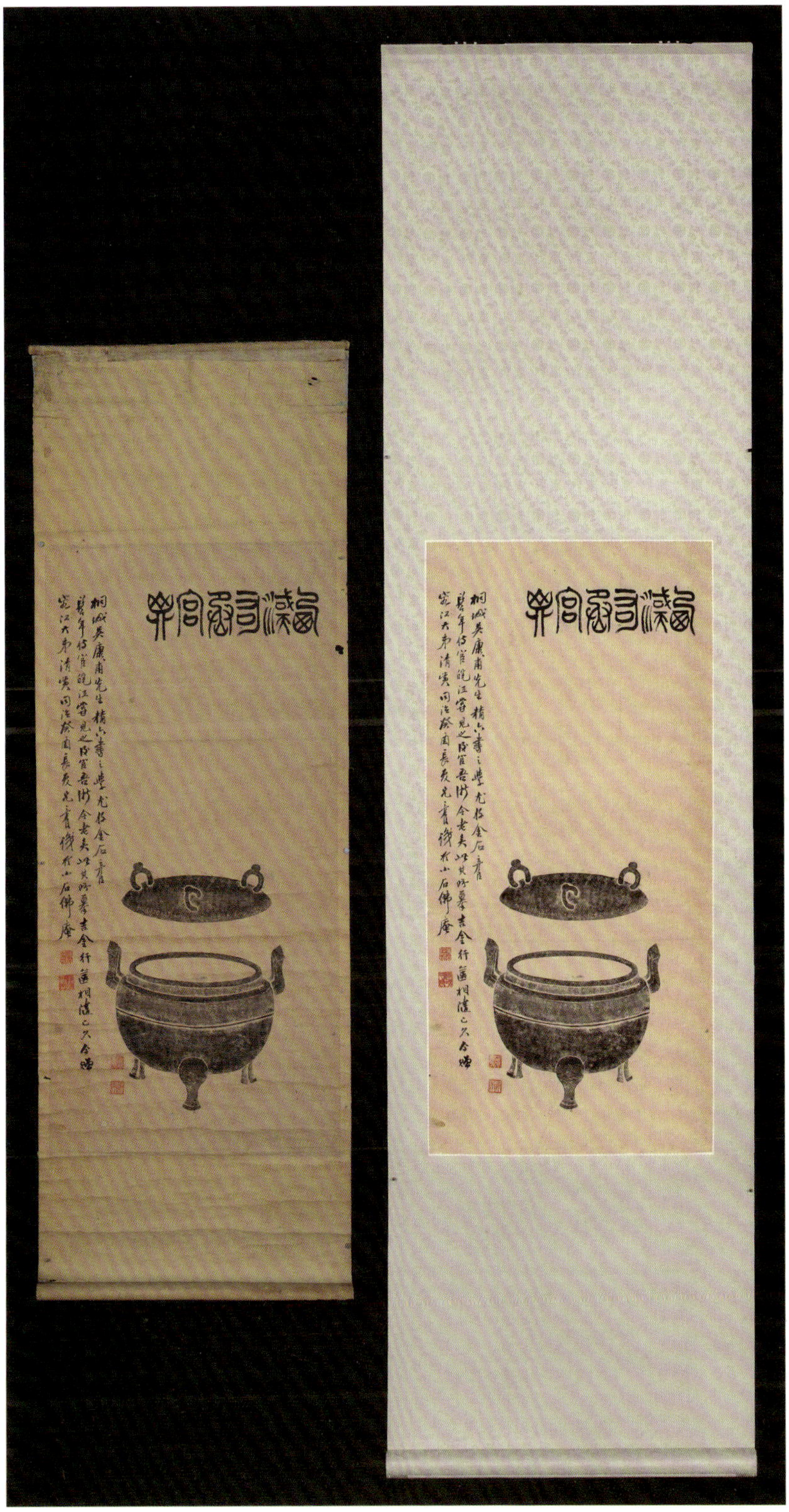

修复前　　修复后

14. 虢叔大林钟拓本轴（51435）

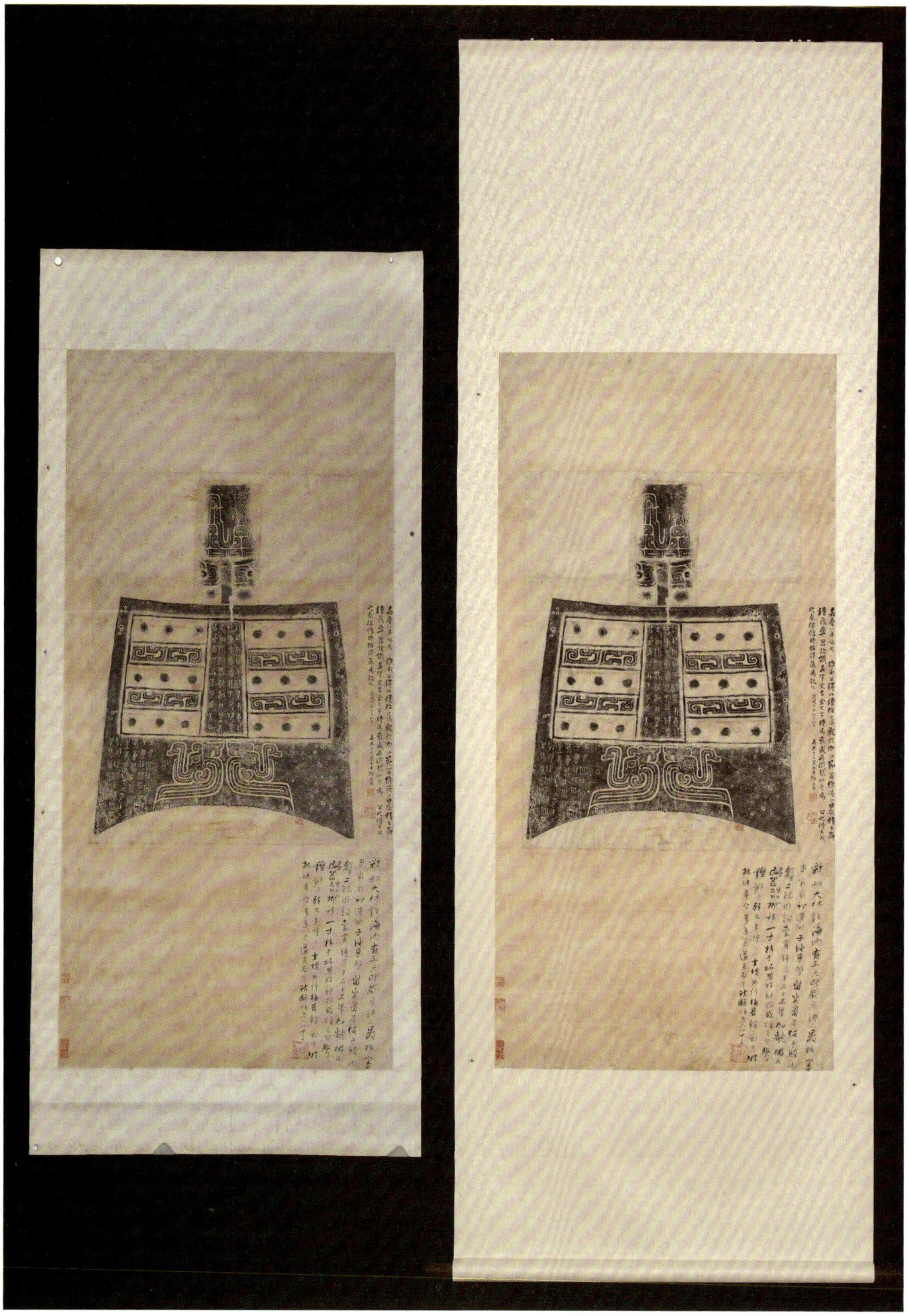

修复前　　　　修复后

15. 齐侯罍拓本轴（51436）

修复前

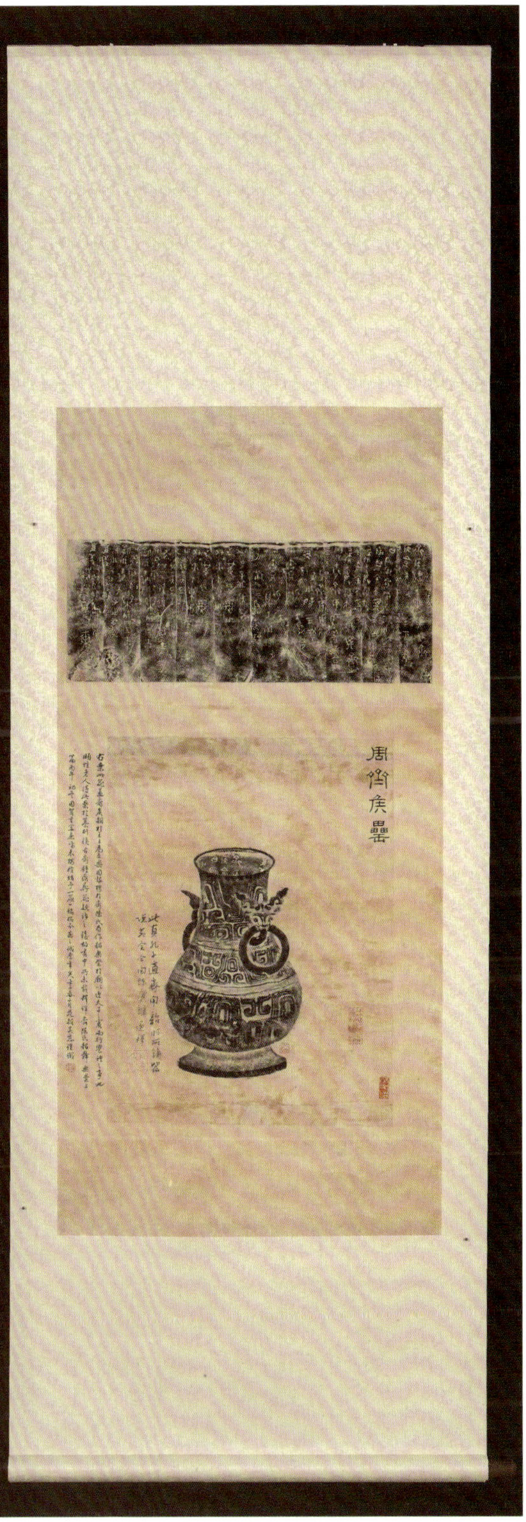

修复后

16. 郑伯寰盘拓本轴（51437）

修复前　　修复后

17. 者姛方爵拓本轴（51438）

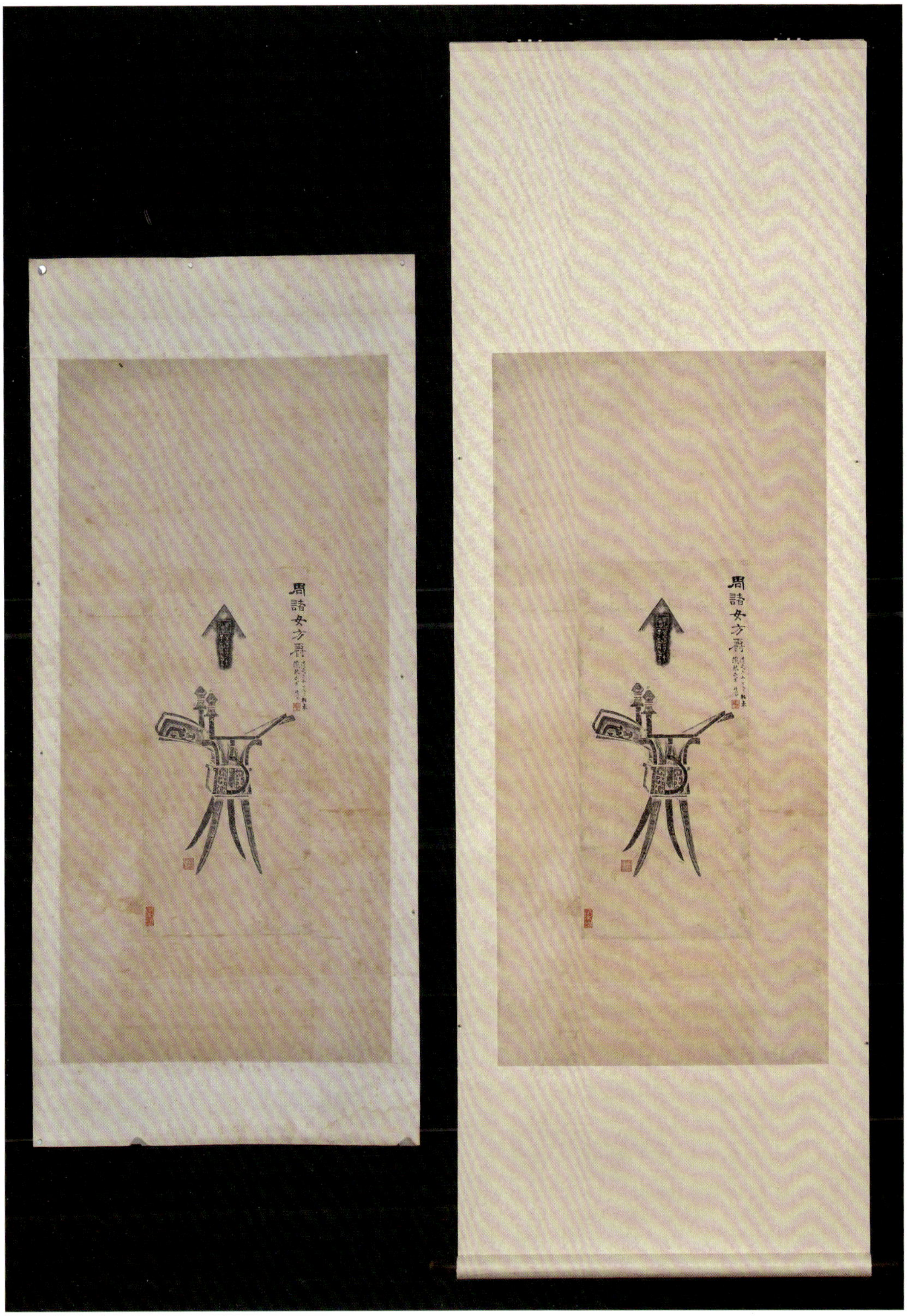

修复前　　修复后

18. 陈簠斋藏陶器拓本屏（51566）

修复前

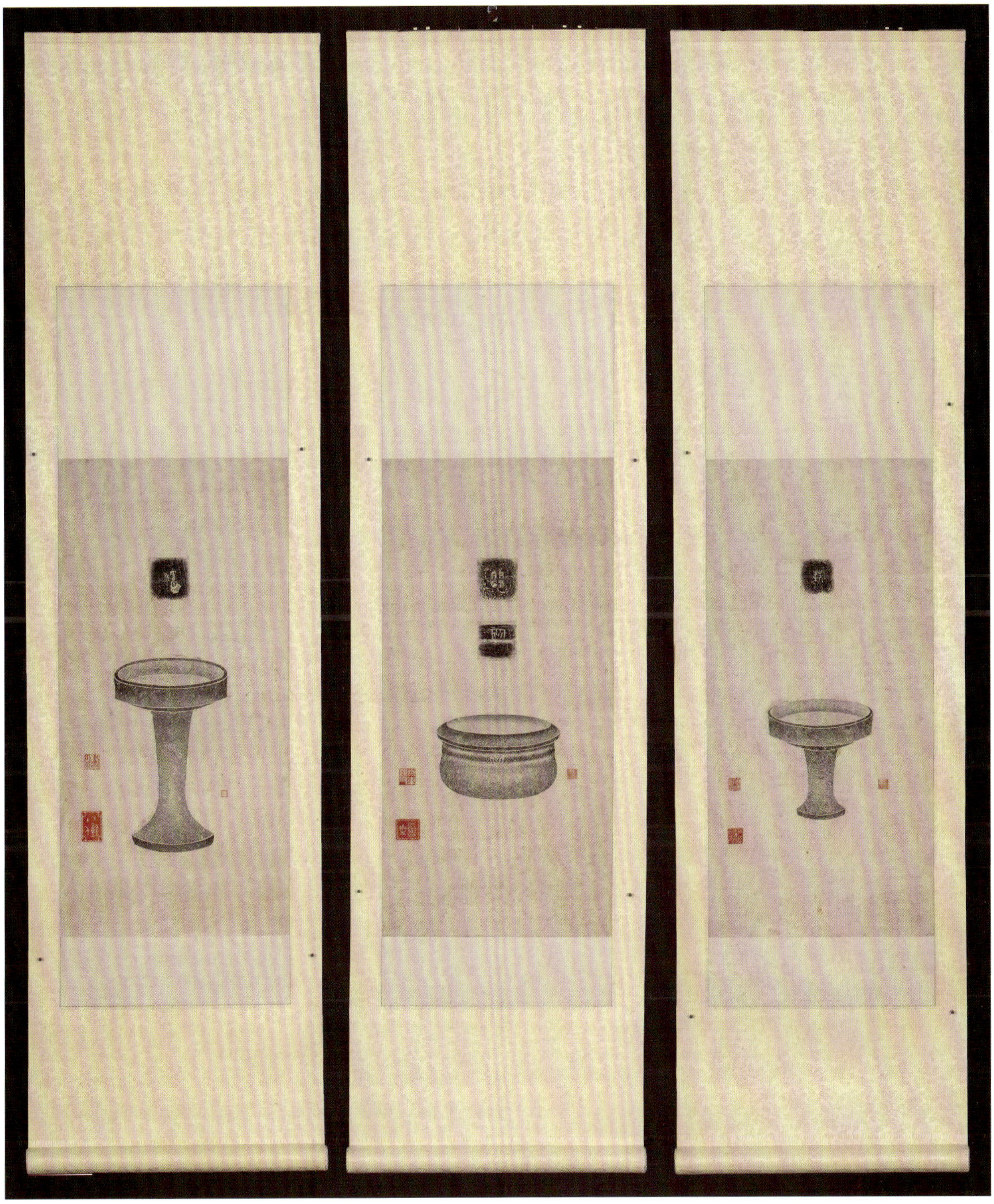

修复后

19. 陈簠斋藏西汉铜器拓本屏（51567）

修复前

修复后

20. 西汉铜器拓本屏（51651）

修复前

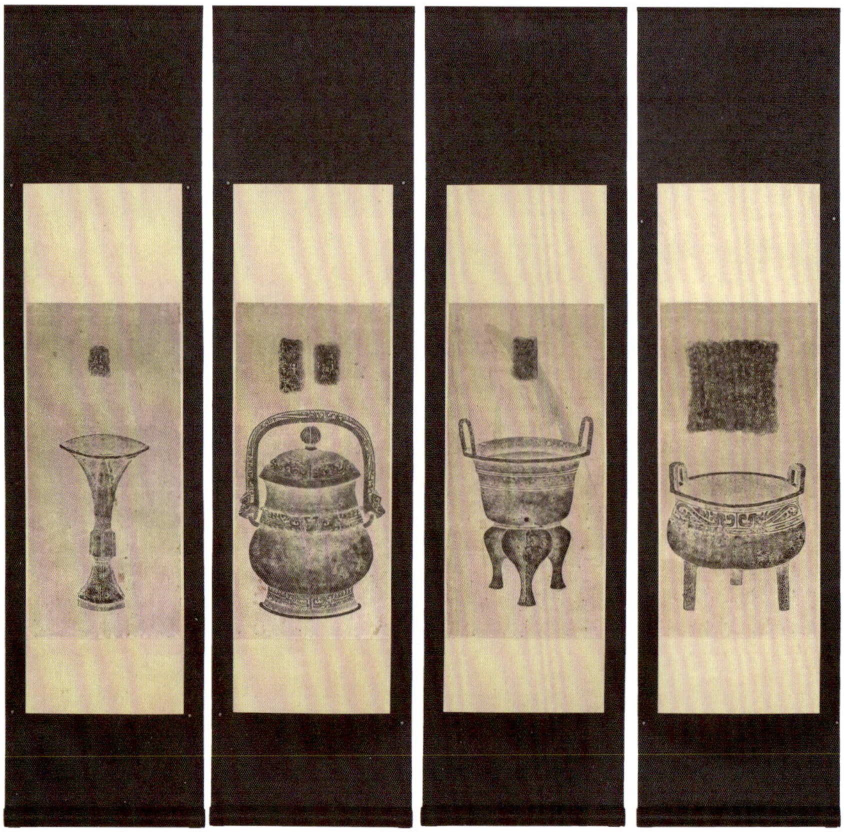

修复后

21. 周丰子尊全形拓片（086262）

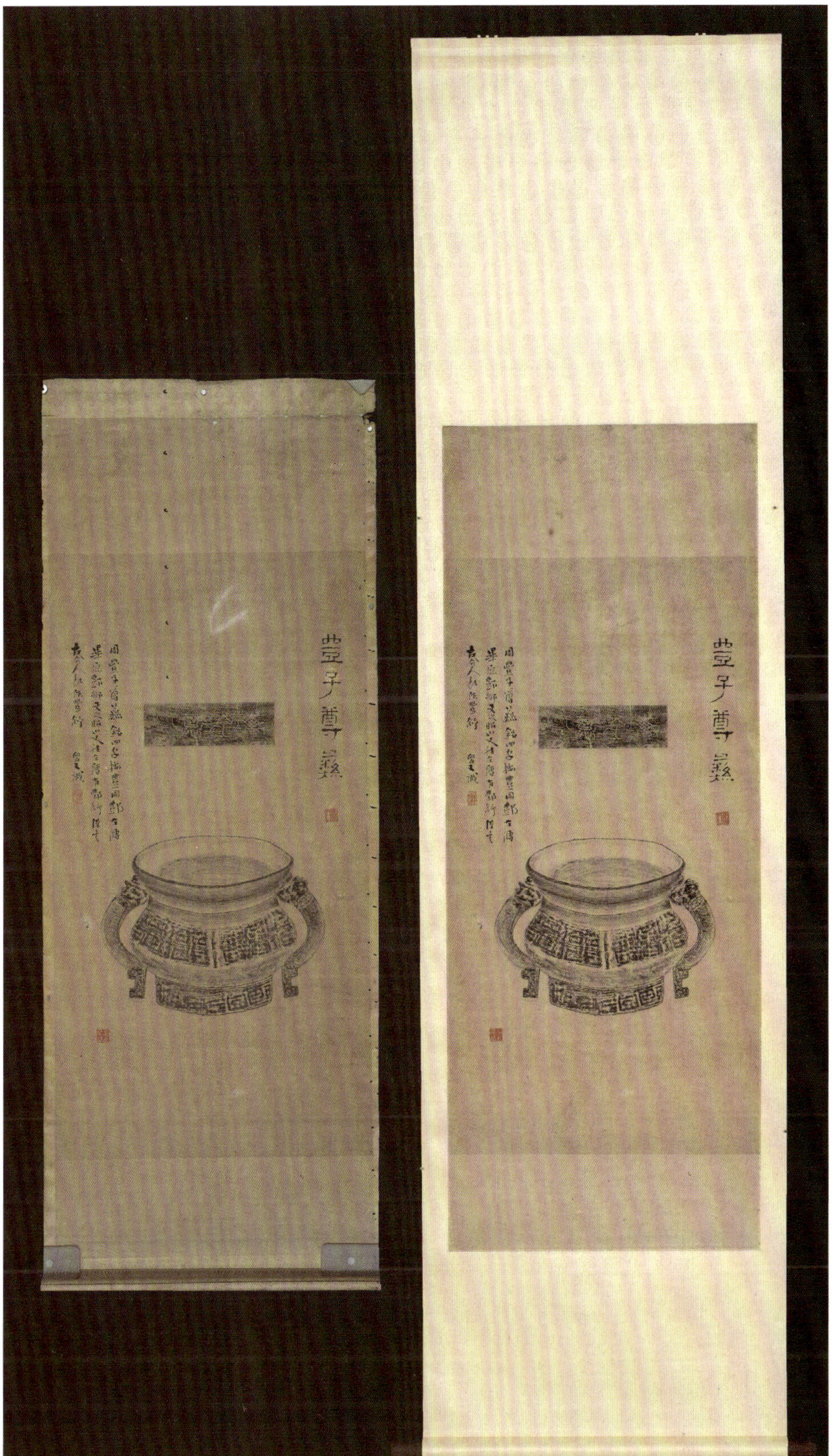

修复前　　修复后

22. 周钟全形拓片（086268）

修复前　　　　修复后

·后 记

2019年8月，山东博物馆藏全形拓片保护修复方案经国家文物局批复同意实施。2020年4月，山东博物馆文物保护部、书画部联合成立项目组，启动保护修复工作。项目负责人为文物保护部鲁元良，项目组成员包括孔梅仙、张兴、张祖伟、吕云、李晶、宋朋遥、许刚。项目自2020年4月开始至2021年12月结束，用时21个月。

这批全形拓片文物的保护修复过程严格按照国家文物局批准的方案执行。项目组在保护修复前对文物病害进行详细记录，采用先进仪器对文物本体及病害情况进行测试分析，撰写具有指导作用的实施方案，按照既定技术路线实施修复工作的同时，根据发现的问题及时调整修复方案，并保证所用保护修复方法、材料和工具对文物的损伤降到最低。最终，项目组的保护修复成果达到方案预期目标，妥善保护了这批珍贵的全形拓片文物。

项目实施过程中，知名保护修复专家王传昌、方辉、孙波、李玉虎、宋玮、李晶、肖贵田、王之厚、吴双成等多次到修复现场视察、指导工作。山东博物馆郑同修馆长、杨波副馆长多方协调馆内各业务部室，对项目组的工作给予了大力支持，为该项目顺利开展提供了便利条件。杨爱国副馆长、高震副馆长对本书内容提出了中肯的修改建议。庄萍绘制了文物病害图并对部分纹样进行了精细描绘，使文物的细节部位能够更加完美地呈现。刘昕依、林画阳、束丛菲等积极参与项目进行，辅助完成大量工作，协助整理了项目资料。对以上诸位领导和同仁，在此表示衷心的感谢！

为全面、完整地记录保护修复过程，挖掘文物的历史、科学和艺术价值，我们撰写完成《墨影春秋——山东博物馆藏全形拓片保护修复与研究》一书，力求通过在工作中的探索和实践，为同行提供有益的借鉴。

本书的第一章、第二章、第三章、第四章、第六章、附录一由鲁元良执笔完成；第五章、附录二、附录三由孔梅仙执笔完成；张祖伟提供了大量相关资料并完成第五章部分章节的撰写工作。由于水平有限，本书在成书过程中难免出现错误与疏漏之处，恳请专家、学者和同仁指正。

鲁元良

2022 年 8 月